Análisis De La Historia Económica de México
1900-2000

Sergio Castro Reynoso

México DF, México
Febrero del 2006

Aquellos que no recuerdan el pasado están condenados a repetirlo.

\- George Santayana

ÍNDICE

INTRODUCCIÓN

La historia de México es larga y compleja, eso es innegable. Y dentro de esta complejidad histórica, llena de personajes y de hechos extraordinarios, no hay elemento más complejo y más difícil de elucidar que los aspectos económicos de la misma.

Karl Marx alguna vez dijo que la violencia es la madre de la historia. Nosotros tenemos una opinión diferente: la *economía* es la madre de la historia. En tiempos prehistóricos los humanos se organizaron en grupos con una motivación principalmente económica: la división del trabajo. Los grupos fueron creciendo gracias a su beneficio económico, y comenzaron a competir por los limitados recursos disponibles. La economía mueve a los pueblos a expanderse, a crecer, a inventar, y a hacer la guerra. Y México no es la excepción.

Desde la aparición de los imperios maya y azteca, el México prehispánico se vio enfrascado en una lucha entre diferentes grupos, con los imperios expandiendo su influencia económica, política, y militar, mientras que los pueblos menores se resistían a la expansión. Y quién puede dudar que la motivación primaria de la Conquista española fue económica; el objetivo era obtener la mayor cantidad de metales preciosos lo más rápido posible. Tantos fueron los recursos obtenidos de América por los españoles, que cambió radicalmente la economía de la España de esos tiempos.

De igual forma, todos los acontecimientos del tumultuoso siglo XIX en México o tuvieron causas primordialmente económicas, o tuvieron impactos económicos significativos.

En el siglo XX, una vez terminados los tiempos violentos que trajo la Revolución y la Cristiada en los años 20s, la historia de México, ya privada de grandes luchas de ejércitos, invasiones y revueltas, casi se puede definir exclusivamente en términos de su lucha por crecer económicamente. En el siglo XX podemos ver los efectos económicos del reparto agrario, la expropiación petrolera, la formación de los grandes sindicatos y el corporativismo de estado con sus enormes paraestatales, el crecimiento del ferrocarril, carreteras y telecomunicaciones, la política de obtención de divisas a través de las exportaciones agrícolas, el crecimiento continuo bajo la política de sustituciones, así como la crisis del petróleo y de tasas de interés de los 70s que desembocó en la crisis económica de 1982. También podemos ver la transición hacia el neoliberalismo, la firma del Tratado de Libre Comercio, la crisis del peso en 1995 y la fase de recuperación.

Y ahora nos encontramos en los albores del siglo XXI, en una situación económica no de crisis, pero tampoco de avance; más bien una sensación de estancamiento y de desencanto con las políticas neoliberales implementadas. En este momento de coyuntura es necesario detenernos a analizar cómo ha sido el desarrollo de la política económica mexicana, para poder entender por qué estamos ahora en nuestra situación actual, pero más importante, para entender cómo llegaremos en el futuro a estar donde queremos estar.

OBJETIVO

Una economía es una máquina gigante que convierte materia prima y trabajo en bienes y servicios, con el objetivo de hacer la vida placentera a la gente. Para entender esta máquina, debemos identificar cuáles son sus palancas, cuáles son sus motores, y qué objetivos específicos queremos lograr con dicha máquina. Esto es lo que haremos en la primera parte del libro. Describiremos el funcionamiento básico de una economía, indicando cuáles son sus variables de política económica que podemos controlar, cuáles variables son externas y por lo tanto no podemos controlar, y cuáles son las métricas de bienestar que queremos lograr.

Una vez teniendo esta visión global de un modelo económico, en la segunda parte del libro recorreremos la historia de México y analizaremos cómo los diferentes gobiernos operaron la economía implementando diferentes políticas económicas.

En la tercera parte del libro, proyectaremos hacia el futuro nuestro entendimiento de la evolución de la política económica mexicana, analizando qué nuevas políticas económicas deberíamos de implementar para llegar a donde queremos estar.

NOTA METODOLÓGICA

Para lograr entender algo tan complejo como la historia y actualidad de la economía de un país, debemos de ser muy metódicos. Conforme revisemos los hechos históricos, iremos notando relaciones de causa y efecto. Veremos que ciertos eventos ocurrieron o dejaron de ocurrir bajo ciertas condiciones sociales, políticas, y económicas. Al ver estas relaciones de causa y efecto, iremos formando *hipótesis* que las contengan. De estas hipótesis, deduciremos teoremas, y combinaremos teoremas para crear nuevos teoremas cada vez más complejos y completos. Una hipótesis que es claramente corroborada por evidencia empírica se convierte en un axioma; dicha corroboración empírica fortalece la validez de todos los teoremas ligados a la hipótesis convertida en axioma.

En la tercera parte tomaremos todas estas hipótesis, axiomas y teoremas y haremos el esfuerzo de crear un cuerpo teórico congruente que explique la evolución de la economía mexicana. Una vez satisfechos de que el cuerpo teórico tiene la capacidad de explicar el pasado de la economía mexicana, lo utilizaremos para proyectar escenarios del futuro de la misma.

Con respecto a las cifras utilizadas en el libro, debe notarse que muchas veces se usan variables que podrían parecer iguales, pero que no lo son. Un caso claro es el uso de los "pesos"; en algunos casos serán pesos a valor presente, llamados "corrientes"; en otros casos serán pesos ajustados a inflación, y tal ajuste se puede hacer con respecto a diferentes años base; en otros casos los valores podrían estar ajustados al poder de compra (purchasing power parity). Por lo tanto el lector debe tener cuidado al comparar cifras.

PRIMERA PARTE: LA MAQUINARIA ECONÓMICA

LOS ELEMENTOS DE LA MÁQUINA

Como dijimos con anterioridad, una economía es una máquina. El objetivo de esta máquina es tomar materia prima, trabajo, y capital, y transformarlos en bienes y servicios. El objetivo de la creación de bienes y servicios es simple: el bienestar de la gente.

Una economía es una maquinaria extraordinariamente compleja; después de todo, está formada por literalmente millones de agentes económicos. Estos agentes económicos son los trabajadores-consumidores, las empresas, y las entidades de gobierno. Para poder entender el comportamiento de un sistema dinámico tan complejo, los economistas creamos modelos económicos. Los modelos económicos son reduccionistas, o sea, reducen a la economía sus variables fundamentales para entender cómo estas variables interactúan unas con otras.

Nuestro modelo económico contiene las siguientes categorías de elementos:

- indicadores
- motores
- palancas
- factores externos

Los "indicadores" son las métricas con las que medimos el desempeño de la economía, y reflejan nuestras aspiraciones económicas.

Los "motores" son los tres mercados fundamentales: el mercado de bienes y servicios, el mercado laboral, y el mercado financiero

Las "palancas" son aquellas variables, en la forma de políticas económicas, que el gobierno puede modificar para lograr cierto objetivo económico.

Los "factores externos" son variables fuera del control de la política económica, tal como factores sociales, factores puramente políticos, factores internacionales, factores ambientales, etc.

Continuando con nuestra metáfora de máquinas, imaginemos que la economía es un automóvil. Las "palancas" principales del automóvil son tres: volante, acelerador, y freno. Hay varias otras, pero estos tres son sus controles principales. El motor es solo uno en este caso. Los indicadores son la velocidad, y la dirección (asumamos que el auto tiene una brújula). Estos dos indicadores nos hacen saber si estamos cumpliendo nuestro objetivo o no. ¿Cuál es nuestro objetivo a la hora de utilizar un auto? El trasladarnos de un punto a otro, lo más rápido posible, pero a la vez en forma segura. Nótese aquí que dos de nuestros objetivos son mutuamente excluyentes: entre más rápido nos desplazamos, mayor es el riesgo de una colisión. Veremos que esta exclusión mutua de objetivos también ocurre en la economía. Los factores externos al auto pueden ser por ejemplo las condiciones del camino, el nivel de iluminación en el exterior, y factores climáticos. El auto tiene muchas otros indicadores y variables secundarias que pueden ayudar a cumplir su objetivo, o ayudar a reducir el riesgo de accidente, pero que no son fundamentales. Por ejemplo, la velocidad de los limpia-parabrisas, la intensidad de los faros, o el indicador de nivel de aceite. Estos indicadores y variables secundarias también existen en la economía.

Veamos ahora en detalle cada elemento. Comencemos con los motores, la parte más importante.

Como mencionamos, contamos con tres motores, o mercados, en una economía. El mercado de bienes y servicios, el mercado laboral, y el mercado financiero.

Como es bien sabido, todo mercado funciona en base a la oferta y la demanda, y todo mercado tiene un sistema de precios. En el mercado de bienes y servicios, el precio es claro: es el precio nominal de los productos que deseamos adquirir, o los servicios que deseamos contratar. En el mercado laboral, el precio es el salario ofrecido para cada tipo de puesto. En el mercado financiero, en términos simples, el precio es la tasa de interés a la que se presta el dinero.

En la siguiente gráfica podemos ver cómo se interrelacionan estos tres mercados.

Gráfica 1

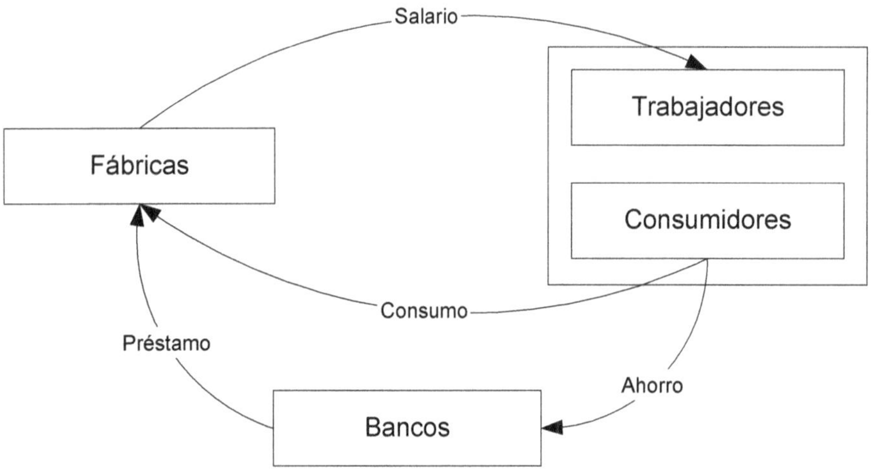

Las fábricas contratan a trabajadores para producir bienes. A cambio de su trabajo, las fábricas les pagan a los trabajadores un salario. Este es el mercado laboral. Los trabajadores son a la vez consumidores. Los consumidores toman un porcentaje de sus salarios y consumen los bienes producidos por las fábricas. Este es el mercado de bienes y servicios. Los consumidores toman otro porcentaje de su salario y lo depositan en los bancos en forma de ahorro. Después los bancos proceden a prestarle este dinero a las fábricas para que expandan sus negocios. Este es el mercado financiero.

Obviamente hemos sobre simplificado este modelo. Recordemos que todo modelo es por definición reduccionista. El objetivo de este primer bosquejo es entender las relaciones fundamentales de nuestros tres mercados.

Ahora veamos qué indicadores usaremos. Para poder definir esto, debemos preguntarnos cuál es el objetivo de la economía. El objetivo de la economía es crear bienestar para la gente. Este bienestar se puede medir de muchas maneras: que la gente tenga comida, ropa, casa, agua, luz, seguridad, educación, etc. Pero ese tipo de variables no son fácilmente medibles en términos económicos. La variable principal que utilizamos en economía es el producto interno bruto, o PIB. El PIB es un indicador que nos dice cuál es el valor monetario de todos los bienes y servicios finales producidos por una economía en un año. El PIB nos indica cuál es la capacidad de creación de riqueza de la economía. Si dividimos el PIB entre la población total del país, tenemos el PIB/Cápita, el cual nos indica cuánta riqueza es generada por habitante en un año dentro de un país. Entonces en términos generales, entre más alto sea el PIB/Cápita de un país, mejor es la calidad de vida de sus ciudadanos. Por lo tanto utilizaremos el indicador PIB/Cápita como uno de nuestros indicadores principales. Pero debemos hacernos una pregunta importante. ¿Cómo medimos la distribución de la riqueza? Porque una cosa es que un país tenga un PIB/Cápita alto, y otra que éste esté bien distribuido. Después de todo, esta métrica es solo un promedio. La forma estándar de medir la distribución de la riqueza es con el índice GINI. Este es un número entre 0 y 100, donde el 0 corresponde con una equidad perfecta (todo el mundo con el mismo ingreso, ya sea alto o bajo), y 100 corresponde con una inequidad perfecta (donde una sola persona tiene todo el ingreso, y todos los demás tienen cero). Desgraciadamente los países no miden su índice GINI en forma constante y metódica, y el encontrar información histórica del mismo es prácticamente imposible.

Sin embargo, hay una relación entre el nivel del PIB/Cápita de los países y su índice GINI. Veamos la siguiente gráfica.

Gráfica 2: Relación entre el PIB/Cápita e Índice GINI de los países[1]

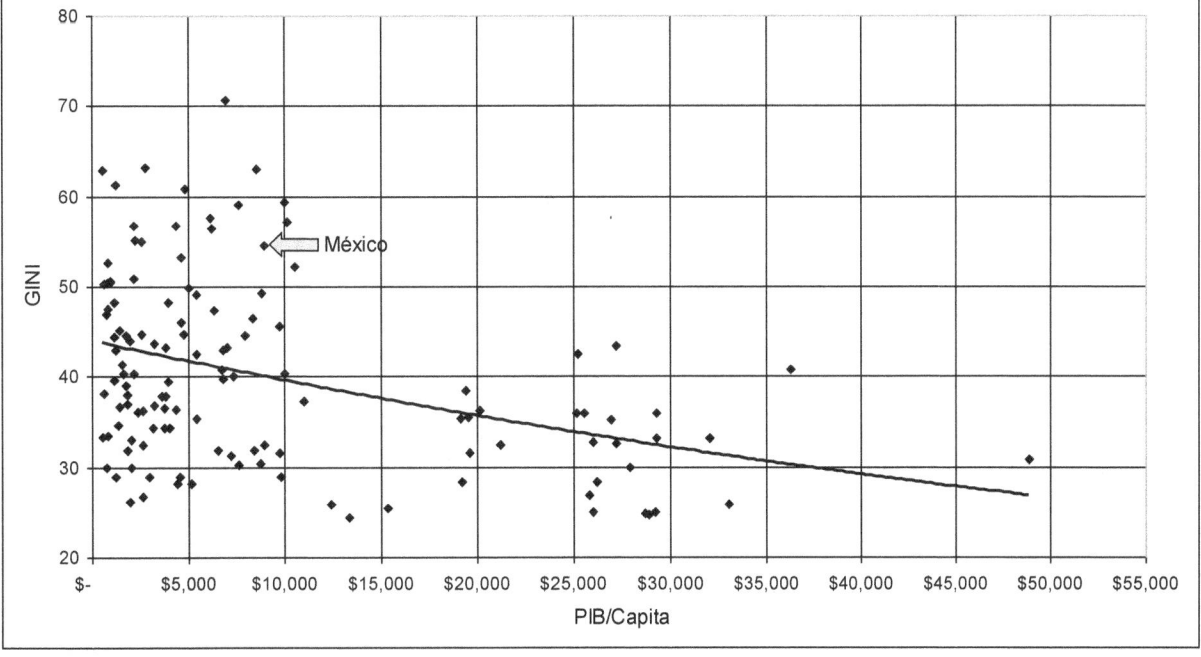

Entre más alto es el PIB/Cápita, más bajo es su índice GINI, o sea, mejor es su distribución de la riqueza. Por lo tanto sí es válido que utilicemos el PIB/Cápita como métrica principal de bienestar, ya que asumimos que conforme el PIB/Cápita aumente, irá mejorando la distribución de la riqueza.

El segundo indicador que utilizaremos es el nivel de desempleo. Un país podría tener un PIB/Cápita alto y al mismo tiempo tener un nivel de desempleo alto. Si tenemos dos países con un PIB/Cápita similar, aquél que tenga un menor nivel de desempleo tendrá un mejor nivel de bienestar en su población.
La siguiente gráfica muestra la relación entre el PIB/Cápita y el nivel de desempleo en los países.

Gráfica 3: Relación entre PIB/Cápita y Desempleo[2]

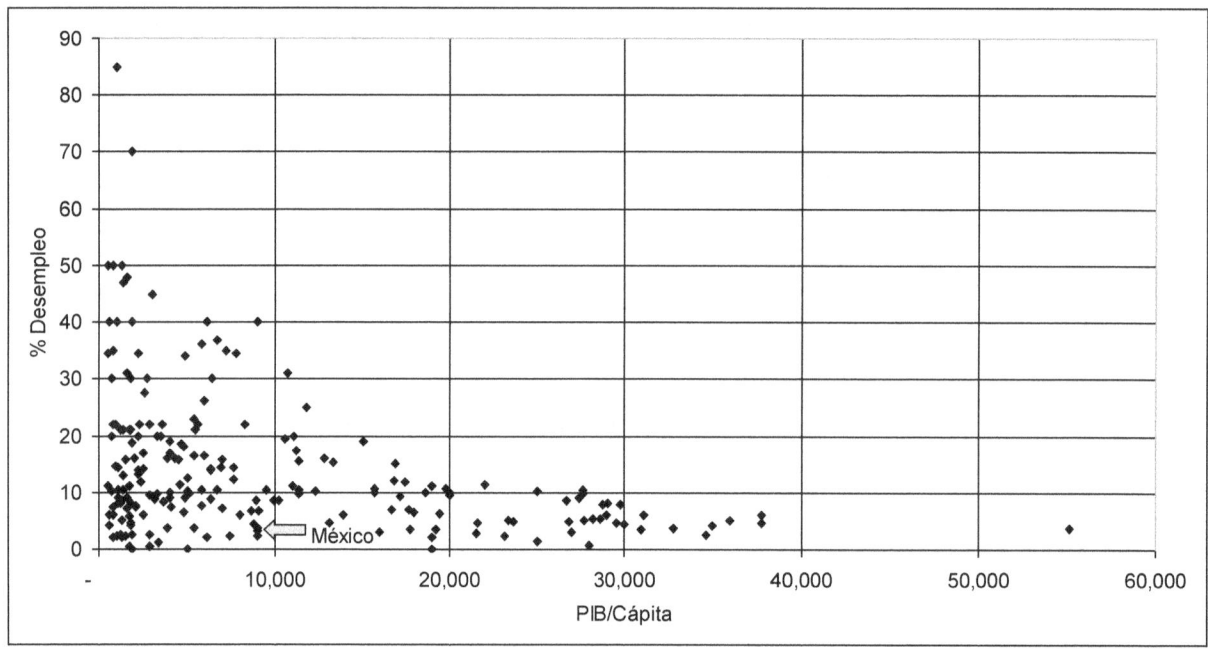

Cada uno de los puntos representa un país. México tiene un PIB/Cápita de $9,000 USD (ajustado a poder de compra) y un nivel de desempleo de 3.3% (2005).

Es interesante observar cómo un bajo nivel de desempleo no necesariamente equivale a un PIB/Cápita alto; hay muchos países con niveles de desempleo menores al 5% pero con un PIB/Cápita muy bajo. De igual forma, hay países con un PIB/Cápita muy alto y a la vez desempleo arriba del 10%. Lo que debemos recordar es que el indicador de desempleo solo nos dice si la gente tiene trabajo o no, y no nos indica qué tan bien andan los salarios. Además muchos países ricos tienen seguros de desempleo, lo cual le permite a la gente permanecer desempleada más tiempo; igualmente, la gente con mayores ingresos tiende a tener más ahorros, lo cual les permite permanecer más tiempo desempleadas mientras encuentran un trabajo aceptable.

Pero la tendencia es clara: a menor PIB/Cápita, mayor el riesgo de que un país tenga altos niveles de desempleo.

El tercer indicador que usaremos es la inflación. La inflación alta es negativa para el bienestar de la población porque si los precios se están incrementando constantemente, los salarios de los trabajadores pierden poder adquisitivo. Además la inflación redistribuye la riqueza en forma inequitativa, ya que un incremento de precios afecta más a los que menos ganan, por el hecho de que tal incremento representa un porcentaje más alto de sus ganancias.

La siguiente gráfica muestra la relación entre el PIB/Cápita y la inflación.

Gráfica 4: Relación entre PIB/Cápita y la Inflación[3]

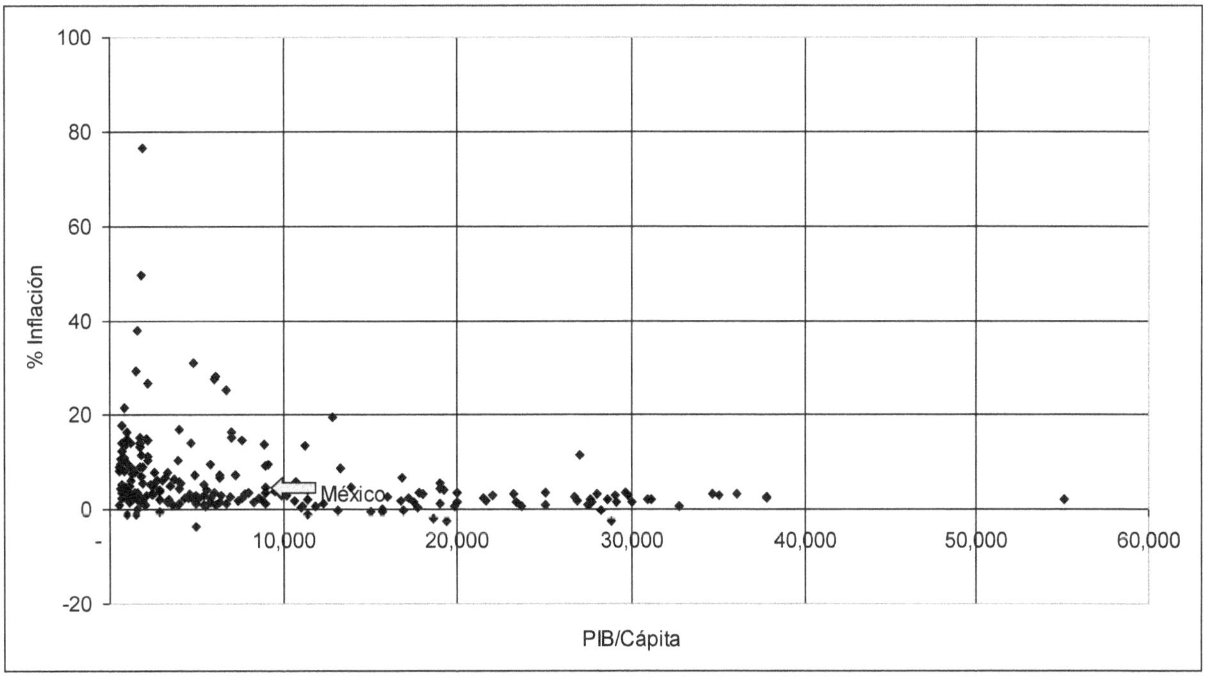

Hemos dejado fuera de la gráfica a Zimbabwe, con un PIB/Cápita de $1,900 USD y una inflación de 384.7%, para evitar que la escala del eje Y sea demasiado grande.

México tiene un PIB/Cápita de $9,000 USD y un nivel de inflación de 4.5% (2005). En esta gráfica podemos ver que conforme se incrementa el PIB/Cápita de un país, la probabilidad de que su inflación sea alta es menor. De los países con un PIB/Cápita menor a $5,000 USD, por ejemplo, la situación económica para la población es mejor para aquellos con una inflación menor del 20% que aquellos con una inflación mayor al 20%.

Ya sabemos que contamos con tres motores (mercado de bienes y servicios, laboral, y financiero), y entendemos cuáles son nuestros objetivos, nuestros indicadores de qué tan bien va la economía: el PIB/Cápita, el nivel de desempleo, y la inflación. El siguiente paso es entender que "palancas" podemos manipular para cambiar el comportamiento de los motores y así lograr que los indicadores estén en los niveles deseables.

Las palancas, mejor conocidas como "políticas económicas", se dividen en cuatro:

- Políticas fiscales
  - Incremento o decremento de impuestos
  - Incremento o decremento de gasto gubernamental
- Políticas monetarias
  - Incremento o decremento del dinero en circulación
  - Incremento o decremento de las tasas de interés
- Políticas de comercio internacional
  - Nivel del tipo de cambio
  - Aranceles de importación
- Políticas de desarrollo
  - Inversión en infraestructura
  - Diseño gubernamental (instituciones públicas, leyes)

Finalmente tenemos una visión completa de nuestra máquina económica, ilustrada en la siguiente gráfica.

Gráfica 5: La Máquina Económica

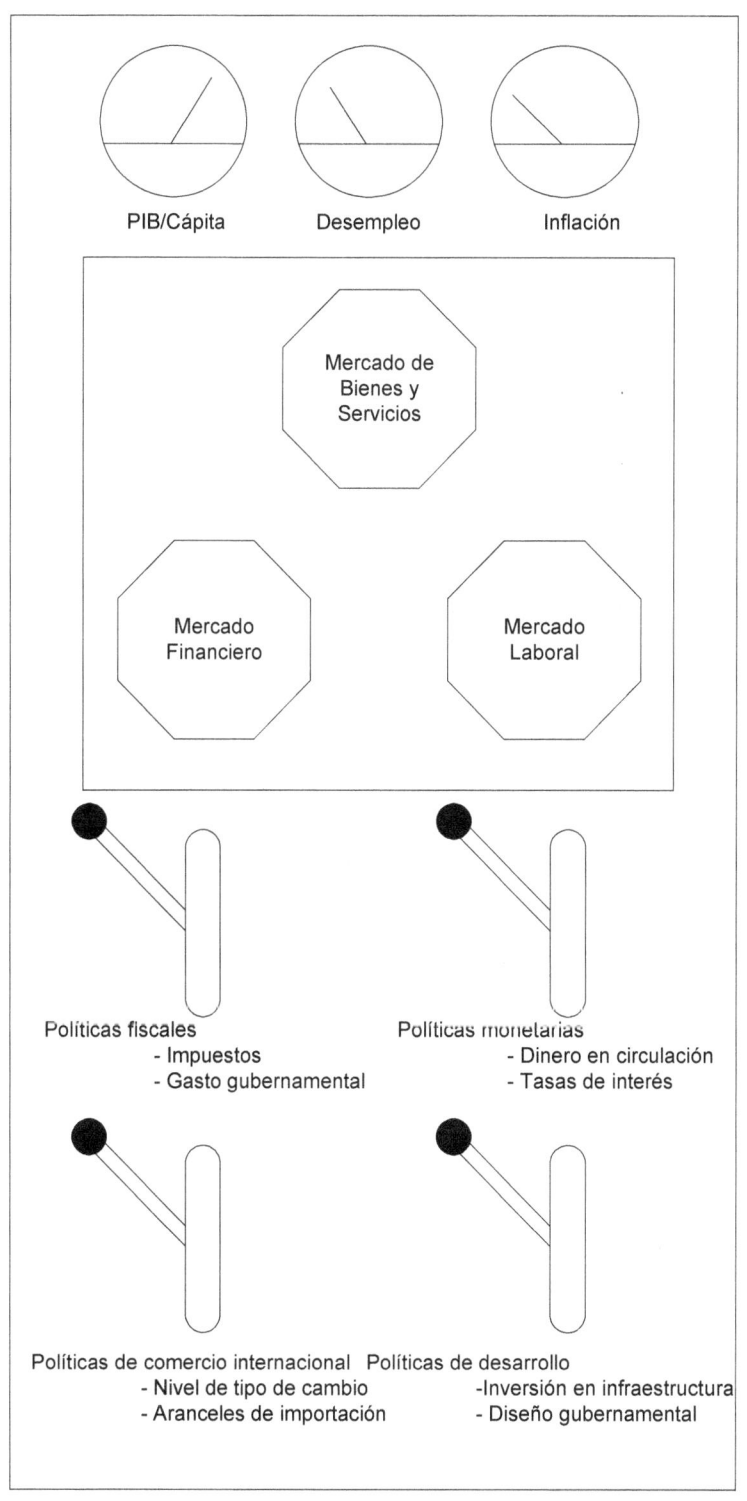

PIB/Cápita   Desempleo   Inflación

Mercado de
Bienes y
Servicios

Mercado
Financiero

Mercado
Laboral

Políticas fiscales   Políticas monetarias
    - Impuestos   - Dinero en circulación
    - Gasto gubernamental   - Tasas de interés

Políticas de comercio internacional   Políticas de desarrollo
    - Nivel de tipo de cambio   -Inversión en infraestructura
    - Aranceles de importación   - Diseño gubernamental

Ya que entendemos cuáles son los elementos de la máquina económica, el siguiente paso es entender su funcionamiento.

LOS INDICADORES

A primera vista nuestro objetivo de poner los indicadores en niveles ideales parece sencillo: solo sería cuestión de ir modificando las palancas poco a poco hasta que las agujas de los tres indicadores apunten en la posición ideal: alto PIB/Cápita, bajo desempleo, y baja inflación. Desgraciadamente no es tan sencillo. El problema es que la relación entre los tres mercados es dinámica, compleja, y mutuamente excluyente por un lado, y sensible a factores externos por el otro.

Primero que nada debemos de entender que los mercados están ligados entre sí, y a causa de su complejidad, fluctúan en formas no del todo predecibles. A estas fluctuaciones se les llama "ciclos de negocios". Toda economía está en un estado continuo de cambio, ya sea en crecimiento o en recesión. Si una economía crece demasiado rápido (tiene un "boom"), corre el grave riesgo de tener una recesión o hasta una depresión después. Por lo tanto, uno de los objetivos del gobierno es regular a la economía para que crezca, pero no demasiado rápido. En otras palabras el objetivo es minimizar la amplitud de los ciclos de negocios. Sin una regulación gubernamental adecuada, las economías tienden a tener comportamientos erráticos e impredecibles. Segundo, las economías son sensibles a factores externos, tales como las decisiones económicas de otros países. Por ejemplo si la tasa de interés sube en Estados Unidos, muy probablemente tendrá que subir en México aunque el gobierno mexicano hubiera preferido lo contrario.

En la siguiente gráfica podemos ver la fluctuación del PIB en México de 1993 al primer trimestre del 2005.

Gráfica 6: Fluctuación del PIB 1993-2005[4]
(Miles de pesos base 1993)

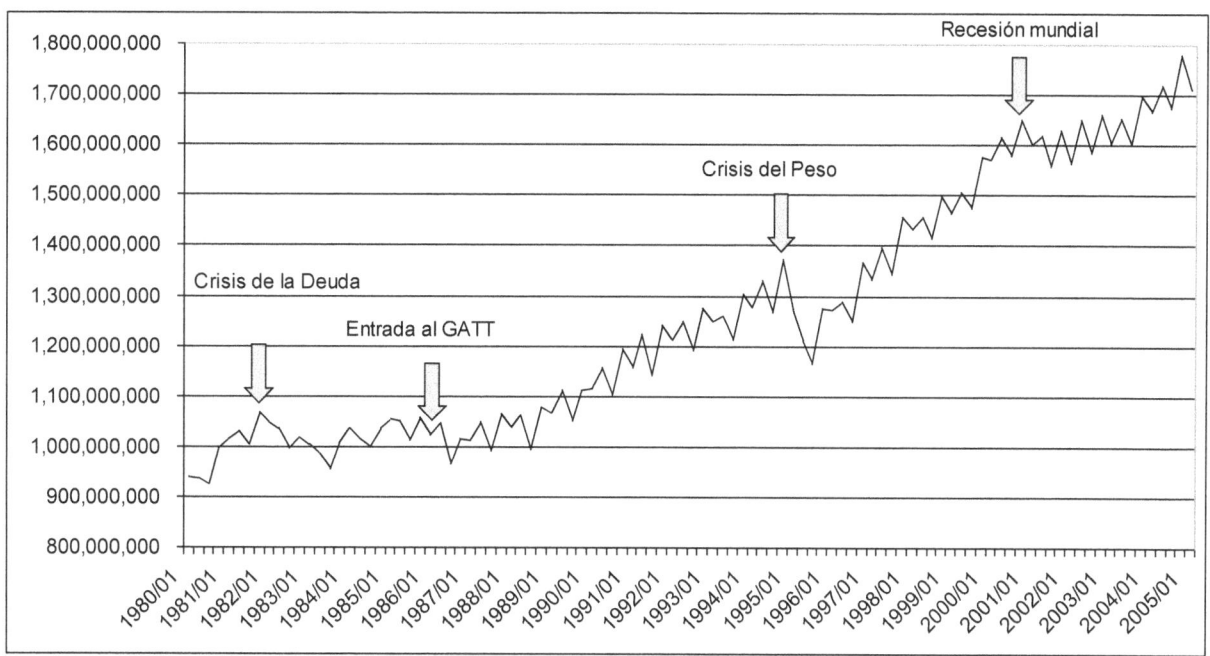

Esta gráfica lo que nos muestra es el funcionamiento de nuestro mercado de bienes y servicios. Se puede observar cómo hay una fluctuación constante, con una frecuencia más o menos trimestral. Estos son los ciclos de negocios cortos. Desde el tercer trimestre de 1995 hasta el cuarto trimestre del 2000, se tuvo un periodo de incremento de demanda constante, hasta que comenzó una moderada recesión mundial en ese punto. Esto es un ciclo largo. La crisis del peso no fue un ciclo de negocios natural; fue el resultado de políticas económicas riesgosas y factores externos económicos y políticos, los cuales analizaremos a detalle más adelante. En términos muy generales, los ciclos cortos son generados por la fluctuación entre oferta y demanda de corto plazo. Los ciclos largos tienen causas más complejas, tal como incrementos en la productividad, cambios tecnológicos, nivel de confianza del consumidor, niveles de inversión en las bolsas de valores, y muchas otras variables.

Veamos ahora el mercado laboral. La siguiente gráfica muestra el nivel de desempleo.

Gráfica 7: Tasa de Desempleo urbano1987-2003[5]

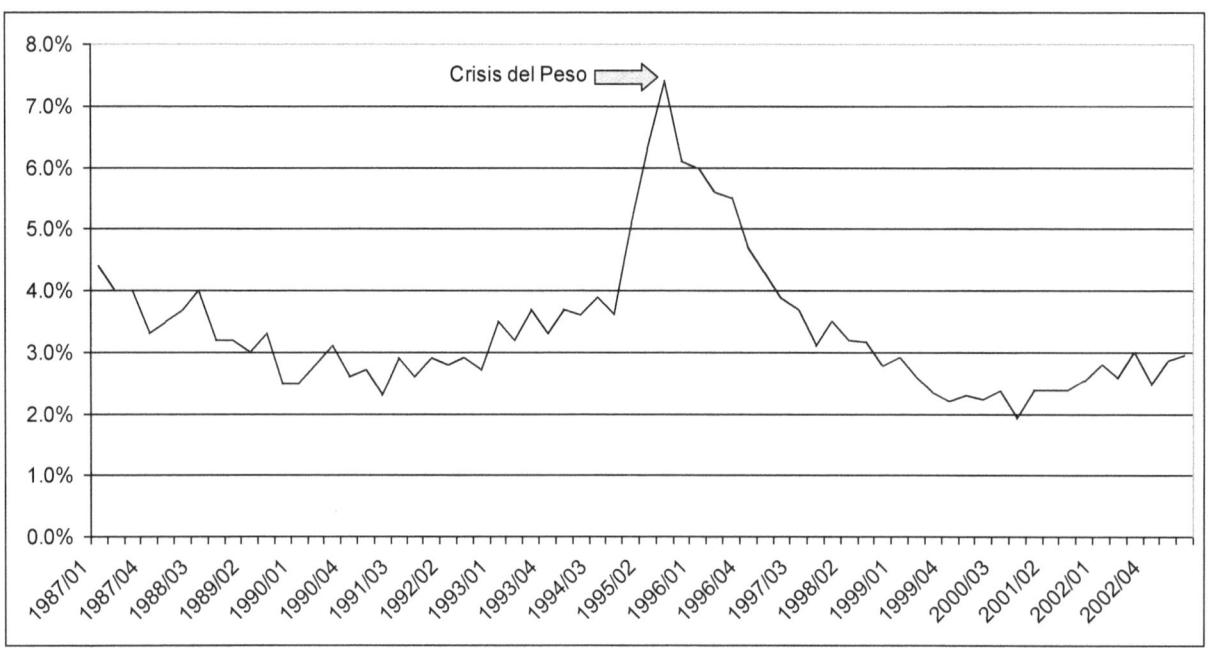

En esta gráfica podemos ver la tasa de desempleo urbano. Podemos ver cómo de 1987 hasta 1992 la tasa de desempleo bajó. A partir de 1992 comenzó a incrementarse hasta que estalló la grave Crisis del Peso, la cual disparó el nivel de desempleo. De 1996 al 2001 el nivel de desempleo baja rápidamente, pero después comienza a incrementarse a causa de la recesión mundial.

La siguiente gráfica es de las tasas de interés (costo porcentual promedio).

Gráfica 8: Tasas de Interés (CPP) de 1980 a 2005[6]

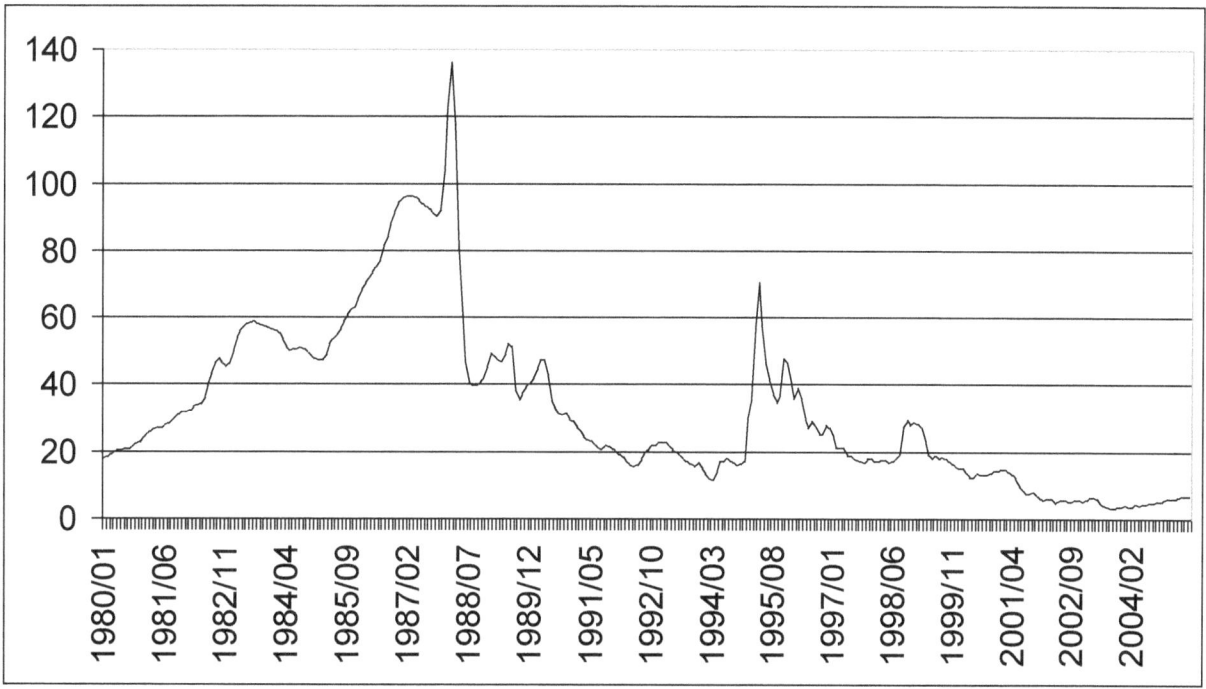

Esta gráfica nos muestra las fluctuaciones del mercado financiero. Podemos ver cómo las tasas de interés se dispararon hasta llegar a un nivel histórico en 1988 a causa de la Crisis de la Deuda. En este año se implementaron nuevas políticas monetarias que hicieron que la tasa bajara significativamente. El siguiente pico significante es la bien conocida Crisis del Peso, y después una recuperación hasta los niveles actuales (2005) de ligeramente arriba del 6%.

Debemos hacernos una pregunta importante. ¿Por qué, exactamente, es tan indeseable la inflación? Por varias razones:

- El precio es una señal para el mercado. La inflación distorsiona esa señal, causando fluctuaciones improductivas en la producción de bienes y servicios.
- El poder adquisitivo del salario disminuye, afectando más a los que menos tienen. Esto causa todo tipo de conflictos sociales y sindicales.
- La inflación causa incertidumbre en las expectativas económicas de las empresas. Al no saber cómo van a estar los precios de sus productos y los costos de sus materias primas, reducen sus niveles de inversión.
- Los inversionistas dejan de invertir en empresas y ponen su dinero en instrumentos de especulación, tal como monedas extranjeras y bienes raíces.

LOS MOTORES

Como indicamos, los mercados se retroalimentan mutuamente. Pero esta retroalimentación no es ni directa, ni instantánea, ni simple. Veamos como ejemplo la siguiente gráfica.

Gráfica 9: Relación entre el porcentaje de crecimiento del PIB y el nivel de desempleo[7]

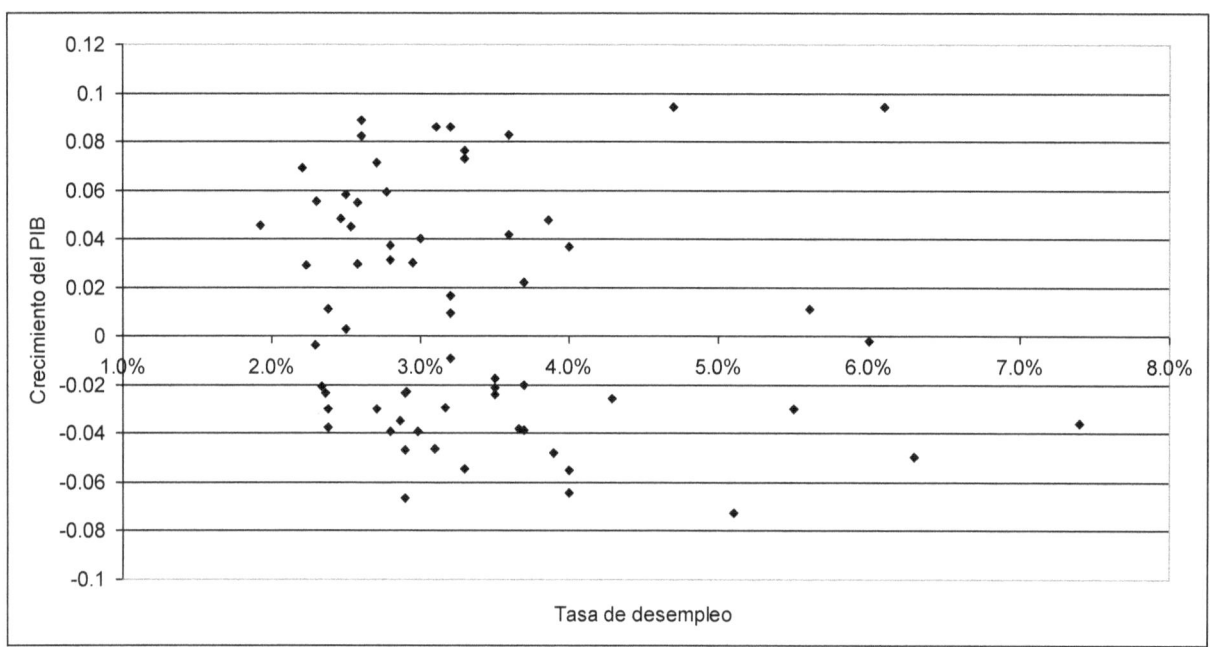

Sería fácil pensar que a mayor nivel de desempleo, menor es el crecimiento del PIB. Es lógico; después de todo, entre menos gente tenga trabajo, menos producción de bienes y servicios hay, ¿o no? No, la relación no es necesariamente directa. La gráfica nos muestra como puede haber varios niveles de crecimiento del PIB y varios niveles de desempleo, sin correlación alguna. Esto se puede deber a dos causas. Primero, que un incremento en el nivel de desempleo no necesariamente se refleja en una reducción del crecimiento del PIB en el mismo mes; ésta reducción podría ocurrir unos meses después. Segundo, es totalmente posible que un incremento de productividad cause por un lado un incremento en el desempleo, pero por otro lado cause un incremento en los sueldos de los que sí tienen empleo, nulificando una reducción del crecimiento del PIB.

La siguiente gráfica muestra la relación entre el crecimiento del PIB y el % de inflación.

Gráfica 10: Relación entre % crecimiento del PIB vs. Inflación[8]

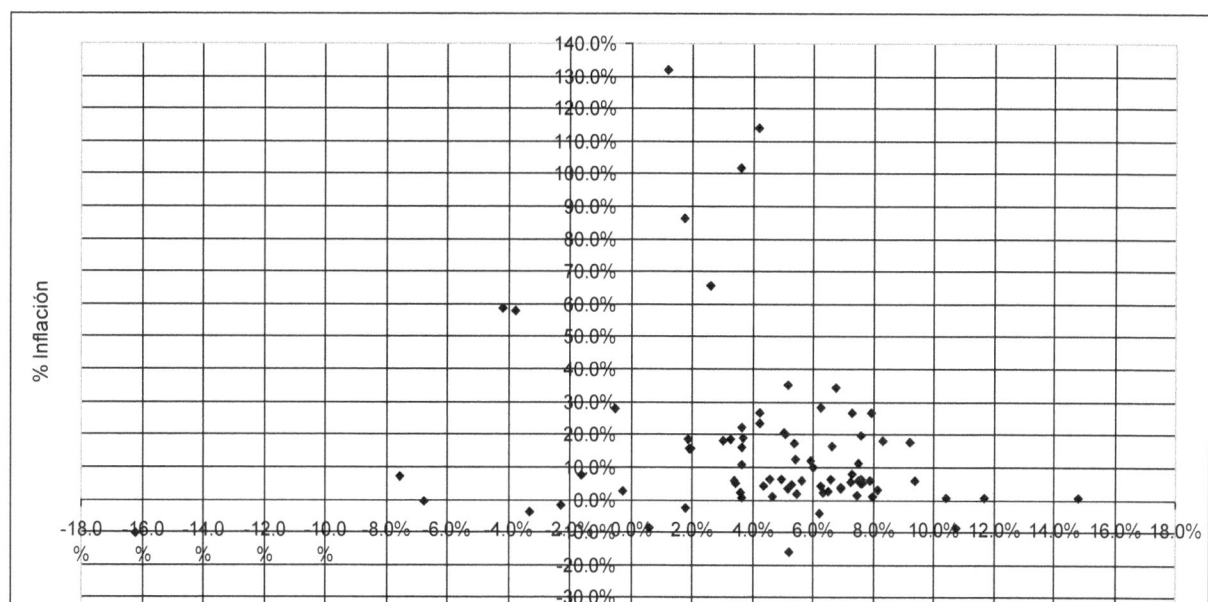

Podemos ver cómo en la mayoría de los años, el país ha crecido entre un 2% y un 8%, y ha tenido una inflación menor al 20%. Sin embargo algunos de los años han sido extraordinariamente buenos con alto nivel de crecimiento y poca inflación, y otros han sido muy malos, con contracción en el crecimiento del PIB y alta inflación. En algunas ocasiones el crecimiento alto causa alta inflación. Esto es conocido como "sobrecalentamiento". Podríamos decir (más o menos arbitrariamente) que un crecimiento mayor al 8% y una inflación mayor del 10% se pueden considerar como una situación de sobrecalentamiento.

Una relación importante es la que existe entre el nivel de desempleo y la inflación. Por lógica, conforme se incrementa el desempleo, baja la inflación, ya que cada vez habría menos gente con sueldos para gastar. A esta relación se le conoce como la Curva de Phillips.

Gráfica 11: Curva de Phillips

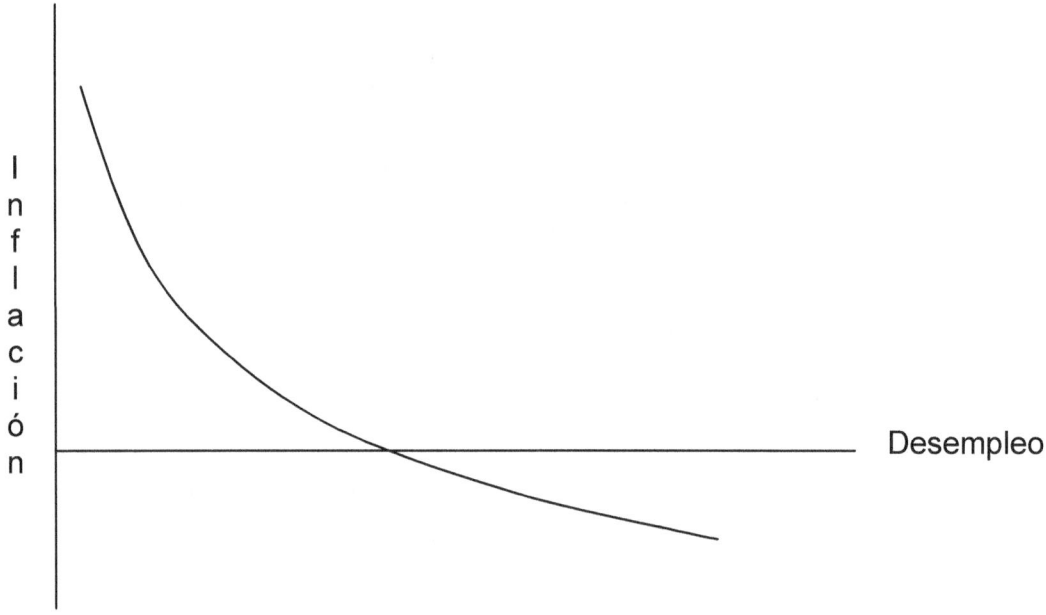

A mayor desempleo, menor inflación, y viceversa. La parte donde la inflación es negativa (o sea, los precios bajan en lugar de subir) se llama deflación y puede llegar a ocurrir si el desempleo es suficientemente alto.

Un concepto importante derivado de la Curva de Phillips es la Tasa Natural de Desempleo (TND). El mercado laboral presenta una oferta de puestos de trabajo, y una demanda de puestos de trabajo. Cuando la oferta y la demanda están en equilibrio, se dice que hay "pleno empleo". Sin embargo aún bajo pleno empleo, hay cierto porcentaje de gente que está desempleada, ya sea porque fue despedida o voluntariamente dejaron su trabajo para buscar algo mejor. Esta gente desempleada tardará cierto tiempo en encontrar un nuevo trabajo. A este nivel de desempleo dinámico se le llama la Tasa Natural de Desempleo. Al principio cuando se descubrió la Curva de Phillips, los economistas pensaron que los gobiernos podrían reducir el nivel de desempleo si estaban dispuestos a tolerar un nivel de inflación mayor. Sin embargo los monetaristas descubrieron que el incrementar el gasto gubernamental para reducir el desempleo tiene un efecto temporal; después de un corto tiempo el desempleo baja al nivel anterior, o sea, a su Tasa Natural de Desempleo, pero la inflación no, sino que la inflación se queda en un nuevo y más alto nivel que el anterior. O sea que la cosa queda mucho peor: mismo nivel de desempleo, mayor inflación.

Hemos visto en estas gráficas el comportamiento histórico del mercado de bienes y servicios, el mercado laboral, y el mercado financiero. ¿Qué podemos inferir, en general, de las mismas?

Primero, que los mercados fluctúan en formas a veces más o menos predecibles, a veces en formas totalmente impredecibles. O sea, que los mercados tienen ciclos cortos, ciclos largos, y crisis causadas tanto por errores en política económica como por factores externos a la economía.

Segundo, que la implementación de políticas económicas pueden tener impactos importantes e inmediatos en los mercados. En la gráfica de las tasas de interés podemos ver cómo éstas cayeron rápidamente en 1988. Esto se debió a una política monetaria específica implementada durante la presidencia de Carlos Salinas de Gortari.

Tercero, que los mercados se influencian mutuamente, pero no necesariamente en forma obvia. Hay muchas variables y relaciones causales que no se pueden percibir a simple vista, por lo que no hay que cometer el error de asumir que los mercados son simples de entender y predecir.

LAS PALANCAS

Veamos ahora los efectos básicos que tienen las palancas, o sea, las políticas económicas, sobre los mercados. La siguiente tabla nos muestra la relación fundamental entre las palancas y los indicadores.

Tabla 1: Relación causa-efecto entre políticas económicas e indicadores

	PIB/Cápita	Desempleo	Inflación
POLÍTICAS FISCALES			
Incrementa impuestos	Se reduce	Se incrementa	Se reduce
Decrementa impuestos	Se incrementa	Se reduce	Se incrementa
Incrementa gasto gubernamental	Se incrementa	Se reduce	Se incrementa
Decrementa gasto gubernamental	Se reduce	Se incrementa	Se reduce
POLÍTICAS MONETARIAS			
Incrementa oferta monetaria	Se incrementa	Se incrementa	Se incrementa
Decrementa oferta monetaria	Se reduce	Se reduce	Se reduce
Incrementa tasas de interés	Se reduce	Se incrementa	Se reduce
Decrementa tasas de interés	Se incrementa	Se reduce	Se incrementa

Las celdas con fondo gris son las situaciones que queremos evitar, y las de fondo blanco las que queremos causar. No hemos incluido las políticas de desarrollo ni de comercio internacional por razones que explicaremos más adelante.

Dentro de las políticas fiscales, el incrementar los impuestos tiene dos efectos. Primero que nada, retira temporalmente de circulación una parte del dinero disponible. Ese dinero eventualmente es reinvertido en la economía en forma de gasto gubernamental, pero en el corto plazo muy probablemente reduzca el nivel de actividad económica, simplemente porque la gente, en lugar de usar ese dinero para comprar y producir más y por lo tanto incrementar el PIB (y por lógica el PIB/Cápita), tiene que darle ese dinero al gobierno. Segundo, los altos impuestos desmotivan la inversión. Las empresas requieren un margen de ganancia neta de cierto nivel para encontrar atractiva la inversión en negocios nuevos. Si el gobierno incrementa los impuestos, ese nivel de ganancia neta se reduce, por lo que se reduce el atractivo de los negocios. Esto en consecuencia reduce el crecimiento del PIB.

De igual manera, al reducirse el crecimiento del PIB, también se puede incrementar el nivel de desempleo, al haber menos actividad de compra y venta y menos actividad de inversión. Pero por otro lado, al igual que el PIB, el nivel de desempleo puede bajar después, cuando el gobierno use el ingreso de los impuestos más altos para incrementar el gasto gubernamental.

La inflación ocurre cuando hay demasiado dinero en circulación. Al haber un exceso de liquidez, las empresas y personas perciben tener un nivel más alto de riqueza, y demandan más bienes y servicios, los cuales se encarecen. El incremento de impuestos temporalmente retira dinero de circulación, ya que las empresas y la gente en lugar de tener ese dinero disponible para comprar bienes, se lo tiene que entregar al gobierno, reduciendo así la demanda y por lo tanto el nivel de precios.

Por lógica, un decremento en el nivel de impuestos tiene los efectos exactamente contrarios: le deja más dinero a la gente para gastar, incrementa la motivación para invertir, y al dejarle más liquidez al mercado, puede causar inflación.

Veamos ahora las políticas monetarias. Estas consisten en incrementar o decrementar la cantidad de dinero circulante, e incrementar o decrementar las tasas interés. Entendamos primero cómo se logra esto.

Para reducir la cantidad de dinero en circulación, el gobierno emite bonos gubernamentales. Estos bonos son comprados por inversionistas, los cuales reciben un retorno anual por el bono. El gobierno, más específicamente, el Banco de México, a la hora de recibir el dinero de la venta, no pone en circulación ese dinero, sino que lo guarda, quitándolo así de circulación. Para incrementar la circulación hace obviamente lo contrario: compra los bonos gubernamentales que están en manos de los inversionistas. Entonces los inversionistas utilizan ese dinero en la economía, incrementando el circulante.

El otro método utilizado es el llamado "corto". Todos los bancos tienen una cuenta corriente en el Banco de México. El Banco de México pone en cada cuenta cierta cantidad de dinero disponible para el uso de los bancos. Los bancos toman este dinero y lo prestan a empresas y personas a tasas de mercado. Al cierre de cada día, el Banco de México le cobra a los bancos una tasa de dos veces la tasa de mercado sobre los sobregiros de sus cuentas. Esto motiva a los bancos a mantener su saldo en cero al final del día, ya que si se sobregiran, tienen que pagar dos veces el interés de mercado, y si dejan dinero sin usar, incurren en un costo de oportunidad por no haber colocado ese dinero en el mercado a cambio de un retorno. En cambio si su saldo es cero, no pierden nada. Veamos un ejemplo práctico para hacerlo más claro. Imaginemos que la tasa de mercado es de 6%, y por la tanto la tasa de sobregiro es de 12%, el doble. Si un banco tuviera un saldo negativo de $100 pesos al final del día, tendría que pagarle al Banco de México $100 x 12% = $12 pesos. Sin embargo esos $100 pesos se los prestaría a alguien al 6%, recibiendo $6 pesos de intereses. Si recibe $6 pero pierde $12, acaba perdiendo en total $6, por lo que no es negocio para el banco. Por otro lado, si el banco dejara al final del día $100 a su favor en su cuenta, no le tendría que pagar una tasa de sobregiro al Banco de México, pero al dejar ese dinero sin usar, dejaría de percibir $6 que pudo haber ganado prestando ese dinero. Por lo que contablemente acaba con una pérdida de $6 pesos. Tampoco es negocio para el banco dejar dinero en la cuenta. Finalmente si su saldo es cero al final del día, ni tiene que pagar una tasa de sobregiro, ni incurre en costos de oportunidad. Por lo tanto los bancos procurarán mantener esa cuenta en cero al cierre del día.

Ahora, lo que hace el Banco de México para ejercitar la política monetaria es incrementar y decrementar esas cuentas de los bancos. Si reduce las cuentas se dice que hay un "corto" en las mismas. Al haber menos dinero disponible comparado con el dinero demandado, solo una parte de la demanda de dinero es prestada a tasas de mercado. Los bancos tendrían que incurrir en sobregiros sobre sus cuentas de Banco de México para completar la otra parte del dinero demando, pero como la tasa de sobregiro es tan alta, los bancos hacen lo posible para conseguir el dinero del mismo mercado de dinero. La tasa del mercado de dinero es más alta que la del mercado (aunque más baja que la de sobregiro), por lo que en general las tasas de interés de los bancos se tienen que incrementar para que siga siendo negocio para ellos. De esta forma el Banco de México influye indirectamente sobre las tasas de interés.

La mecánica de actuación de la política monetaria sobre los indicadores es muy similar a la mecánica de la política fiscal. Al incrementar la cantidad de dinero circulante, la gente tiende a gastar más y el PIB se incrementa, el empleo se incrementa, y la inflación se incrementa. La reducción del circulante tiene los efectos contrarios.

El incrementar las tasas de interés tiene un efecto doble. Por un lado, las empresas y personas piden menos dinero prestado, ya que es más cara la tasa de interés. Por otro lado, los inversionistas optan por depositar un porcentaje mayor de su dinero en el banco ya que el retorno es más atractivo, y al hacer esto consumen menos productos e invierten menos en empresas. Esto hace que el crecimiento del PIB baje y el desempleo se incremente, pero también logra reducir la inflación. El reducir las tasas de interés tienen el efecto contrario; más empresas y gente pide prestado, y los inversionistas encuentran más atractivo el invertir en empresas nuevas que poner su dinero en el banco. Eso activa el crecimiento del PIB y el empleo, pero a la vez incrementa la inflación al poner más dinero a circular.

Las políticas de desarrollo son diferentes en su naturaleza a las políticas fiscales y monetarias. Mientras que las políticas fiscales y monetarias actúan sobre una maquinaria de mercado establecida, el objetivo de las políticas de desarrollo es cambiar la estructura misma de dicha maquinaria de mercado. Por ejemplo, si el gobierno invierte en la expansión de la red de transportes del país, cambia la estructura de los mercados al hacer la transferencia de materias primas y productos terminados más rápida y menos costosa. Esto cambia la estructura de costos y la productividad de las empresas, lo que genera mayor producción de bienes a precios más accesibles, cambiando así la naturaleza de la oferta y la demanda del mercado. Igualmente, si un gobierno introduce, por ejemplo, nueva legislación que hace más transparente y seguro el mercado financiero, atrae a más capital nacional e internacional, cambiando la naturaleza de la oferta y demanda de capital. La cantidad y posibles impactos de las políticas de desarrollo son tantas que no es posible agregar esta palanca a la tabla de causa y efecto.

De igual forma, los efectos de las políticas comerciales no son fáciles de predecir, simplemente porque los aranceles son específicos a ciertos países y/o a ciertos productos. Los efectos macroeconómicos de las políticas comerciales son muy específicos a la situación del país al momento de aplicarlas, por lo que no las podemos agregar a la tabla de causa y efecto.

Es importante entender que ésta es una descripción muy básica de los efectos de las políticas económicas sobre los indicadores. En la vida real los efectos pueden ser modificados por muchos otros factores externos, y tienen magnitudes diferentes de acuerdo a las circunstancias. Pero recordemos que el objetivo de este ejercicio es crear un mapa mental que describa en forma concisa el funcionamiento de una economía, no crear un modelo econométrico detallado.

Como podemos ver entonces, ninguna política económica aplicada por sí misma logra el objetivo ideal de incrementar el PIB/Cápita, reducir el desempleo, y reducir la inflación al mismo tiempo. Por lo tanto las políticas tienen que ser aplicadas con ciertas combinaciones y en ciertas secuencias en el tiempo, bajo diferentes condiciones económicas. Esto es lo que hace a la política económica tan complicada.

SEGUNDA PARTE : HISTORIA DE LA POLÍTICA ECONÓMICA MEXICANA

La política moldea a la economía, y la economía moldea a la política. Por eso es tan difícil de separar ambas. Sin embargo, nuestro objetivo es estudiar la evolución de las políticas económicas, no de toda la historia política mexicana. Por eso tendremos que reducir la larga y compleja historia de México a sus puntos más fundamentales, aquellos que tuvieron un impacto mayor en los aspectos económicos.

En esta parte del libro recorreremos la historia de México desde el siglo XIX, identificando los fenómenos económicos relevantes, y tratando de entender qué políticas económicas los causaron.

EL PORFIRIATO

La situación del México durante el siglo XIX, antes del Porfiriato, fue de altísima inestabilidad política. En 1810 comienza la Guerra de Independencia en contra de la corona española, que dura hasta 1821. En 1822 Iturbide es declarado Emperador de México; casi inmediatamente Santa Anna se levanta en armas en su contra. Iturbide abdica en 1823. En 1829 Santa Anna repele un intento de reconquista española. En 1836 ocurre la rebelión texana. En 1838 se inicia la Guerra de los Pasteles entre México y Francia. En 1840 se inicia un movimiento separatista en Yucatán, el cual termina hasta 1844. En 1846 estalla la guerra contra Estados Unidos, que dura hasta 1848. En 1855 la Revolución de Ayutla logra derrocar a Santa Anna. En 1858 da inicio la Guerra de Reforma, que dura hasta 1860 con el triunfo del ejército liberal. En 1861 el gobierno de México decreta la suspensión de pagos de la deuda externa por dos años. En respuesta, la Triple Alianza (Inglaterra, Francia, y España) desembarcan en Veracruz. La alianza se disuelve, pero los franceses se quedan, y no se retiran hasta 1867, regresando Juárez al poder. Al morir Juárez en 1872, Sebastián Lerdo de Tejada ocupa la presidencia. Finalmente Porfirio Díaz entra en escena en 1876 al lanzar el Plan de Tuxtepec, en contra de la reelección de Lerdo de Tejada.

Queda claro que los primeros cincuenta años de la república mexicana fueron tan caóticos, que no tiene sentido tratar de entender la evolución de la política económica del país en ese periodo. La preocupación principal del gobierno en turno, cualquiera que éste fuera, era mantenerse en el poder; el desarrollo económico de país no era parte de sus prioridades. Se calcula que el PIB/Cápita experimentó una caída de 37% de 1800 a 1860.[9] Con la llegada de Porfirio Díaz se dio un periodo de casi cuatro décadas de estabilidad y crecimiento económico, por eso comenzamos nuestro análisis con él.

Con la llegada de Porfirio Díaz, muchos de los obstáculos al desarrollo económico de México comienzan a desaparecer: la inestabilidad política, la inseguridad física, la falta de mercados integrados a nivel nacional, aranceles internos, transporte escaso y caro, la falta de leyes, y sobre todo, la falta de inversión.[10]

La situación política se estabilizó durante el primer periodo presidencial de Porfirio Díaz, de 1976 a 1880, pero las inversiones no comenzaron significativamente hasta el periodo presidencial de Manuel González, de 1880 a 1884. Durante este periodo el comercio y la inversión con Estados Unidos se incrementaron rápidamente. A finales de 1882, González hace circular moneda de níquel en sustitución a la de plata. Esto causó muchos problemas porque la población percibía a las de plata de más valor, y sólo usaba las de níquel tomándolas a un valor inferior al valor nominal indicado en la moneda, a veces hasta un 25% menos. Esto causó muchos conflictos en las transacciones comerciales, y desembocó en un motín en la ciudad de México en 1883.

Al regresar Porfirio Díaz al poder en 1884, el comercio e inversión internacionales se convirtieron en la primera prioridad de la política económica del país.[11] Díaz heredó una situación económica precaria. Esto obligó al ministro de Hacienda, Manuel Dublán, el tomar varias acciones drásticas: la suspensión del pago de la deuda interna, la rebaja de los sueldos de los empleados públicos, y la suspensión de las subvenciones a las compañías ferrocarrileras. Aún más importante, con el objetivo de reestablecer la credibilidad con la comunidad financiera internacional, el gobierno reconoció la validez de la deuda inglesa, que tantas protestas había causado en el periodo presidencial de González. En esta ocasión ocurrió lo mismo, y hubo protestas en los medios y en las calles, a lo que el gobierno respondió con violencia. Así, en contra de la opinión pública, el gobierno reconoció en 1886 la deuda inglesa, con el objetivo de atraer más crédito de la banca inglesa, y al mismo tiempo balancear la creciente influencia del imperialismo de Estados Unidos.[12]

Las semillas de la Revolución se sembraron mucho antes del Porfiriato, durante la Conquista, cuando los pueblos indígenas fueron despojados de sus tierras por los españoles colonizadores, adaptando las formas comunales tradicionales a los sistemas españoles de tenencia de tierra para que fueran funcionales para la extracción de tributo[13]. La Corona española confirió tierras a los pueblos indígenas, pero siempre tuvieron el carácter de concesión con derecho a usufructo, mientras que los españoles tenían derecho de propiedad con dominio pleno[14].

Después de la guerra de independencia, se hicieron esfuerzos para limitar el tamaño de las haciendas, que, por un decreto de José María Morelos y Pavón en 1813, no deberían de tener superficies superiores a dos leguas. Sin embargo los ideales agrarios de los insurgentes no se pudieron implementar y la concentración de la tenencia de tierra continuó[15]. Hasta el mismo Maximiliano tenía la intención de implementar una reforma agraria, emitiendo dos ordenamientos: La Ley Sobre Terrenos de Comunidad y Repartimiento, promulgada el 26 de julio de 1866, y la Ley Agraria del Imperio, promulgada el 16 de septiembre de 1866. Dichas leyes nunca se llevaron a la práctica. Después de que los liberales tomaron el poder, se siguieron discutiendo a nivel teórico ideas sobre la propiedad agraria, pero en lo práctico no se implementó ley alguna, y la concentración de la propiedad de la tierra continuó agravándose[16].

Pero si las semillas de la Revolución se sembraron mucho atrás, lo que las hizo germinar y florecer, sin querer, fue el Porfiriato, y en particular la emisión de dos ordenamientos: El Decreto Sobre Colonización y Compañías Deslindadoras (1883), y la

Ley Sobre Ocupación y Enajenación de Terrenos Baldíos (1884). El objetivo de estas leyes era identificar tierras que no tuvieran propietario, para poder así venderlas a particulares y convertirlas en productivas. Para poder ejecutar este trabajo, se formaron compañías llamadas "deslindadoras", cuya función, bajo concesión del gobierno porfiriano, era localizar dichas tierras y deslindarlas (o sea demostrar que no tenían dueño). Después de deslindar los terrenos, las compañías procedían a medirlos y a fraccionarlos. Por tal trabajo, las compañías deslindadoras recibían un tercio de los terrenos que hubieran demarcado. Para la comprobación de la propiedad de las tierras, se le exigía a los que clamaban ser los dueños que presentaran sus títulos o escrituras. Y fue aquí donde comenzó el problema, porque muchos pequeños propietarios y en especial los comuneros, no contaban con ningún tipo de documento que respaldara su propiedad, a pesar de haber vivido y trabajado las tierras a veces por generaciones. Al no poder presentar la documentación, eran sumariamente despojados. Miles de comunidades, en su mayoría indígenas, perdieron así sus tierras.

Entre 1883 y 1910 se deslindaron 63 millones de hectáreas, y las compañías deslindadoras recibieron su tercera parte, 21 millones de hectáreas. Las 42 millones de hectáreas entregadas al gobierno no se vendieron a pequeños propietarios, sino a haciendas, empresas mineras, y compañías ferrocarrileras principalmente. Para 1905, la propiedad estaba extremadamente concentrada, a tal punto que el 0.2% de los propietarios poseían 87% de la superficie agrícola[17].

Tal concentración de la propiedad de las tierras acentuó la diferencia entre el México urbano que se modernizaba, y el México rural que se quedaba atrás.

El sistema de deslinde no logró los resultados esperados. En lugar de crear la pequeña propiedad, lo cual era realmente el objetivo del gobierno, solo logró crear grandes latifundios[18]. Esta dinámica hizo que la agricultura se dividiera en dos: la agricultura industrial-exportadora, y la agricultura de subsistencia. Las diferencias están muy ligadas a la geografía, con un norte próspero e industrial, poco poblado, con un centro de alta densidad poblacional con una combinación de economía moderna y antigua, y un sur decididamente retrasado[19].

Otro sector primario que fue muy importante durante esta época es la minería. Aparte de la producción de plata, hubo un notable aumento en otros metales y minerales, tal como el cobre, zinc, y hierro, así como la producción de combustibles, como el carbón, grafito, y petróleo. El gobierno impulsó este sector a través de nueva legislación minera promulgada a partir de 1884, que permitía a cualquier persona, ya fuera ciudadano mexicano o extranjero, a adquirir derechos de propiedad sobre minas para su explotación. Esta nueva legislación atrajo aun más inversión extranjera, en especial de Estados Unidos, Inglaterra, y Francia. También hubo avances tecnológicos importantes en este sector, tal como el uso de motores eléctricos, y avances en la técnica metalúrgica, con la introducción de los procesos de cianuración y lixiviación.[20]

El ferrocarril fue fundamental para instrumentar la entrada de México al capitalismo.

Desde antes del porfiriato hubo intentos de desarrollar el ferrocarril en México. En 1824 se dictó una ley que estipulaba la posibilidad de utilizar el ferrocarril. El primer plan formal apareció hasta 1837, que pretendía conectar la ciudad de México con el puerto de Veracruz. El proyecto era demasiado ambicioso para ese momento y no se llegó a realizar. No fue hasta 1850 cuando comenzaron a concretarse los primeros proyectos. El gobierno comenzó a dar concesiones a inversionistas para desarrollar tramos ferroviarios. Sin embargo, entre 1850 y 1876, el 93% de dichas concesiones no se llevaron a la práctica, a causa de varios problemas. El primer obstáculo fueron las condiciones geográficas del país, así como la naturaleza fragmentada del espacio nacional. El segundo obstáculo era la falta de leyes y reglamentaciones adecuadas, y la diversidad de áreas fiscales y alcabalas. El tercer obstáculo era la falta de un sistema financiero que canalizara la inversión. Ante estos problemas, los inversionistas se encontraban renuentes a afrontar el riesgo de invertir en esta naciente industria. A pesar de los problemas, 7% de las concesiones se concretaron. El primer ferrocarril fue un tramo de 11.5 Km. que iba de Veracruz a El Molino. Se inauguró el 16 de septiembre de 1850. El segundo tramo, inaugurado en 1857, iba de la Ciudad de México a la Villa de Guadalupe, y sólo contaba con 5 Km. de longitud. [21]

Los gobiernos liberales de la época tenían como objetivo otorgar varias concesiones, bajo la idea de que las diferentes compañías compitieran entre sí para que triunfaran las más eficientes.[22]

Durante el imperio de Maximiliano se reanudó la construcción de la vía México-Veracruz, que fue construido en varias fases. Finalmente la ciudad de México quedó conectada con el puerto de Veracruz en 1873, con lo que fue llamado el Ferrocarril Mexicano.[23]

El gobierno de la época se percató rápidamente de la importancia económica de los ferrocarriles, ya que éstos reducen el costo de transacción de la economía. Dejando al lado las ideas liberales de libre competencia, el gobierno intervino directamente en esta industria para fomentar su crecimiento. Se otorgaron concesiones por varias décadas, se otorgaron subsidios, se redujeron aranceles para la importación de materiales usados en la construcción de las vías, y se permitió la fijación de precios por parte de los empresarios.[24]

Al comienzo del porfiriato, los diferentes agentes productores exigían al gobierno la construcción de vías de comunicación. Para tal efecto, el gobierno implementó tres políticas para la construcción de vías de ferrocarril: la administración directa por parte del gobierno, la firma de contratos con gobiernos estatales, y la continuación del sistema de concesiones a empresas particulares. El gobierno no participó en gran escala en la construcción de vías, ya que las ideas liberales les indicaban que sería perjudicial para la economía. De igual forma, los gobiernos estatales no desarrollaron mucho sus concesiones por falta de recursos, por lo que preferían traspasar sus privilegios a compañías extranjeras. De 28 concesiones que se otorgaron a los estados durante el primer periodo porfirista, 8 caducaron, 12 se quedaron sin construir ni un solo kilómetro, y solo 8 se implementaron y se construyeron 226.5 Km. La tercera política de concesiones a empresas particulares, en su mayoría extranjeras, fue mucho más exitosa, a pesar de la constante oposición del Congreso.[25] En 1880 había 1,073 kilómetros de vías. Para 1884, al final del periodo presidencial de Manuel González, se tenían 5,731 kilómetros. La construcción continuó en forma acelerada durante todo el porfiriato, para 1910 se contaban con 19,280 Km. El crecimiento de los kilómetros de vías de 1876 a 1910 fue del 2913%.

La siguiente gráfica muestra el crecimiento.

Tabla 2: Crecimiento de las vías de ferrocarril durante el Porfiriato[26]

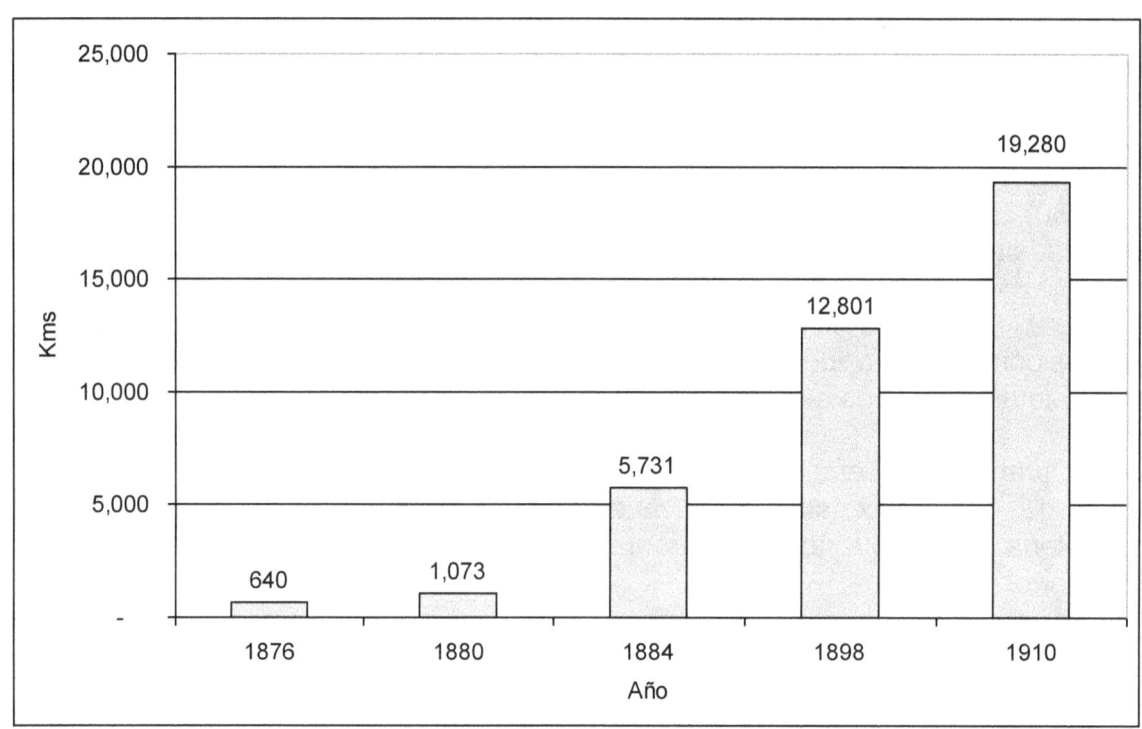

El ferrocarril benefició mucho a la economía del país, pero no benefició a todos, ya que el ferrocarril solo es costeable a partir de cierta distancia y a partir de ciertos volúmenes. Los pequeños productores y comerciantes no pudieron beneficiarse mucho. México ya contaba con una red de caminos que databan de la época colonial y que habían sido extendidos y más o menos mejorados durante la restauración de la república. Sin embargo esta red distaba de ser suficiente. Por eso el porfiriato también implementó una política de construcción de caminos. Desgraciadamente por sus problemas fiscales, el gobierno federal tuvo que dejar a los gobiernos estatales el trabajo de darle mantenimiento a los caminos, el cual fue bastante deficiente. No fue hasta la aparición del automóvil durante la primera década del siglo XX que se comenzaron a desarrollar mejores carreteras para los mismos.[27]

Desde la Independencia los sucesivos gobiernos de México se encontraban endeudados, ya que la economía se encontraba muy poco desarrollada a causa de tanta guerra e inestabilidad política, y no había una base suficientemente grande de contribuyentes a quienes cobrarle impuestos. Por lo tanto el gobierno dependía de préstamos del extranjero. Por la misma inseguridad durante la mayor parte del siglo XIX no se desarrolló la banca en México, y ésta fue una de las causas principales del subdesarrollo del país, ya que no había un mecanismo para la acumulación y reinversión de capital en empresas productivas. En contraste, en Estados Unidos los primeros mercados financieros y bancos emergieron en la década de 1790.

Porfirio Díaz entendía que la única forma de que la economía creciera era primero que nada poniendo énfasis en la paz interna, ya que sin ésta simplemente no hay desarrollo económico. Su segundo objetivo fue reorganizar las finanzas públicas y renegociar la deuda externa.

El sistema bancario emergió durante el porfiriato. El primer banco se estableció en México en 1864. Era la sucursal de un banco inglés, y se llamaba el Banco de Londres. Por aquellas fechas aún no había ningún tipo de legislación bancaria, por lo que éste se regía por sus propios estatutos. Después, durante la administración de Manuel González emergieron otros bancos que también se regían por sus propios estatutos, tal como el Banco Mercantil Mexicano, el Banco Internacional Hipotecario, y el Banco de Empleados. El gobierno de Chihuahua tenía una legislatura de comercio local que amparó la apertura de tres bancos. En 1884 se fusionaron varios bancos para formar el Banco Nacional de México (Banamex), el cual se convirtió en el banco oficial del gobierno mexicano, aunque era de propiedad privada. En 1884 se expidió finalmente un Código de Comercio, que fue rechazado por los banqueros ya que dañaba a sus intereses. Los banqueros nunca cumplieron este código, el cual fue abolido en 1889. Esta situación anárquica continuó hasta la promulgación de la Ley General de Instituciones de Crédito, expedida en 1897 por el secretario de Hacienda José Ives Limantour.[28] Los objetivos de Limantour eran los siguientes. Primero, lograr equilibrar el presupuesto federal y eliminar el déficit fiscal permanente; segundo, manejar prudentemente la deuda externa; tercero, la abolición de las restricciones para el comercio, especialmente las alcabalas; y cuarto, regulación y control firme sobre las instituciones financieras.[29] Algunas de las políticas implementadas fueron:

- La creación de nuevos impuestos que gravaban a los ramos menos afectados por la crisis
- La reducción de los gastos y servicios públicos
- La renegociación de los pagos de las deudas internas y externas
- La reducción de sueldos a empleados y funcionarios públicos
- La regularización de la percepción de impuestos
- El perfeccionamiento de las cuentas del erario, suprimiendo del presupuesto de egresos las partidas abiertas[30]

La estrategia de Limantour fue muy exitosa. En 1896 se tuvo un presupuesto equilibrado y el primer superávit en la cuenta corriente e la historia del país.

Una gran preocupación de Limantour era el riesgo de que los inversionistas estadounidenses absorbieran la infraestructura ferroviaria mexicana y otras utilidades públicas, así como las principales empresas industriales del país, o de que el comercio se hiciera totalmente dependiente del mercado de Estados Unidos. Para reducir este riesgo, Limantour adoptó una política intervencionista en el mercado, incrementando el control y la regulación de la economía, y convirtiéndose en accionista mayoritario de diversas empresas, siendo el ejemplo más notable la adquisición de una participación mayoritaria en la red ferroviaria a través de la formación de Ferrocarriles Nacionales de México en 1907.[31]

En 1905 Limantour hizo una reforma monetaria en la que se adoptó el patrón oro, con el objetivo de estabilizar el peso mexicano. Se tomó esta decisión porque el precio internacional de la plata venía bajando durante ya varios años, desde la adopción del patrón oro por Estados Unidos en 1870, situación que estaba causando una continua devaluación del peso. El lado positivo de esta devaluación es que ayudó a algunos sectores, como las exportaciones, y ya que las importaciones se hicieron más caras, ayudaron a los productores nacionales en un proceso de sustitución de importaciones. Sin embargo el gobierno estaba siendo perjudicado, ya que debía pagar sus obligaciones de deuda en oro.[32]

En 1907 hubo una crisis económica en Estados Unidos, la más seria hasta esa fecha. Fue de tal envergadura que motivó al gobierno de Estados Unidos a formar la Reserva Federal, para evitar crisis iguales en el futuro. La crisis fue detonada por un colapso de la bolsa de valores causada por una sobre expansión especulativa y problemas internos de varios bancos.[33] Durante la crisis la inversión de Estados Unidos en México bajó dramáticamente, causando un estancamiento inmediato del crédito bancario en el país. Hubo también una escasez de moneda de plata circulante, lo cual afectó severamente las operaciones comerciales diarias. Para 1910 la situación ya estaba estable, pero hay poca duda que esta crisis económica fue en parte responsable por las dificultades políticas que comenzó a enfrentar el porfirismo por estas fechas.[34]

ANÁLISIS DEL PORFIRIATO

Lo primero que podemos observar de este sumario del periodo porfiriato es lo que ocurrió antes de éste. Vemos cómo la joven república mexicana apenas avanzó económicamente entre el periodo de la formación del país y el comienzo del porfiriato, a causa de las constantes guerras e inestabilidad política. De ésta observación derivamos nuestra primera hipótesis:

Hipótesis 1: Un país requiere de seguridad física y estabilidad política para prosperar económicamente.

La falta de seguridad física y de estabilidad política se puede atribuir históricamente al enorme vacío de poder que dejó la Corona Española al ser removida después de la Guerra de Independencia. Todo tipo de caciques y grupos pugnaron durante el siglo XIX y principios de XX por el control de la nueva nación, sin poder ninguno de ellos dominar y estabilizar al país.

Esta hipótesis es intuitivamente lógica. A un nivel fundamental, si la gente no está segura en su persona, no se puede preocupar por desarrollar industria y comercio. Pero esta hipótesis también tiene un aspecto algo más complejo: la seguridad percibida por *los inversionistas.* Definimos a un "inversionista" como una persona física o moral que tiene capital disponible para ser asignado a un emprendedor o a una empresa para que ésta desarrolle un negocio. Si el inversionista *percibe* que la situación de seguridad física y política de un país es mala, no invierte en ese país por miedo a que de alguna forma su inversión se pierda. Y estresamos que la palabra clave es "percibe"; generalmente no importa la situación real, sino la percibida por los inversionistas.

Vemos que Porfirio Díaz entendió esto perfectamente y cuando empezó su mandato puso un claro énfasis en la paz interna del país, como camino hacia el desarrollo.

Este subdesarrollo antes del porfiriato tuvo otra consecuencia. La naciente república necesitaba fondos, tanto para el gasto corriente con el cual operaban la federación día a día, como para la inversión en todo tipo de infraestructura muy necesitada. Las repúblicas basan su ingreso en los impuestos, pero México tenía pocas personas físicas y morales a quien gravar, por lo que el país tenía un serio problema de fondeo. Esto lo llevó a endeudarse en el extranjero.

Aquí hay que hacer un paréntesis y distinguir entre lo que es deuda, y lo que es capital. Cuando un inversionista extranjero invierte en el país, es en la forma de *capital.* Al aportar capital, el inversionista recibe un porcentaje de la empresa en forma de acciones, y se convierte en dueño parcial de la misma. La *deuda* es algo diferente. Una empresa o un gobierno pueden emitir *bonos,* que no son más que un tipo de pagarés. Estos bonos se venden por cierta cantidad de dinero, y el tenedor del bono recibe un porcentaje de retorno en forma periódica, hasta que recupera el valor total del bono más una ganancia. En cuestión de endeudamiento con el extranjero, el gobierno mexicano emitía (y lo sigue haciendo) *bonos gubernamentales,* los cuales eran comprados en su mayoría por inversionistas extranjeros.

De esto podemos derivar la siguiente hipótesis:

Hipótesis 2: Un gobierno, para operar, requiere fuentes de ingresos, que pueden ser: una base gravable de individuos y empresas, endeudamiento, y la implementación de paraestatales. Si no se puede fondear, su única opción es reducir sus gastos.

Podemos ver emerger uno de los círculos viciosos de nuestro país: a falta de estabilidad política y falta de infraestructura, falta de crecimiento económico. A falta de crecimiento económico, baja base gravable de individuos y empresas. A pocos impuestos, poca inversión en seguridad e infraestructura.

De esta observación sacamos la siguiente hipótesis y nuestro primer teorema:

Hipótesis 3: Un país requiere de infraestructura (transporte, comunicaciones, energía, escuelas, etc.) para prosperar económicamente.

Teorema 1: Si hipótesis 1, 2, y 3 son correctas, entonces podemos deducir que existe el círculo vicioso siguiente: a falta de seguridad e infraestructura, falta de crecimiento económico, falta de base gravable, falta de fondos gubernamentales, falta de inversión en seguridad e infraestructura. Esto a su vez implica endeudamiento por parte del gobierno y/o la necesidad de formar paraestatales.

(Como nota metodológica, podemos observar que un teorema es una *deducción* basada en hipótesis, u otros teoremas más fundamentales. Las hipótesis no se fundamentan en otras hipótesis, sino en *observaciones* de la realidad. Si probamos que una hipótesis es falsa, entonces tenemos que eliminarla o ajustarla, al igual que todo teorema que la tenga como fundamento.)

Vimos que al regresar Porfirio Díaz al poder en 1884, la situación económica era precaria, e instruyó a su ministro de Hacienda a tomar las siguientes medidas drásticas: suspensión del pago de la deuda interna, la rebaja de los sueldos de los empleados públicos, y la suspensión de las subvenciones a las compañías ferrocarrileras, todo esto en concordancia con nuestra *hipótesis 2.*

Vimos que Porfirio Díaz reconoció en 1886 la deuda inglesa, con el objeto de atraer más crédito de la banca inglesa, y así balancear la creciente influencia del imperialismo de Estados Unidos. Esto nos da nuestra siguiente hipótesis:

Hipótesis 4: Los Estados Unidos han tenido una actitud imperialista hacia México, lo cual ha causado un impacto económico.

El imperialismo de Estados Unidos hacia México es un tema recurrente en nuestra historia, y lo tendremos que analizar a fondo conforme avancemos. Nótese que en la hipótesis no indicamos si el impacto económico ha sido bueno o malo; eso lo tendremos que deducir más adelante.

Un aspecto fundamental de la economía es la tenencia de la tierra. Desde el ser humano más primitivo hasta el más sofisticado busca ser dueño de tierra. Vemos que la lucha por la tierra en México se da desde la Conquista (y desde antes entre los pueblos indígenas). Una vez que se establecieron leyes que regulaban la tenencia de la tierra, la Corona confirió tierras a los indígenas, pero siempre con carácter de concesión y no de propiedad plena. Después de la Independencia, se hicieron esfuerzos por evitar la concentración de la tierra, pero no fueron exitosos. Maximiliano también intentó evitar la concentración de la tenencia de las tierras, sin mucho éxito. Y finalmente vemos como el porfiriato implementó un programa con la idea de promover la productividad de la tierra al ponerla en manos de pequeños propietarios, pero lo único que logró al final es que se formaran grandes latifundios. Esto nos lleva a nuestra siguiente hipótesis:

Hipótesis 5: El capitalismo tiende hacia la concentración de la riqueza

Esta hipótesis habla de una dinámica bien conocida dentro del capitalismo. Es inevitable que en un sistema capitalista haya inequidad en la distribución de la riqueza; es consecuencia del sistema mismo. La pregunta filosófica que debemos hacernos es: ¿qué tanto debe intervenir el gobierno en el mercado para evitar la concentración excesiva de la riqueza? Y, ¿cómo definimos "excesiva"? En base a esto formulemos nuestro siguiente teorema:

Teorema 2: Dada la hipótesis 5, entonces el gobierno debe intervenir en cierto nivel en el mercado para evitar la concentración excesiva de la riqueza, la cual perjudica a la sociedad

En un extremo tenemos una concentración absoluta de los medios de producción: el monopolio. En el otro extremo, tenemos una "utopía" comunista: los medios de producción son del pueblo. Sabemos que ambos extremos son inoperantes. El monopolio causa un claro daño a la sociedad, ya que una sola empresa puede determinar los precios que quiera sobre los productos. Por otro lado el comunismo no funciona por dos razones principales. Por un lado ignora el deseo fundamental del ser humano de emprender y superarse, y por otro asume que un gobierno puede planear en forma centralizada la economía, tarea prácticamente imposible por su complejidad.

Entonces aquí tenemos el dilema del gobierno: qué tanto intervenir en el mercado para evitar ineficiencias tales como el monopolio, y qué tanto dejar que el mercado funcione por sí solo y se auto-organice. Muy poca intervención por un lado, o demasiada intervención por otro, y la sociedad saldrá perjudicada. Además otras dudas surge: ¿qué queremos decir con "perjudicada", exactamente? Y ¿quién es "la sociedad"? Porque dentro de la "sociedad", ciertas acciones de gobierno beneficiarán a algunos y perjudicarán a otros. Esta pregunta nos obliga a formular el siguiente teorema:

Teorema 3: Dado el teorema 2, el gobierno debe definir claramente los objetivos sociales a ser cumplidos, ya que sus acciones pueden beneficiar a unos grupos y al mismo tiempo perjudicar a otros.

Este teorema lo tendremos que explorar a mucho mayor detalle en la tercera sección.

En la sección sobre la minería vimos cómo hubo avances tecnológicos, los cuales beneficiaron tremendamente al sector. Estos avances tecnológicos lo que permitieron fue producir más minerales con menos inversión. En otras palabras, permitieron un incremento en la *productividad.*

Hipótesis 6: El incremento en la productividad es una de las formas fundamentales de incrementar el bienestar de la población de un país, y solo se puede lograr a través de la inversión en tecnología.

Esto se debe a que si un obrero puede producir más usando maquinaria (incremento en productividad) su trabajo es más valioso para la empresa, por lo que se le paga más por el trabajo. La falta de crecimiento de productividad en un país puede causar rezago económico.

Vimos que el desarrollo del ferrocarril tuvo varios obstáculos, entre ellos la falta de un sistema financiero que canalizara la inversión. Este es un concepto fundamental.

Hipótesis 7: Los mercados financieros canalizan el ahorro generado por la productividad y lo convierten en inversión.

Conforme la gente y las empresas incrementan su productividad, comienzan a producir más de lo que consumen. Esta riqueza extra es ahorrada en bancos y luego prestada por los mismos, o es reinvertida en nuevas empresas en forma de capital.

Teorema 4: Si hipótesis 6 y 7 son correctas, entonces tenemos el siguiente círculo vicioso: la falta de inversión en tecnología implica la falta de incremento en productividad, lo cual implica falta de ahorro en el mercado financiero, lo cual implica falta de capital y deuda para invertir en tecnología.

Vimos también que los inversionistas se encontraban renuentes a afrontar el riesgo de invertir en esta naciente industria. Un concepto muy importante en la teoría financiera es el *riesgo*. Los inversionistas buscan maximizar su ganancia pero al mismo tiempo reducir el riesgo de perder su inversión. Para lograr esto, utilizan el concepto llamado *diversificación*, que consiste en no invertir todo su dinero en una sola empresa, sino en una combinación de ellas. Un mercado financiero les permite hacer eso exactamente: comprar acciones y bonos en muchas empresas distintas, en lugar de invertir todo su dinero en una sola. De esa forma si unas cuantas de ellas fracasan, el éxito de las otras lo compensan. Por otro lado si invierten en una sola empresa y ésta fracasa, lo pierden todo.

Hipótesis 8: Los mercados financieros también sirven para diversificar el riesgo de los inversionistas

En México al no haber en aquella época un mercado financiero adecuado, los inversionistas arriesgaban mucho más al invertir en menos instrumentos financieros. Algunos inversionistas estaban disponibles a asumir más riesgo, pero sólo a cambio de un mayor retorno, pero tal retorno hacía al proyecto demasiado caro y el emprendedor o la a empresa no estaba dispuesta a asumirlo, por lo que el negocio simplemente no se daba.

Al principio el gobierno de Porfirio Díaz no intervino en la construcción de vías de ferrocarril, ya que tenía una filosofía liberal. Dicha filosofía indica que las fuerzas de mercado, sin la intervención del gobierno, logran el mejor resultado para la sociedad. En nuestro teorema 2 declaramos que este no siempre es el caso. Y efectivamente, Limantour se percató de que había un riesgo de que la infraestructura ferroviaria de México quedara en control de inversionistas estadounidenses, por lo cual adoptó una política intervencionista en el mercado, e hizo que el gobierno se convirtiera en el accionista mayoritario de diversas empresas, de donde surgió Ferrocarriles Nacionales.

Teorema 5: (En base a hipótesis 4, 7, 8, y teorema 2) Dado que México no tenía un mercado financiero maduro que canalizara los ahorros y los convirtiera en inversión y que diversificara el riesgo, el país comenzó a depender cada vez más de la inversión extranjera. Esto forzó al gobierno mexicano a tomar medidas para evitar la pérdida de control de industrias e infraestructuras claves para el país. Esto fue el comienzo del estatismo mexicano.

Este teorema tiene una evidencia empírica significativa. Aquí tenemos un régimen con una filosofía decididamente liberal, que sin embargo se ve forzado a tomar acciones estatistas que van en contra de sus principios fundamentales. La única otra opción que percibían era permitir que inversionistas extranjeros dominaran la economía mexicana, lo cual no estaban dispuestos a permitir.

Durante esta época el comercio exterior creció significativamente, sobre todo con Estados Unidos a partir de 1880, cuando los sistemas ferroviarios de ambos países se conectaron.

Hipótesis 9: La economía mexicana siempre ha dependido en gran medida a la economía estadounidense.

Las siguientes gráficas resumen las hipótesis y teoremas del periodo porfirista.

Gráfica 12

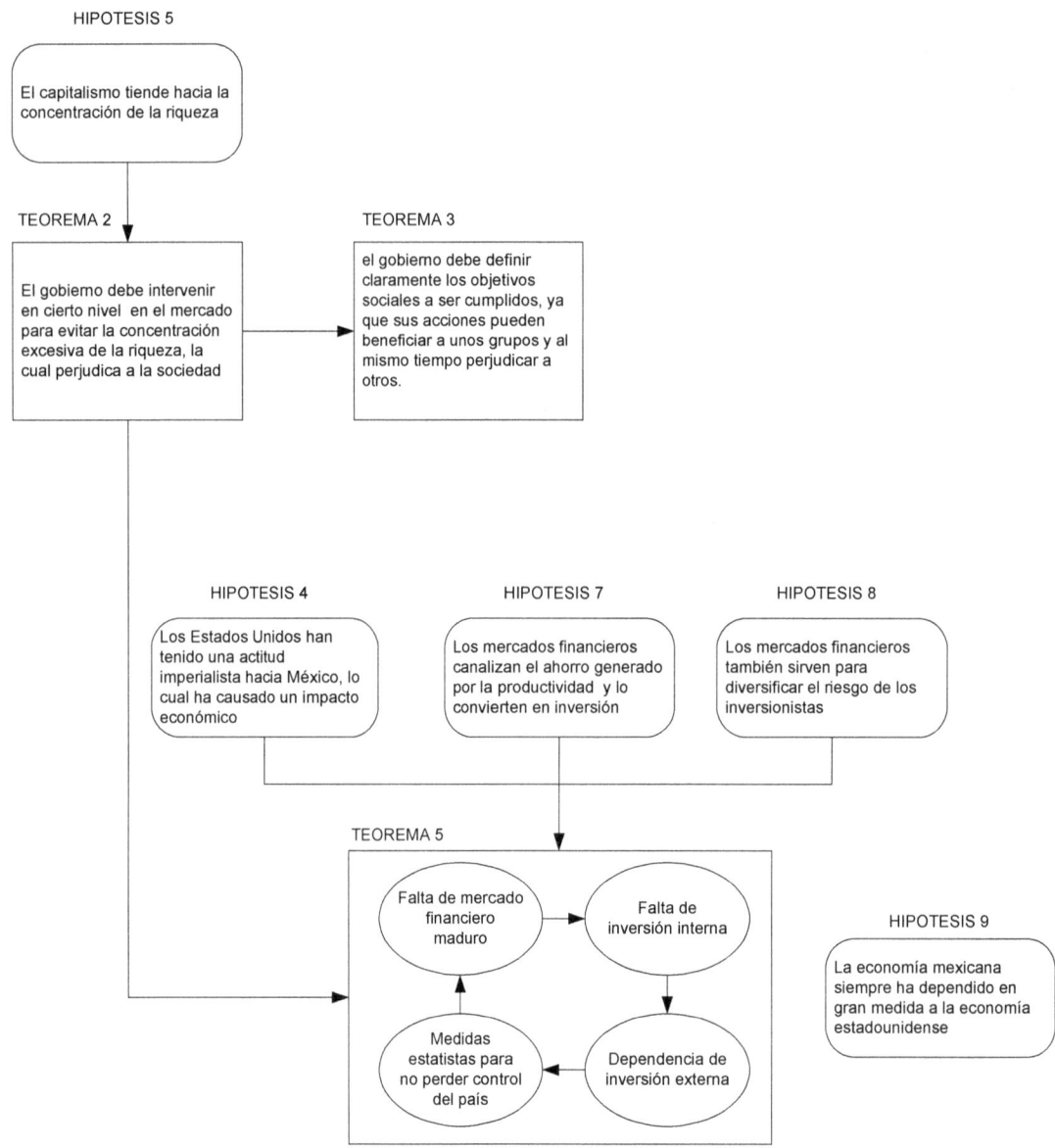

HIPOTESIS 5

El capitalismo tiende hacia la concentración de la riqueza

TEOREMA 2

El gobierno debe intervenir en cierto nivel en el mercado para evitar la concentración excesiva de la riqueza, la cual perjudica a la sociedad

TEOREMA 3

el gobierno debe definir claramente los objetivos sociales a ser cumplidos, ya que sus acciones pueden beneficiar a unos grupos y al mismo tiempo perjudicar a otros.

HIPOTESIS 4

Los Estados Unidos han tenido una actitud imperialista hacia México, lo cual ha causado un impacto económico

HIPOTESIS 7

Los mercados financieros canalizan el ahorro generado por la productividad y lo convierten en inversión

HIPOTESIS 8

Los mercados financieros también sirven para diversificar el riesgo de los inversionistas

TEOREMA 5

Falta de mercado financiero maduro

Falta de inversión interna

Medidas estatistas para no perder control del país

Dependencia de inversión externa

HIPOTESIS 9

La economía mexicana siempre ha dependido en gran medida a la economía estadounidense

Gráfica 13

HIPOTESIS 6

HIPOTESIS 7

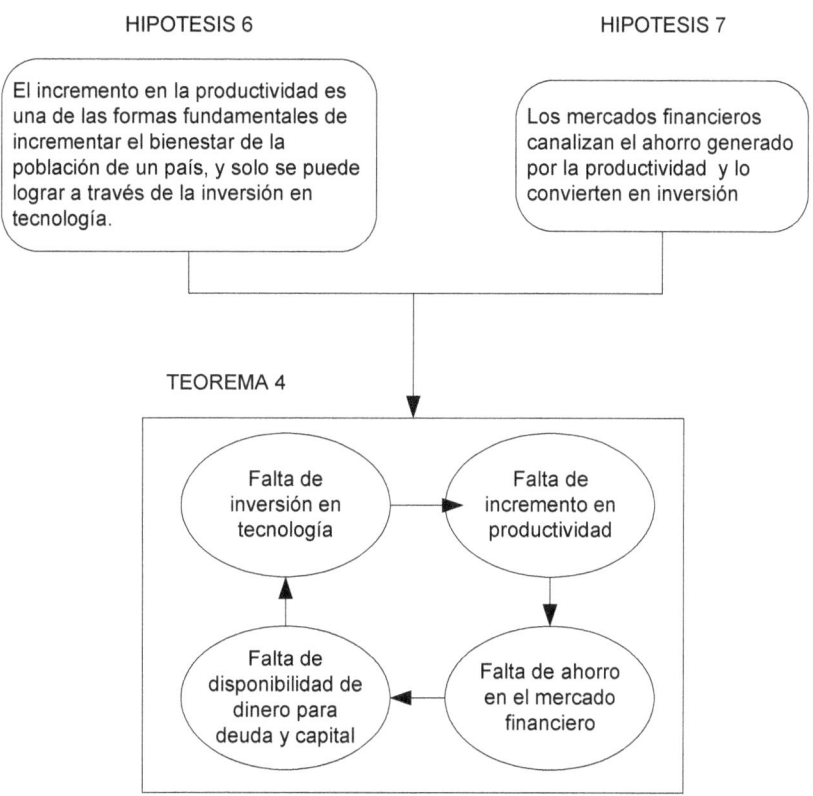

El incremento en la productividad es una de las formas fundamentales de incrementar el bienestar de la población de un país, y solo se puede lograr a través de la inversión en tecnología.

Los mercados financieros canalizan el ahorro generado por la productividad y lo convierten en inversión

TEOREMA 4

Falta de inversión en tecnología

Falta de incremento en productividad

Falta de disponibilidad de dinero para deuda y capital

Falta de ahorro en el mercado financiero

Gráfica 14

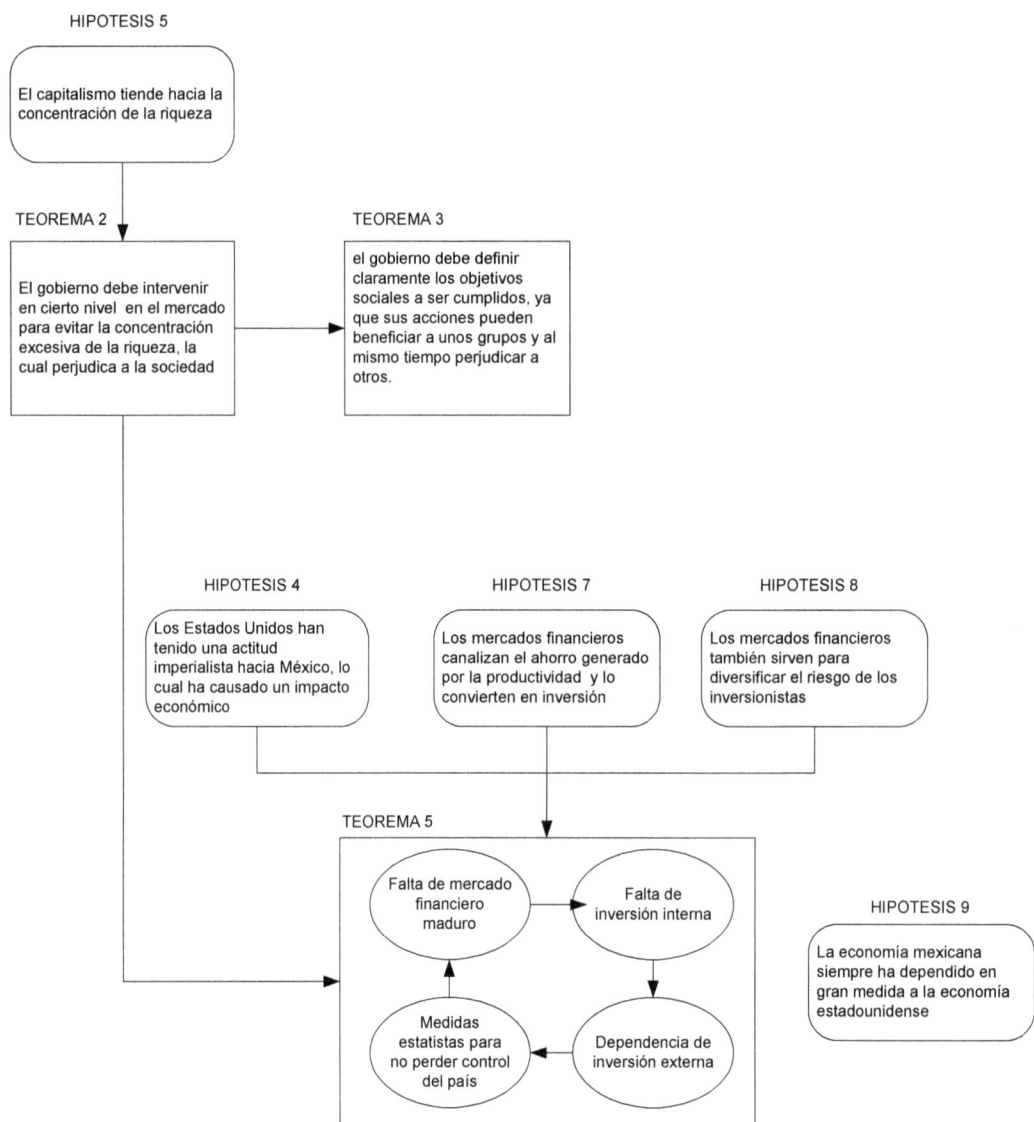

DE LA REVOLUCIÓN A LA CRISTIADA (1910-1929)

La Revolución de 1910 tuvo dos tipos de causas: sociopolíticas, y socioeconómicas.

Sin duda la causa sociopolítica más notable fue la permanencia de Porfirio Díaz en el poder durante tanto tiempo. Porfirio Díaz prometió en 1908 que no volvería a postularse para la presidencia de la república, pero no cumplió su promesa. Esto, aunado a los fraudes electorales de junio y julio de 1910, dejó en claro a las clases medias con aspiraciones políticas de que simplemente no era posible acceder al poder por las vías democráticas.

En cuestión a las causas socioeconómicas, tanto la clase media como las clases populares se veían perjudicadas por el porfirismo. La clase media empresarial veía a los *científicos* del porfirismo como una oligarquía financiera que manejaba el crédito bancario del país en beneficio propio. También se veía perjudicada por la corrupción y caciquismo. Los obreros se encontraban descontentos por los abusos de las tiendas de raya, los mejores salarios a extranjeros que trabajaban en México, así como en las condiciones de trabajo infrahumanas. Los campesinos por su parte se encontraban muy descontentos por los despojos de tierra que fueron la consecuencia de la aplicación de la Ley de Colonización y Terrenos Baldíos.[35]

Los efectos socioeconómicos de la revolución fueron extensos. La población cayó de 15.2 millones en 1910 a 14.3 millones en 1921; el sector minero descendió en un 40%; el industrial el 10%; y el agrícola el 4%. Sin embargo, a un nivel macroeconómico, el producto interno bruto no se vio afectado. Esto se debió a dos causas: los altos niveles de exportación petrolera, y la inmunidad a la guerra de la que gozaron varias grandes empresas de manufactura y haciendas.

La siguiente gráfica muestra el impacto de la guerra sobre la población.

Gráfica 15: Población durante la Revolución [36]

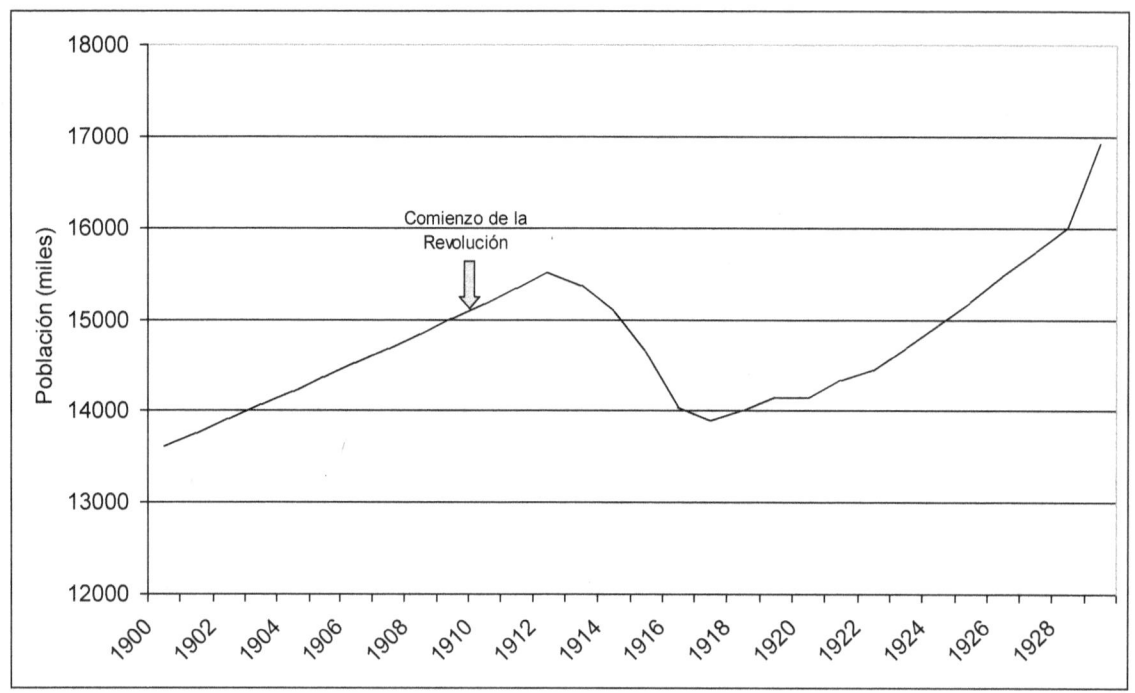

La siguiente gráfica muestra cómo se comportó en el mismo periodo las importaciones y exportaciones.

Gráfica 16: Importaciones y exportaciones totales durante la Revolución[37]

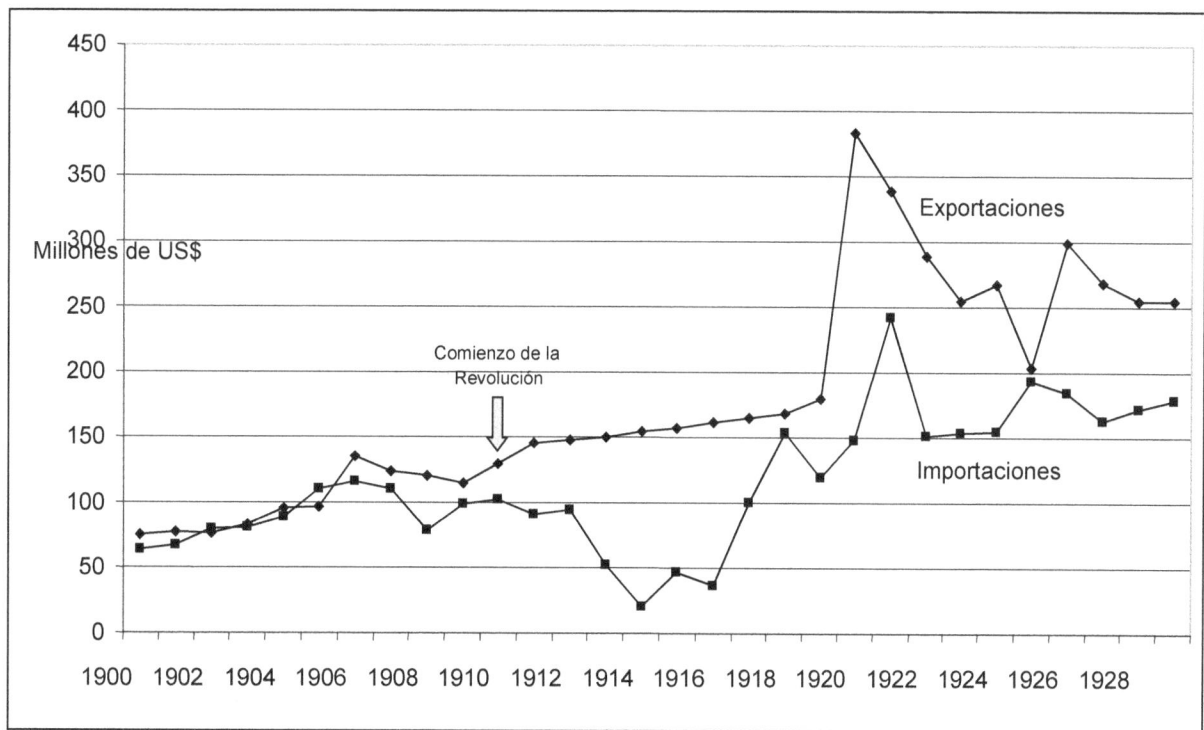

Esta gráfica es reveladora. Podemos ver cómo poco después del comienzo de la revolución, las importaciones sufren una baja importante. Esto es lógico, ya que la guerra contrajo a la economía interna, quien es la que importa los bienes. Sin embargo, vemos como las exportaciones comienzan a crecer, impulsadas primordialmente por la creciente demanda de petróleo, que concuerda con el crecimiento del uso de los vehículos automotores, y el comienzo de la guerra de 1914. En 1910 México extrajo 3.6 millones de barriles; para 1921 ya extraía 193 millones, haciéndolo el segundo productor a nivel mundial.[38]

Al comenzar la revolución, 70% de las inversiones extranjeras en los sectores minero y petrolero pertenecían a Estados Unidos; 25% provenían de capitales ingleses, y el resto se repartía entre franceses, alemanes, y españoles, mientras que las inversiones mexicanas en estos sectores no excedían 3%.[39]

Como es de esperarse, durante todo el conflicto, los sucesivos gobiernos revolucionarios enfrentaron severos problemas económicos. Huerta se encontraba tremendamente presionado para conseguir fondos para reforzar el ejército. Tuvo que pedir préstamos al extranjero, y cuando éstos demostraron ser insuficientes, trató de incrementar los impuestos, y recurrió a préstamos forzados exigidos tanto a mexicanos como extranjeros. En enero de 1914 Huerta suspendió el pago de la deuda exterior, provocando fuga de capitales, inflación, y devaluación del peso.[40]

La siguiente gráfica muestra el incremento en la inflación durante la época.

Gráfica 17: Índice de Inflación 1900 a 1929[41]

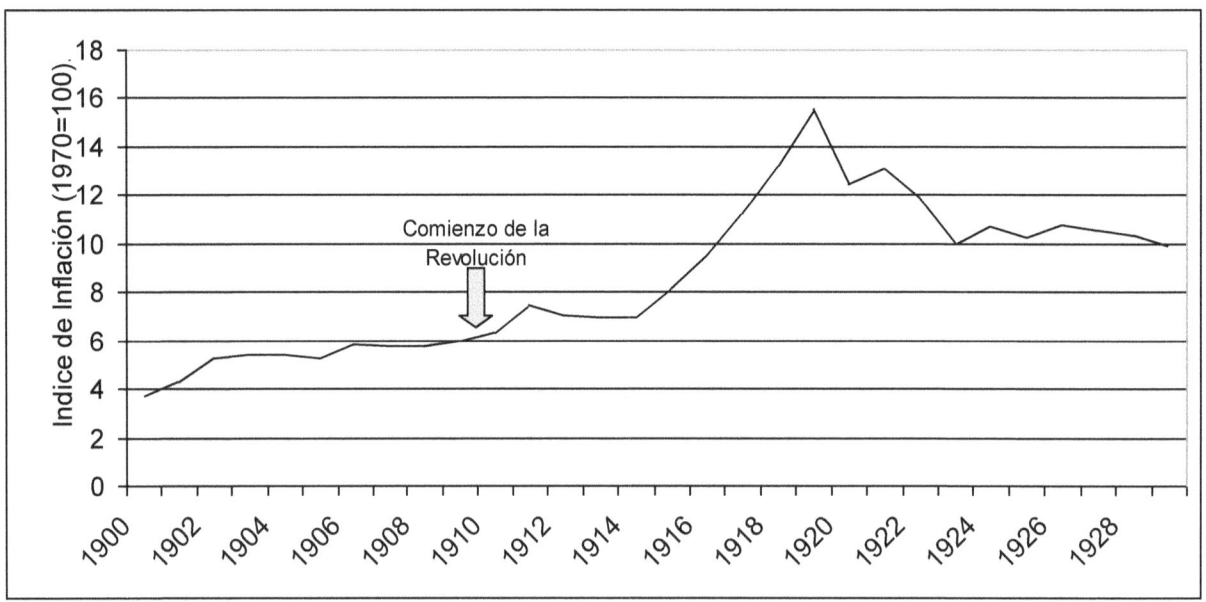

Durante la revolución antihuertista, los carrancistas emitían papel moneda en las regiones que controlaban, pedían préstamos forzosos, y embargaban bienes para financiar sus operaciones. Esto, aunado a "políticas" prácticamente idénticas de Huerta, causaron una devaluación aún mayor del peso frente al dólar, y un incremento significativo de la inflación.

Ante la creciente inflación, el gobierno se apropió de las reservas de oro y plata de los bancos, a fin de respaldar sus emisiones de moneda anteriores, y con la idea de crear un banco central que fuera el único autorizado en emitir moneda. Carranza le comunicó a los bancos que tendrían que cooperar con los planes del gobierno o serían cerrados. En 1916 Carranza cerró la bolsa de valores, bajo la acusación de ser "poco patriótica". Después prohibió que los bancos y negocios hicieran cualquier tipo de transacción con moneda extranjera sin el permiso del gobierno. Se clausuró el Banco Nacional de México y el Banco de Londres, bajo la acusación de conspiración para inflar la moneda. En un intento desesperado por detener la inflación, en mayo de 1916 el gobierno carrancista emitió $500 millones de pesos en papel impreso en Estados Unidos, los cuales eran conocidos como "infalsificables". Pero no condujo a la solución esperada, ya que también se devaluaron rápidamente. Poco tiempo después el gobierno se vio obligado a reestablecer la circulación de la moneda metálica, política que poco a poco fue frenando la inflación.[42]

El régimen de Obregón se enfrentó a problemas muy similares a los de sus predecesores: falta de crédito interno y externo, y problemas fiscales. En 1921 regresó a sus dueños los bancos incautados por Carranza, pero sin concederles la facultad de emitir moneda. Esto fue un cambio importante en política monetaria. Los pagos de la deuda externa no se reanudaron hasta que Estados Unidos reconoció oficialmente el gobierno de Obregón en 1923. Dicho pago consumía un alto porcentaje del presupuesto federal. Por otro lado, el gobierno de Obregón no logró reactivar el crédito externo suficientemente para reconstruir el país, y la rebelión delahuertista incrementó bastante los gastos gubernamentales. En 1921 se estableció el "Impuesto del Centenario", antecedente del "Impuesto sobre la Renta", implementado en 1925. Dicho impuesto establecía gravámenes proporcionales de acuerdo a las ganancias obtenidas.[43]

El gobierno de Calles comenzó un proyecto de reconstrucción económica el cual llamó "Nueva Política Económica". El objetivo de este proyecto era la creación de una moneda estable; equilibrar el presupuesto y lograr tener una Hacienda sana; buscar una política financiera correcta; devolver los bienes incautados a manos privadas; la creación del Impuesto Sobre la Renta; y finalmente, la creación de instituciones que respaldaran la política financiera. El responsable de ejecutar este proyecto fue el secretario de Hacienda Alberto J. Pani[44].

En 1924 fueron creadas la Ley General de Instituciones de Crédito y Establecimientos bancarios, y la Comisión Nacional Bancaria. En 1925 se creó la Ley General de Instituciones de Crédito, la cual establecía la creación de un Banco Único de Emisión, o sea El Banco de México. En 1926 se crea el Banco de Crédito Agrícola.[45]

Estos esfuerzos rindieron frutos inmediatos. Para fines de 1925, se había logrado un superávit de $21 millones de pesos. Sin embargo, pronto factores internacionales afectaron el desempeño económico del país. Las finanzas del gobierno dependían demasiado de los impuestos del petróleo. En 1926 los precios del petróleo cayeron por varios factores, y la economía entró en recesión, de la cual no se recuperó totalmente hasta la Segunda Guerra Mundial.

La Cristiada, guerra ocurrida entre 1927 y 1929, al igual que todos los demás conflictos armados, retrasó aún más la recuperación económica del país. Esta guerra fue apolítica en el sentido de que los cristeros no tenían como objetivo un cambio de gobierno, sino que solo defendían su religión que era atacada por el gobierno[46].

Se calcula que la Cristiada ocasionó 250,000 muertos, entre militares y civiles. Entre 1926 y 1929, la producción agrícola bajó 38%. Gran parte de la actividad económica del campo y las pequeñas ciudades se fue paralizando, y las migraciones hacia las grandes ciudades y los Estados Unidos se incrementaron hasta convertirse en un verdadero problema económico. Desde el comienzo de la Revolución este tipo de migración se había dado en las rancherías, pero ahora también se veía en los pueblos y ciudades chicas. Aproximadamente 200,000 personas migraron a las grandes ciudades, y otras 450,000 migraron a Estados Unidos. De esta época datan las colonias mexicanas de Chicago y Los Ángeles, y la mexicanización de California. Los propietarios y comerciantes que migraron de estos pueblos ya no volvieron; esta migración selectiva aumentó aún más el atraso del campo[47].

Al llegar Madero al poder, se ocupó de buscar soluciones al problema agrario. Se vigorizó la Comisión Nacional Agraria, con el objetivo de cumplir decretos referentes a fraccionamientos, riego, crédito agrícola, deslinde, fraccionamiento y reparto de ejidos, y sobre el deslinde y venta de terrenos nacionales. Madero consideraba el ejido como una estructura atrasada, y favorecían en su lugar la pequeña propiedad. La obra de Madero quedó inconclusa, pero por lo menos sirvió como punto de arranque para reestructuración de la tenencia de la tierra.[48]

Durante el régimen de Huerta no hubo cambios importantes en este tema. Lo único notable es que la Comisión Nacional Agraria fue abolida, y en su lugar fue creada la Secretaría de Agricultura. Hacia finales de su gobierno, Huerta presentó una reforma estructural agraria completa, pero no llegó a concretarse.[49]

Durante el régimen de Carranza, solo se entregaron 116,899 hectáreas, repartidas entre 57 mil campesinos, lo que da un promedio de 2.06 hectáreas por agricultor. Carranza utilizó este reparto de tierras para evitar conflictos sociales en algunas regiones[50]. La siguiente tabla nos muestra la baja cantidad de entregas de tierra durante el carrancismo.

Tabla 3: Entrega de tierras durante el carrancismo (1917-1920)[51]

ESTADO	DOTACIONES O RESTITUCIONES
Aguascalientes	1
Baja California	3
Campeche	11
Coahuila	1
Colima	5
Chiapas	2
Distrito Federal	6
Durango	8
Guanajuato	7
Guerrero	5
México	15
Hidalgo	21
Jalisco	16
Michoacán	10
Nayarit	3
Oaxaca	9
Puebla	52
Querétaro	3
San Luís Potosí	4
Sinaloa	2
Sonora	2
Tlaxcala	25
Veracruz	27
Yucatán	3
Zacatecas	2
TOTAL	243

Solo 243 entregas en total. En Nuevo León, Tabasco, Tamaulipas, y más significativamente, Morelos, cuna de Zapata, no hubo una sola entrega de tierras durante el régimen de Carranza. De hecho, durante ésta época, y hasta la llegada de Cárdenas, la ideología predominante en los gobiernos fue que el ejido era una forma transitoria de tenencia de la tierra, mientras que los campesinos y especialmente los indígenas, que tenían tradiciones comunales, se acostumbraban al concepto de la propiedad privada[52].

Es importante entender el concepto del ejido. El ejido es una propiedad que es asignada a un conjunto de "ejidatarios", para ser usada en actividades agropecuarias. Dichos ejidatarios reciben todo el usufructo del trabajo de esa propiedad; sin embargo, si los ejidatarios dejan de utilizar la tierra, pasa de nuevo a control gubernamental. Además, los ejidatarios no tienen derecho a vender o hipotecar la tierra asignada. El objetivo original de esta estructura legal era evitar la creación de latifundios. Sin embargo, tuvo muchas consecuencias socioeconómicas y políticas que analizaremos en la siguiente sección.

En la siguiente gráfica podemos ver la cantidad de hectáreas repartidas por los presidentes revolucionarios.

Gráfica 18: Resoluciones presidenciales dotatorias de tierra[53]

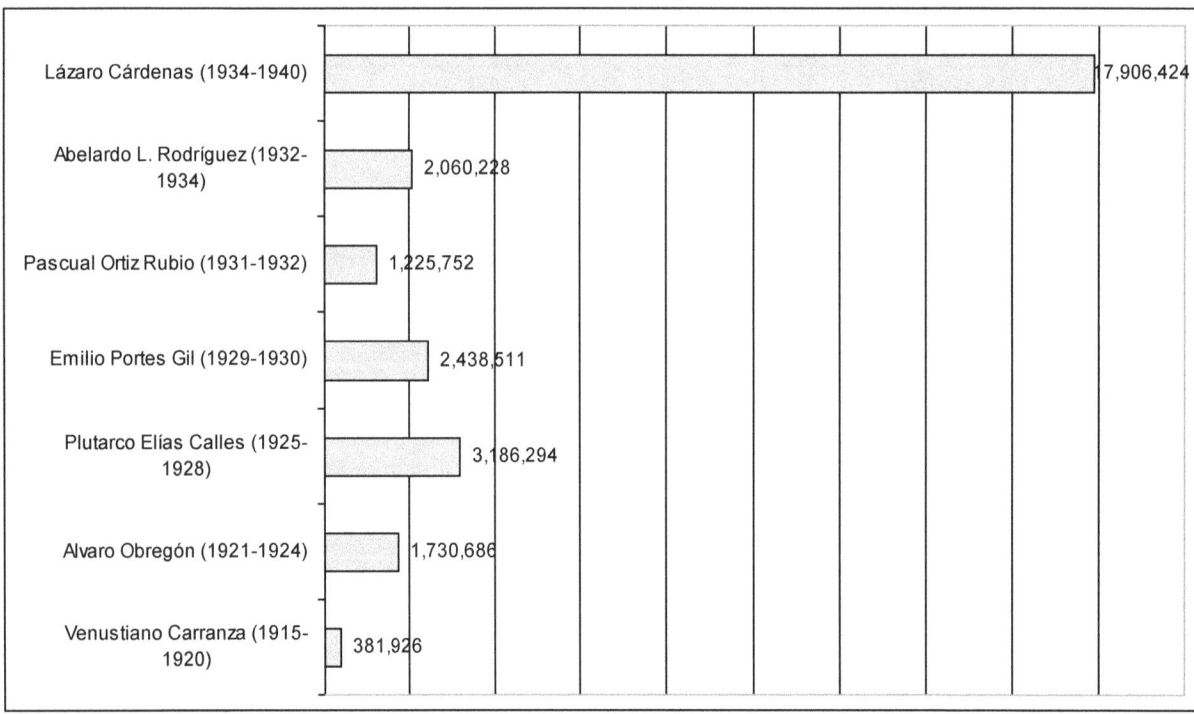

Hay poca duda, entonces, de que la motivación detrás del escaso reparto agrario antes de Cárdenas no era primordialmente la "justicia social", sino de "profilaxis social" para evitar movimientos campesinos armados:

"...la reforma agraria...desde un punto de vista político tuvo un contenido contrarrevolucionario, ya que constituyó, en gran medida, un plan contrainsurgente (como después se ha experimentado con mayor o menor éxito en muchas otras partes del mundo). En el ámbito económico, la reforma solo tomó en cuenta el aspecto redistributivo de la tierra sin impulsar el productivo, lo que trajo como consecuencia vicios y limitaciones de origen en todo el proceso."[54]

Esto no significa que los gobiernos revolucionarios no tomaran en cuenta los aspectos productivos del campo. Tanto Calles como Obregón creían que lo mejor para el país era promover la pequeña propiedad agrícola; sin embargo, Calles lo veía como un problema económico, y no político, a diferencia de Obregón. Para esto Calles propuso una "solución integral", que no solo consistía en repartir tierras, sino en dar los medios de producción, tal como semillas, equipo, agua, y créditos, para hacerlas productivas. Para Calles, la propiedad privada era la estructura ideal para desarrollar el capitalismo en el país. El ejido era considerado una solución temporal, un medio para parcelar los latifundios, para luego evolucionar a la etapa final, o sea, la pequeña propiedad.[55] Sin embargo, pronto los regímenes revolucionarios descubrieron empíricamente el poder corporativista que podían lograr a través del agrarismo. Esto lo analizaremos en la siguiente sección.

La siguiente gráfica muestra los efectos de la Revolución sobre la agricultura.

Gráfica 19: Cambios regionales en la producción agrícola[56]

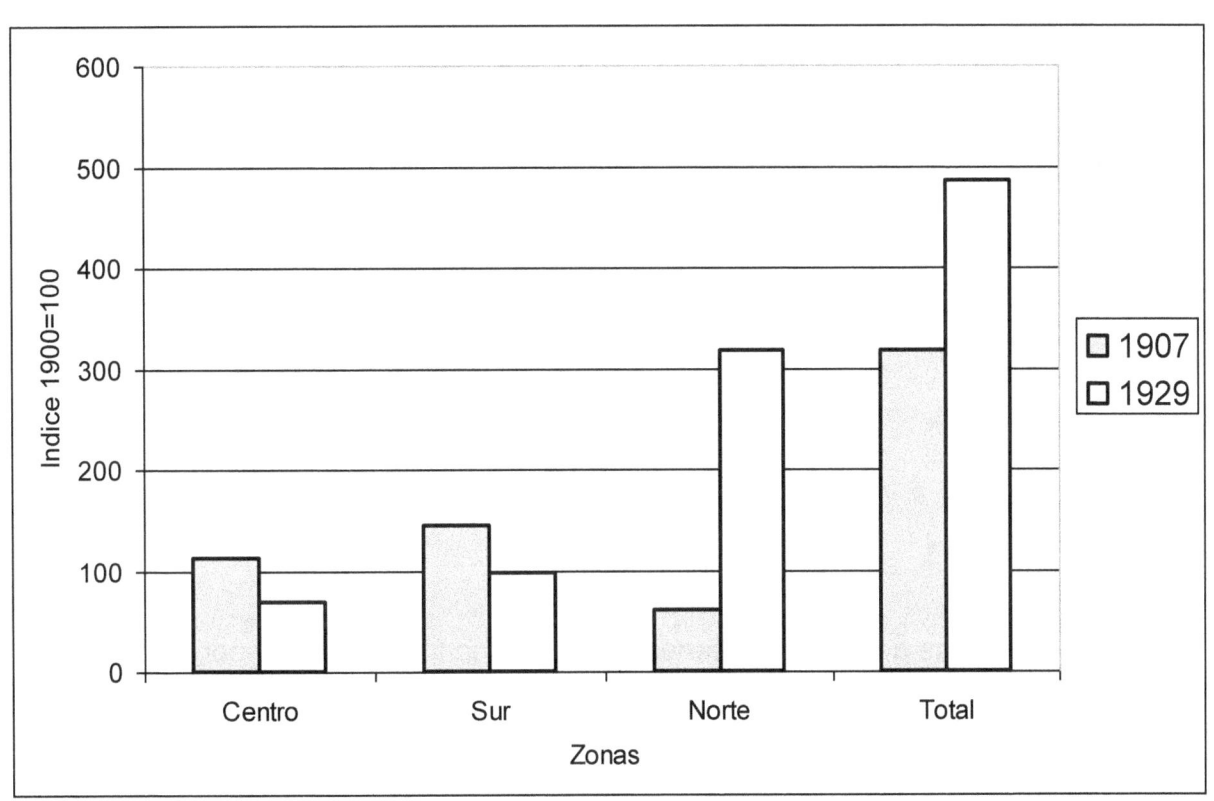

Podemos observar cómo de 1907 a 1929, tanto la zona centro del país como la zona sur sufrieron una contracción significativa en su producción agrícola, mientras que la zona norte tuvo un crecimiento significativo, el cual permitió un crecimiento total positivo. El desarrollo del sector agrario comercial se consolidó a expensas del sector agrario de subsistencia.[57]

ANÁLISIS DE LA REVOLUCIÓN Y LA CRISTIADA

Antes de pensar en los aspectos económicos de esta época, debemos reflexionar por qué fracasó la democracia de Madero. Las razones tácticas fueron muchas, pero la razón fundamental fue que la república no tenía las instituciones adecuadas para albergar y hacer crecer a la democracia. Desde la victoria de la Guerra de Independencia y el colapso de las instituciones coloniales, la república mexicana sufrió constantemente por ese vacío de poder dejado por una institución tan centralizadora como lo fue la Corona Española. Grupo tras grupo, cacique tras cacique pugnaron por el poder, y no se lograron desarrollar las instituciones que sirvieran como andamio a la democracia. Porfirio Díaz, por la fuerza de su voluntad, logró estabilizar la política mexicana por casi cuatro décadas. Pero la democracia maderista tenía poca esperanza de supervivencia en un ambiente político con tantas fuerzas centrífugas.

La siguiente gráfica muestra un modelo de evolución de las relaciones entre los gobernantes, las instituciones, y la sociedad.

Gráfica 20: Modelo de Evolución Política en 4 Fases

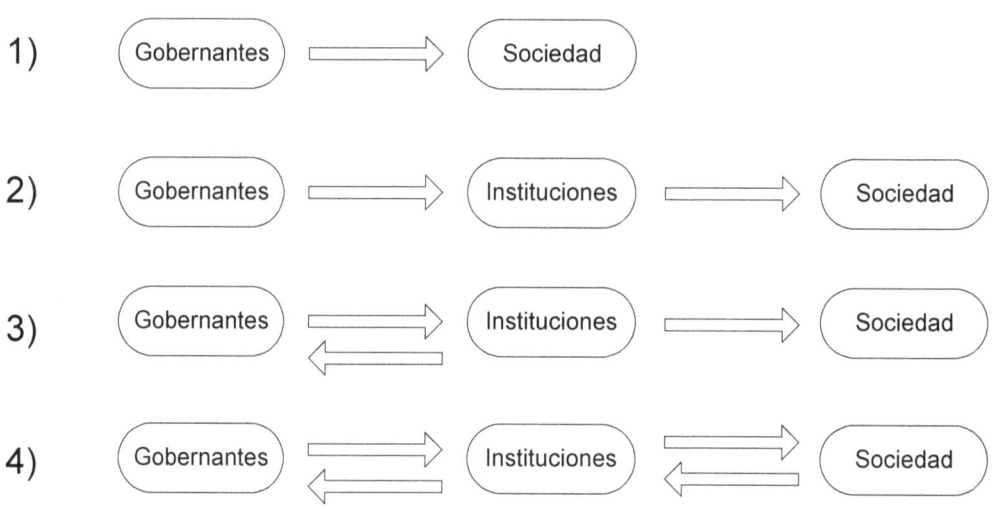

En la fase 1, los gobernantes tienen un poder monodireccional sobre la sociedad. En este caso los gobernantes son dictadores; la sociedad no tiene ningún tipo de poder político sobre ellos. El único medio que tiene la sociedad de ejercer el poder sobre los gobernantes es por medio de la violencia física de una revolución (o con menos frecuencia, la resistencia civil pacífica).

En la fase 2, los gobernantes desarrollan instituciones que median entre ellos y la sociedad gobernada. El flujo de poder sigue siendo monodireccional, pero por lo menos deja de ser tan arbitrario, ya que las instituciones agregan una capa de procesos gubernamentales que regulan una buena parte de la operación del país. Esta fase es el comienzo de una autocracia institucional.

En la fase 3, la relación de poder entre los gobernantes y las instituciones comienza a ser bidireccional; las instituciones, cuyos procesos gubernamentales tienen una vida más allá de los funcionarios que las ejecutan, comienzan a realmente acotar el poder de los gobernantes. El surgimiento de ramas legislativas y judiciales con poder real ilustra esta fase.

En la fase 4, la relación entre la sociedad y las instituciones, e indirectamente la relación con los gobernantes, comienza a ser bidireccional. Esta es la característica de una verdadera democracia; la sociedad tiene las facultades de ejercer poder real, legal, y no violento sobre las instituciones del país.

La evolución de una fase a otra es paulatina; cada fase en sí tiene sub-fases. El poder se va convirtiendo de monodireccional a bidireccional lenta y muchas veces dolorosamente.

Utilizando esta teoría de evolución política, podemos argumentar que el problema que tuvo Madero es que intentó brincar de la fase 2 a la fase 4, sin pasar por la fase 3. El porfiriato se encontraba en la fase 2, y una fase 2 muy inicial, muy inmadura. Es cierto que se tenían instituciones como el poder legislativo y el judicial, pero eran muy raquíticos comparados con el poder personal de Porfirio Díaz. Madero dedicó su vida a luchar contra este tipo de poder monodireccional, por lo que cuando llegó a la presidencia, llegó con el ideal de implementar una república de fase 4, donde el poder fuera bidireccional entre los tres niveles políticos. Pero las instituciones heredadas del porfirismo, tan inmaduras y deficientes, no pudieron encauzar los deseos de poder político de varios sectores de la sociedad, deseos de poder que se desbordaron en violencia física. La única esperanza de Madero hubiera sido intentar migrar lo más rápidamente de la primitiva fase 2 a una fase 3, y tratar de cerrar su periodo presidencial con un esbozo de la fase 4. Pero es dudoso que lo hubiera logrado; el país no estaba listo. Los gobernantes que vinieron después, intuitiva o concientemente, entendieron mejor la inmadurez política de la república, y en forma natural se evolucionó de la fase 2 con Huerta hasta la fase 3 con Cárdenas, fase que se consolidó y maduró durante siete décadas de autocracia priísta, para finalmente terminar en el año 2000, con el comienzo de la fase 4.

En cuestión de política económica, entre más inmaduras sean las instituciones, más dependerán las decisiones económicas en factores de intereses personales de los gobernantes y más errores se cometerán. Al haber instituciones maduras, las decisiones económicas dejan de ser tomadas sin cuidado y/o por razones de ganancia personal; por el contrario, las decisiones son tomadas por gente más preparada, y los procesos de decisión sobre política económica se institucionalizan y se hacen apolíticos. Igualmente, hay una continuidad más allá de la duración del gobernante en turno.

Hipótesis 10: Entre más maduras sean las instituciones políticas de un país, más inteligente será la política económica.

Ya que las instituciones políticas de México tardaron tanto en madurar, no es de extrañarnos los errores en política económica que se cometieron. Por otro lado, las autocracias pueden tener un efecto positivo sobre la economía de un país. Mientras que es relativamente fácil llegar a una parálisis económica en una democracia de fase 4 inicial, una autocracia de fase 2 o 3, si llega a encontrar las políticas económicas adecuadas, las puede implementar sin que la sociedad o las mismas instituciones lo puedan impedir. Esto es lo que le da a la autocracia su poder, ya sea constructivo o destructivo: la falta de freno que representan las instituciones y la sociedad. Pero como se dice en México, "más vale paso que aguante que trote que canse". Esto nos lleva a nuestra siguiente hipótesis.

Hipótesis 11: Un crecimiento moderado pero seguro es más conveniente que un crecimiento alto pero riesgoso.

Veamos ahora dos fenómenos fundamentales que determinaron la historia económica de México y que nacieron durante la Revolución: La dependencia económica del petróleo, y la Reforma Agraria.

Como vimos en la Hipótesis 2, un gobierno requiere una fuente de ingresos. Ya que los gobiernos de la Revolución aún no tenían una base gravable amplia de individuos y empresas, comenzaron a depender mucho en los impuestos obtenidos de las empresas petroleras, tanto nacionales como extranjeras. Se combinaron entonces tres elementos claves: por un lado, México tenía mucho petróleo; por otro, a comienzos del Siglo XX la demanda por petróleo creció rápidamente con el invento de la máquina de combustión interna, que a su vez era utilizada para la Primera Guerra Mundial; finalmente, el gobierno mexicano, sin base gravable, acabó dependiendo en gran medida de los impuestos del petróleo. Y ya que el gobierno se podía financiar a través de los ingresos del petróleo, estaba menos motivado a implementar políticas económicas que promovieran la creación de empresas que sí pudieran ser gravadas. Dicho en otras palabras, si México no tuviera petróleo, el gobierno se hubiera visto obligado a estimular el crecimiento económico para crear una base amplia de empresas gravables de donde obtener recursos, o hubiera dejado de existir. Pero los ingresos del petróleo salvaron a los primeros gobiernos del siglo XX y permitió que la economía del país permaneciera raquítica sin consecuencias importantes para los gobernantes.

Teorema 6: Al cumplirse el círculo vicioso descrito en el Teorema 1, el gobierno mexicano acabó dependiendo de los ingresos del petróleo, lo cual a su vez redujo el incentivo de crear una base de empresas económicamente viables a quien gravar.

Hipótesis 12: Al incrementarse las exportaciones de petróleo, el gobierno pudo solventar sus gastos a través de los impuestos petroleros.

Hipótesis 13: El gobierno descubrió empíricamente que podía utilizar la riqueza petrolera con fines corporativistas.

Sin embargo, los altos ingresos petroleros no duraron mucho. En 1921, la producción de petróleo mexicano representaba casi una cuarta parte de la producción mundial; México era el exportador de petróleo número uno del mundo, y el segundo productor del mundo[58]. La siguiente gráfica nos muestra la producción de 1901 a 1937.

Gráfica 21: Producción de petróleo crudo de México de 1901 a 1937[59]

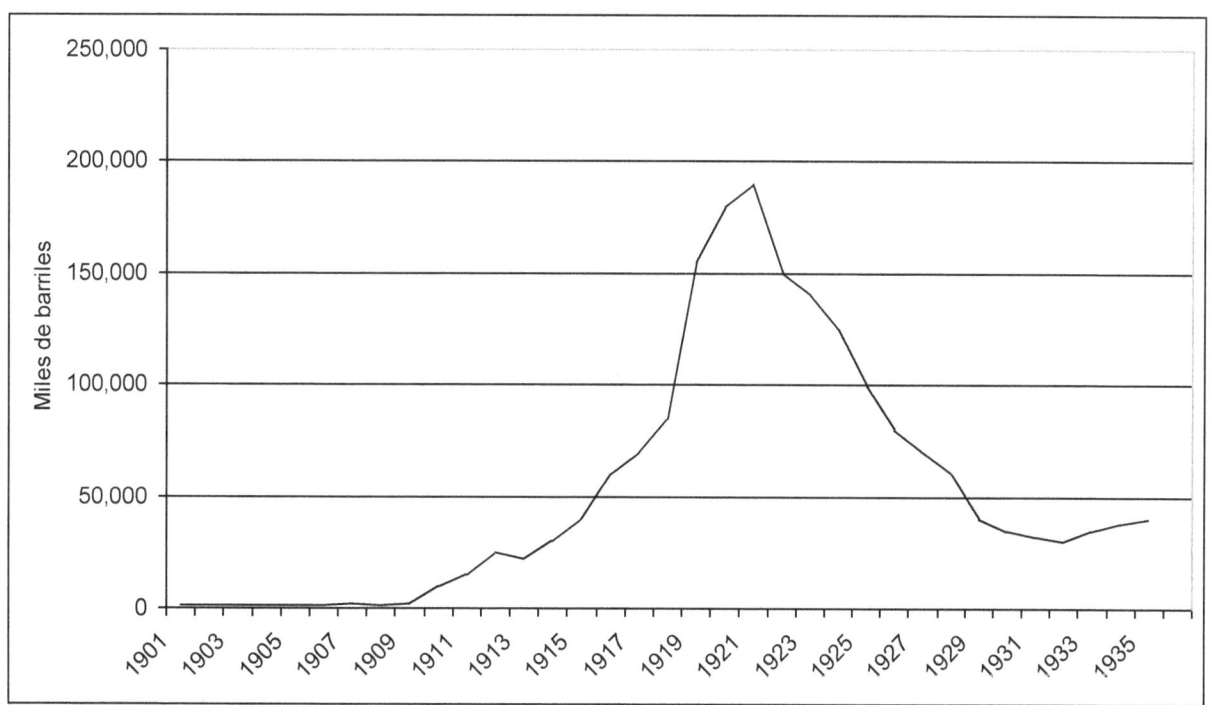

Los ingresos por petróleo pasaron de casi el 20% de los impuestos colectados por el gobierno en 1921 a menos del 5% en 1937[60], y en esos niveles se quedaron hasta la década de los 70s.

La Reforma Agraria fue el otro factor determinante de la historia económica del país. Como vimos con anterioridad, los gobernantes revolucionarios no veían al ejido como la solución final a los problemas del campo mexicano, sino que lo veían como una estructura de transición entre el latifundio y la pequeña propiedad capitalista. Pero en el proceso se dieron cuenta del enorme poder corporativista que les daba el ejido: siempre y cuando el gobierno tuviera el poder último sobre la asignación de los ejidos, as organizaciones campesinas estarían bajo su poder.

Hipótesis 14: El gobierno descubrió empíricamente que el modelo del ejido le daba un poder corporativista sobre las organizaciones campesinas, lo cual desincentivó la conversión del modelo ejidatario al modelo de pequeña propiedad privada.

Las características legales del ejido causaron efectos económicos muy particulares.

Primero, el ejido podía ser utilizado para beneficio personal, pero no podía ser vendido, o sea, no era enajenable. Esto causaba que los ejidos no pudieran llegar a tamaños económicamente viables a través de la aglomeración de ejidos de menor escala.

Segundo, la poca extensión de la tierra asignada a cada ejido impedía que se lograran economías de escala. En otras palabras, los recursos de costo fijo (animales y maquinaria) asignados a una producción muy pequeña hacían que el costo por unidad producida fuera prohibitivamente alto.

Tercero, los ejidos, al ser comunales, desincentivaban el trabajo a causa de un fenómeno llamado "Tragedia de los Comunes" (Tragedy of the Commons). Por "comunes" se refiere a la propiedad en común de varios individuos. Digamos que un ejido tiene 10 ejidatarios. Cada uno de los ejidatarios tiene derecho a una décima parte del usufructo obtenido del ejido. Si todos los ejidatarios son responsables y trabajadores, entonces no hay problema; cada uno absorbe una décima parte del trabajo requerido para hacer producir la tierra, y cada uno recibe su respectiva décima parte del usufructo. Pero imaginemos que uno de los ejidatarios decide no trabajar. Aún recibe una décima parte de la producción, aunque aporta cero trabajo. Por otro lado, sus 9 compañeros ahora tienen que trabajar más a cambio del mismo usufructo. En poco tiempo otro ejidatario dejará de trabajar (o trabajará con mucha menor intensidad), esperando que los demás lo sigan haciendo, y así sucesivamente. En poco tiempo nadie estará dispuesto a trabajar ya que no están seguros que los otros también lo harán. Esto es "La Tragedia de los Comunes".

Cuarto y último, el ejido que no se trabajaba, se perdía. Esto amarraba a los ejidatarios a sus ejidos, fueran productivos o no; el ejidatario no tenía el incentivo de dejar de trabajar el ejido un tiempo para por ejemplo emigrar a la ciudad y ver si podía establecerse en una actividad más lucrativa. Si hacía esto, corría el riesgo de perder su ejido y no volver a obtener otro en mucho tiempo.

Estas cuatro características del ejido causaron uno de los factores determinantes en la historia económica mexicana: la baja tasa de migración rural-urbana. En 1900, la población rural rondaba el 80%. Para 1960, había bajado apenas al 49.2%. En el 2000, el porcentaje era de 25.6%. Esta cantidad no sería un problema si la vida rural fuera redituable, pero como sabemos, no lo es. El ejido mantuvo al campo mexicano fraccionado en miles de pequeños pueblos con poblaciones que van desde unos cuantos cientos hasta unos cuantos miles de personas. Estos pueblos no pueden fácilmente lograr economías de escala; sus mercados de bienes y servicios, así como sus mercados laborales, son muy pequeños, ineficientes, y poco líquidos; los mercados financieros ni se diga, son inexistentes. Además el gobierno con trabajo podría llevar infraestructura, escuelas, y hospitales a cada uno de estos pueblos. Esta situación hizo que la reducción de la pobreza fuera lenta, ineficiente, y dolorosa.

Hipótesis 15: Las características socioeconómicas del ejido amarraron al campesino mexicano a un campo poco productivo, haciendo la reducción de la pobreza lenta e ineficiente.

Analicemos ahora que implican estas hipótesis propuestas. Recordemos primero las siguientes hipótesis y teorema postulados en la sección sobre el Porfiriato:

Hipótesis 1: Un país requiere de seguridad física y estabilidad política para prosperar económicamente.

Hipótesis 2: Un gobierno, para operar, requiere fuentes de ingresos, que pueden ser: una base gravable de individuos y empresas, endeudamiento, y la implementación de paraestatales. Si no se puede fondear, su única opción es reducir sus gastos.

Hipótesis 3: Un país requiere de infraestructura (transporte, comunicaciones, energía, escuelas, etc.) para prosperar económicamente

Teorema 1: Si hipótesis 1, 2, y 3 son correctas, entonces podemos deducir que existe el círculo vicioso siguiente: a falta de seguridad e infraestructura, falta de crecimiento económico, falta de base gravable, falta de fondos gubernamentales, falta de inversión en seguridad e infraestructura. Esto a su vez implica endeudamiento por parte del gobierno y/o la necesidad de formar paraestatales.

Y efectivamente, como postulamos en la hipótesis 12, el gobierno acabó dependiendo de paraestatales, en este caso el petróleo, para solventar sus gastos. De hecho en esta época aún no se formaba la paraestatal petrolera, PEMEX; esto ocurrió hasta la época del cardenismo. Pero fue el comienzo de la dependencia del gobierno mexicano en los ingresos petroleros, y para fines de nuestro análisis de causa y efecto, es lo mismo.

Al apoyarse en los ingresos petroleros, aunque estos duraron poco, el gobierno mexicano comenzó poco a poco a romper el ciclo descrito en el teorema 1, específicamente atacando la situación descrita en la hipótesis 2 ("un gobierno, para operar, requiere fuentes de ingresos"). Esto fue bueno; sin embargo, como se describe en la hipótesis 13, el ingreso obtenido del petróleo se comenzó a utilizar con fines corporativistas. Esto, aunado a lo descrito en la hipótesis 14, o sea, la utilización del ejido con fines corporativistas, estableció las bases para la creación de una autocracia institucional que evolucionó a convertirse en el PRI. A su vez, esta autocracia institucional también ayudó a romper el ciclo del teorema 1, atacando la situación descrita por la hipótesis 1 ("un país requiere de seguridad física y política"), ya que la autocracia institucionalizó la sucesión del poder, rompiendo el ciclo de violencia que tanto había perdurado y dañado al país.

En base a este análisis podemos postular los siguientes teoremas:

Teorema 7: Si hipótesis 12 es correcta, entonces el ciclo descrito por el teorema 1 comenzó a reducirse, ya que los ingresos petroleros comenzaron a ser utilizados para invertir en seguridad e infraestructura.

Teorema 8: Lo establecido por la hipótesis 13 y 14 y el teorema 6 fue el fundamento de la creación de la autocracia institucional mexicana.

Teorema 9: La autocracia institucional descrita por el teorema 8 ayudó a reducir el ciclo descrito por el teorema 1 al atacar la situación descrita en la hipótesis 1.

El siguiente diagrama muestra estas relaciones.

Gráfica 22

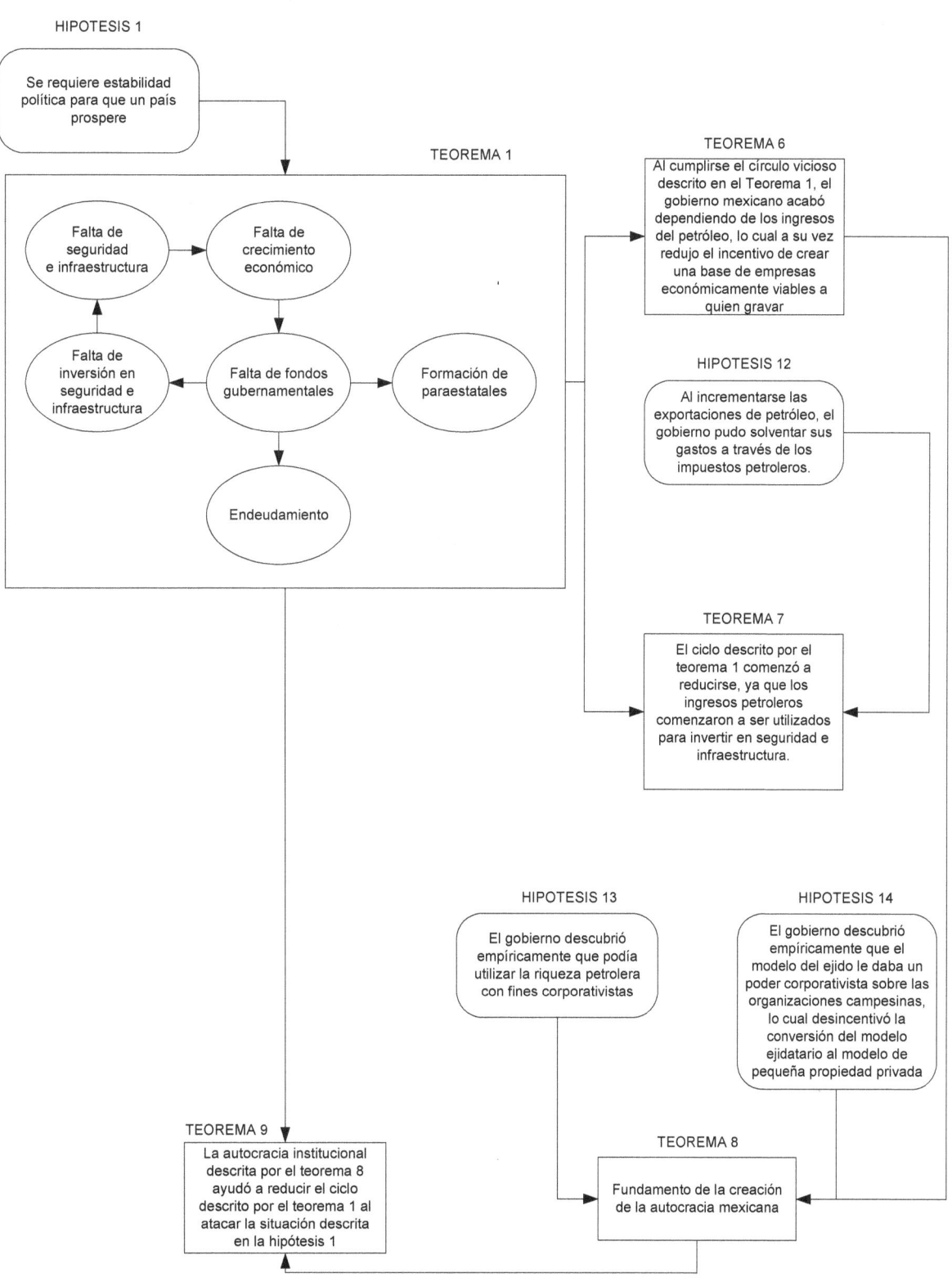

HIPOTESIS 1

Se requiere estabilidad política para que un país prospere

TEOREMA 1

Falta de seguridad e infraestructura

Falta de crecimiento económico

Falta de inversión en seguridad e infraestructura

Falta de fondos gubernamentales

Formación de paraestatales

Endeudamiento

TEOREMA 6

Al cumplirse el círculo vicioso descrito en el Teorema 1, el gobierno mexicano acabó dependiendo de los ingresos del petróleo, lo cual a su vez redujo el incentivo de crear una base de empresas económicamente viables a quien gravar

HIPOTESIS 12

Al incrementarse las exportaciones de petróleo, el gobierno pudo solventar sus gastos a través de los impuestos petroleros.

TEOREMA 7

El ciclo descrito por el teorema 1 comenzó a reducirse, ya que los ingresos petroleros comenzaron a ser utilizados para invertir en seguridad e infraestructura.

HIPOTESIS 13

El gobierno descubrió empíricamente que podía utilizar la riqueza petrolera con fines corporativistas

HIPOTESIS 14

El gobierno descubrió empíricamente que el modelo del ejido le daba un poder corporativista sobre las organizaciones campesinas, lo cual desincentivó la conversión del modelo ejidatario al modelo de pequeña propiedad privada

TEOREMA 9

La autocracia institucional descrita por el teorema 8 ayudó a reducir el ciclo descrito por el teorema 1 al atacar la situación descrita en la hipótesis 1

TEOREMA 8

Fundamento de la creación de la autocracia mexicana

La autocracia mexicana finalmente logró hacer progresar económicamente al país usando al corporativismo como método principal de control político. Esta consolidación se logró durante el Maximato y la época del Cardenismo.

EL MAXIMATO (1928-1934)

Al periodo comprendido entre 1928 y 1934 se le conoce como el Maximato, ya que se cree que Plutarco Elías Calles mantuvo una influencia decisiva en la política mexicana durante este periodo (como "Jefe Máximo"). La forma como ejerció esta influencia es a través de la creación del Partido Nacional Revolucionario (PNR), precursor del PRI. Calles mantenía la creencia que la democracia aún no era posible en México, por lo que veía al PNR como el instrumento de control institucional que regiría el comportamiento de los sucesivos presidentes del país.[61]

El 5 de febrero de 1930 comienza la presidencia de Pascual Ortiz Rubio, después de derrotar en elecciones a José Vasconcelos.

El comienzo de la presidencia de Pascual Ortiz Rubio se vio marcada por el persistente problema de la deuda externa que el país tenía con Estados Unidos, la cual ascendía a $883 millones de pesos, aparte de otras obligaciones acumuladas, tal como las reclamaciones por daños causados durante la Revolución, la deuda ferroviaria, y los intereses acumulados. Para 1929 la deuda ascendía a $1061 millones de pesos. El gobierno federal, con un presupuesto anual de $200 millones de pesos, se veía imposibilitado a pagar tremenda suma. Por esta razón México no podía obtener nuevos créditos.[62]

Con respecto a la reforma agraria, Calles había mantenido una política conservadora. Ciertamente había repartido más tierras que los regímenes revolucionarios anteriores; sin embargo, su visión seguía siendo el crear una clase de pequeños propietarios de tierras, ricos y emprendedores. Por otro lado, el presidente interino Portes Gil apoyaba el punto de vista de los agraristas, que veían al ejido como la solución final a la cuestión agraria mexicana. Esto se debió a que como gobernador de Tamaulipas, Portes Gil había utilizado el reparto agrario como una herramienta corporativista, y ahora como presidente, pensaba hacer lo mismo.[63]

En cuestión de política obrera, Portes Gil consideraba que las organizaciones de masas, como los sindicatos, solo eran instrumentos de presión en manos de líderes sin escrúpulos. Esta postura de Portes Gil explica los ataques que montó en contra de la CROM y de su líder, Luís N. Morones. Varios líderes disidentes de la CROM aprovecharon esta situación para rebelarse en contra de Morones y aliarse con Portes Gil, formando la Federación Sindical d Trabajadores del Distrito Federal. Un aspecto fundamental de la política obrera de Portes Gil fue la introducción de la Ley Federal del Trabajo. Los empresarios respondieron a esta iniciativa con la creación de la Confederación Patronal de la República Mexicana (COPARMEX), creada en 1929, con el objetivo de defender sus derechos frente a la Ley del Trabajo.[64]

Con respecto al petróleo, las compañías petroleras norteamericanas redujeron la producción, lo cual hizo sospechar al gobierno mexicano que era una maniobra de presión para que éste modificara la legislación a favor de las empresas extranjeras. La baja de producción llegó a tal nivel que se tuvo que importar combustible de Venezuela para satisfacer la demanda nacional. A raíz de esto, el gobierno mexicano comenzó a planear la creación de una empresa petrolera mexicana, para tener más control sobre el recurso.[65]

La Gran Depresión afectó a México generando una deflación y una reducción en el producto interno bruto, como muestran las siguientes gráficas.

Gráfica 23: Índice de Inflación durante la Gran Depresión[66]

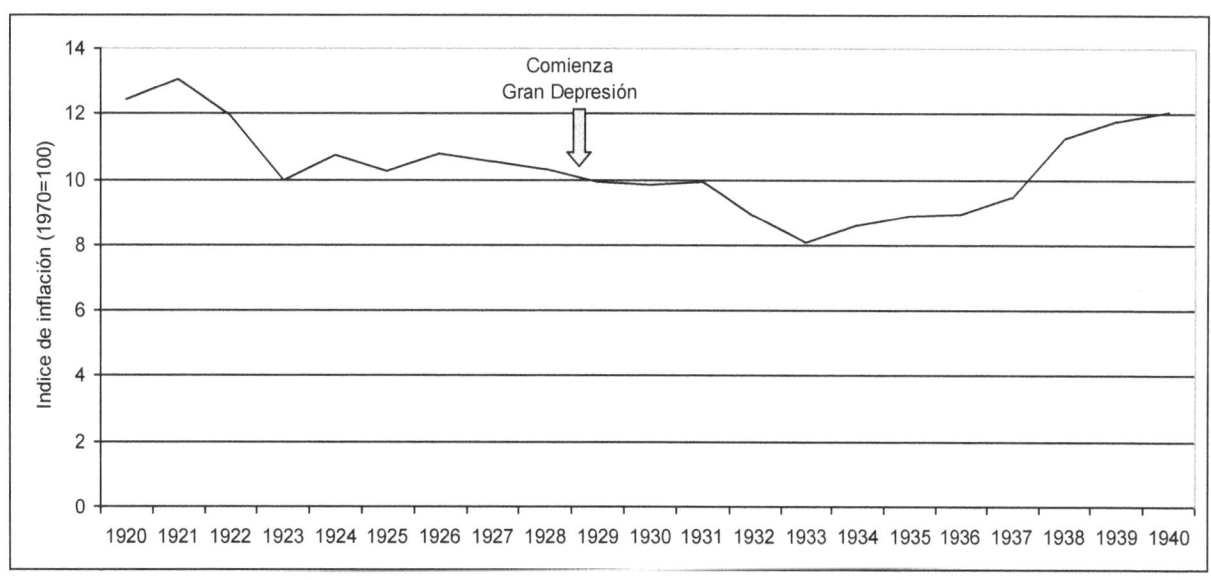

Gráfica 24: Producto Interno Bruto durante la Gran Depresión[67]

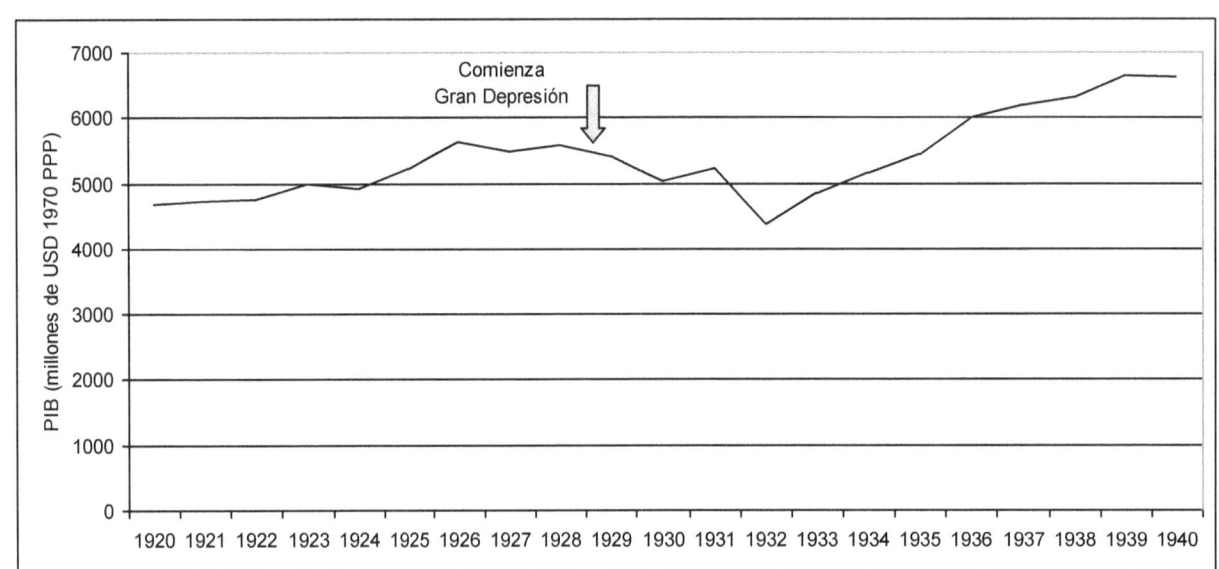

La política monetaria se vio afectada por la caída del precio de la plata a causa de la crisis mundial. Esto comenzó a afectar a las exportaciones mexicanas. Para evitar esta situación el Congreso emitió una ley, conocida como el Plan Calles, por la cual se abandonaba el patrón oro y se adoptaba el patrón plata.[68]

El retiro de las monedas de oro de circulación, junto con la restricción en la emisión de las de plata generaron una severa reducción de la base monetaria y del crédito en la economía. Esto agudizó aún más la recesión.[69]

Alberto J. Pani, quien sustituyó a Luís Montes de Oca como secretario de Hacienda, se dio cuenta que en la economía existía una falta generalizada de demanda de bienes y servicios, causada por una baja significativa de la base monetaria. Por lo tanto, en marzo de 1932 propuso una reforma al Plan Calles, con el objetivo de ordenar una importante acuñación de monedas de plata, y a su vez promover el uso de billetes en la economía. De igual manera, Pani dispuso la libre flotación del peso, situación que perduró durante más de año y medio, hasta que se fijó una nueva paridad en 1933 a razón de $3.60 pesos por dólar.[70]

Como es esperarse, el problema de la deuda externa continuó siendo el tema económico central del gobierno. Abelardo Rodríguez, en su informe presidencial del 1 de septiembre de 1933, declaró que el gobierno estaba imposibilitado de reanudar el servicio de la deuda pública federal, dada la crisis por la cual pasaba el país. Después, el 21 de mayo rompió relaciones con el Comité Internacional de Banqueros, por considerar que tenían una actitud demasiado agresiva hacia México. Para esta época México debía $500 millones de dólares.[71]

Durante el periodo de Abelardo Rodríguez finalmente se puso en marcha el plan de lanzar una empresa petrolera mexicana, 100% bajo control del gobierno. A falta de recursos, la compañía llamada PETROMEX y creada en septiembre de 1934, tuvo una escala menor a la originalmente planeada. Al principio los empresarios petroleros extranjeros se inquietaron por la creación de PETROMEX, pero las operaciones de la compañía eran de baja escala, por lo que no se suscitaron conflictos.

Como vimos, gracias al Plan Calles, el país se recuperó rápidamente de la crisis de la Gran Depresión. Para 1933, la banca ya había superado los problemas causados por la crisis. Una vez que se volvió a acumular una reserva adecuada de dólares, se regresó al régimen de tipo de cambio fijo. El Banco de México, ya consolidado como un verdadero banco central, tenía preferencia para la adquisición de divisas. En 1934 se crea Nacional Financiera (NAFINSA), con el propósito de restituir liquidez al sistema bancario mediante la venta de bienes raíces. Todo esto permitió que el crédito comenzara a mexicanizarse y que se consolidara el sistema bancario. En cuestión a la política fiscal, se tuvo un presupuesto equilibrado durante 1932, pero en los siguientes años comenzó a haber déficit presupuestario, el cual fue cubierto con la acuñación de plata y su correspondiente emisión de billetes.[72]

Con respecto a la política obrera, Abelardo Rodríguez instituyó el salario mínimo. Se dividió el país en cuatro zonas y se investigó la estructura económica y costo de vida de cada una de ellas. En base a los resultados, se determinó que el salario mínimo debería fluctuar entre $1.00 y $1.50 pesos diarios. En septiembre de 1933 el Congreso aprobó las reformas y quedó establecido el salario mínimo. Los sindicatos se quejaron de que este salario no era suficiente, y demandaron un aumento de casi el 400%, demanda que no fue escuchada por el gobierno[73].

Durante este periodo Calles, junto con Lázaro Cárdenas como candidato al PNR, lideraron la creación del Plan Sexenal, el cual plantearía las acciones del siguiente gobierno.

"Cumplida la misión inicial del Partido Nacional Revolucionario, que consistió en reunir los grupos, antes dispersos, de la Revolución, como preámbulo necesario para el encauzamiento del orden institucional de la República -orden a que convocó el ilustre ciudadano Plutarco Elías Calles, en su Mensaje Presidencial del primero de septiembre de 1928-, ha llegado el momento para nuestro Partido de procurar alcanzar un estadio más alto, en el cual su acción política y su gestión económica y social produzcan resultados más fecundos para la colectividad mexicana."

Así lee el Plan Sexenal en su introducción. El gobierno reconocía que una vez cumplido el objetivo unificador del PNR, la siguiente fase consistiría en promover el desarrollo económico y social del país. Interesantemente, el mismo Calles reconocía la necesidad de un planeación metódica de la economía. En el mismo documento se lee:

"Para esa posición y para ese deber, histórico, hoy, como ayer, fue el fundador y jefe nato del Partido, el C. General Plutarco Elías Calles, quien dio la señal y el llamado, diciendo: ". . . ya es hora de formar un programa minucioso de acción que cubra los seis años del próximo período presidencial, programa que debe estar basado en el cálculo, en la estadística, en las lecciones de la experiencia"; y agregando después: ". . .

debemos estudiar lo que podemos alcanzar, dadas las posibilidades de nuestro presupuestos y las realidades nuestras."

El Plan Sexenal lo veremos a detalle en la sección sobre el cardenismo.

ANÁLISIS DEL MAXIMATO

Durante el Maximato podemos ver la consolidación de la fase 2 de nuestro Modelo de Evolución Política. Como vimos, en esta fase los gobernantes desarrollan instituciones que median entre ellos y la sociedad gobernada. El flujo de poder sigue siendo monodireccional, pero por lo menos deja de ser tan arbitrario, ya que las instituciones agregan una capa de procesos gubernamentales que regulan una buena parte de la operación del país. Se puede considerar al Partido Nacional Revolucionario como el verdadero comienzo de la autocracia institucional. A partir de la creación del PNR se puede comenzar a ver una verdadera planeación de desarrollo social y económico que no estaba presente en los gobiernos anteriores, los cuales eran totalmente reactivos y no proactivos.

Hipótesis 16: La creación del Partido Nacional Revolucionario durante el Maximato fue el punto de partida de la autocracia institucional mexicana, y el comienzo de una política socioeconómica proactiva, en lugar de reactiva.

Otro aspecto importante de este periodo es que se comienza a solidificar la idea de nacionalizar el petróleo. La creación de PETROMEX fue el precursor, y en el Plan Sexenal de Calles y Cárdenas se menciona claramente en la sección "Economía Nacional":

"El Partido Nacional Revolucionario declara que durante los seis años que cubre el presente Plan, el Gobierno regulará aquellas actividades de explotación de los recursos naturales y el comercio de los productos que signifiquen un empobrecimiento de nuestro territorio, de la siguiente manera:
I. Se hará efectiva la nacionalización del subsuelo:
II. Se fijarán zonas exploradas de reserva minera renovables, que garanticen el abastecimiento futuro de la nación;
III. Se instituirá un servicio oficial de exploración que oriente el establecimiento de las reservas, dirija la apertura de nuevas explotaciones mineras y estudie las zonas en donde los particulares no deban emprender esta clase de trabajos, por razones técnicas de previsión o de defensa, y.
IV. Se evitará el acaparamiento de terrenos y se ampliarán las zonas nacionales de reserva petrolera, a fin de que en todo tiempo se cuente con una reserva fija de terrenos petrolíferos que cubra las necesidades futuras de nuestro país. "

La Expropiación Petrolera se decretó en 1938, pero sin duda se anunció cinco años antes.

El otro aspecto importante a analizar fueron los cambios en política monetaria iniciados con la promulgación de la Ley Monetaria de 1931.

La siguiente gráfica muestra la moneda circulante durante el periodo de 1930 a 1931.

Gráfica 25: Moneda circulante 1930-1931[74]

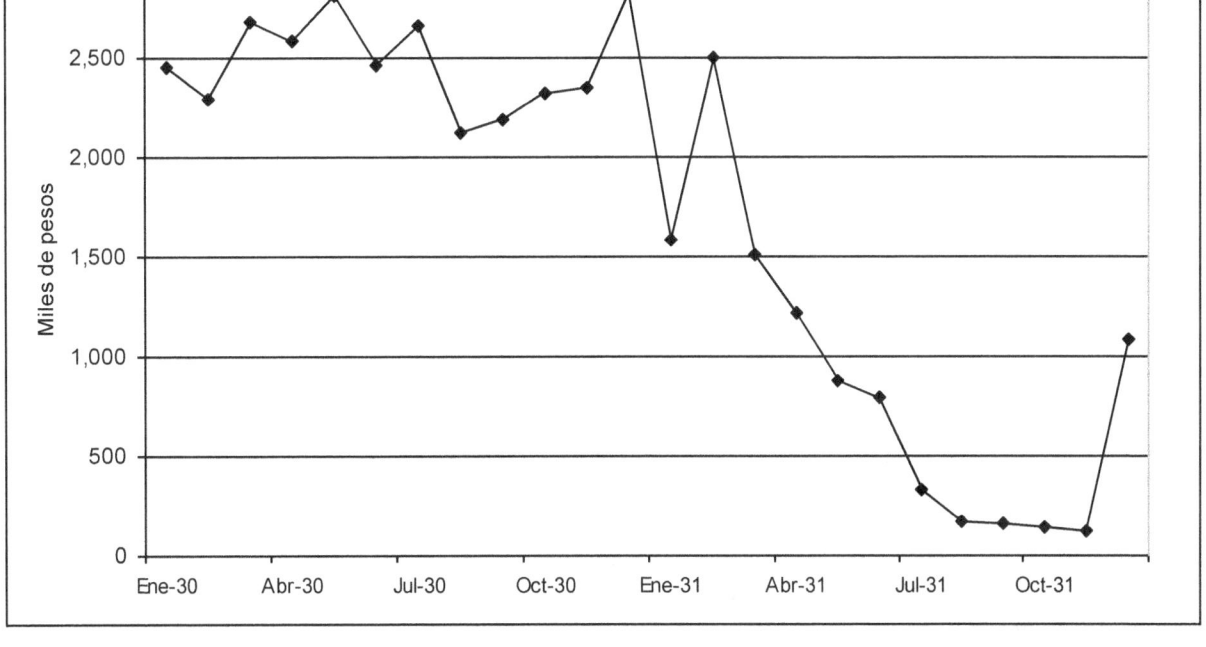

De un promedio de $2,479,833 pesos en circulación en 1930, se bajó a un promedio de $873,000 pesos en circulación en 1931. En su punto más bajo, en noviembre de 1931, había solamente $119,000 pesos en circulación, ciertamente una falta de liquidez en caso extremo.

¿Qué causó tan severa deflación? La secuencia de eventos fue como sigue.

Desde la década de los 20s, la plata venía devaluándose con respecto al oro. Tanto las monedas de oro como las de plata tenían poder liberatorio, o sea, eran utilizadas para pagar transacciones. Igualmente, las monedas de oro se podían canjear por plata y viceversa. Y ya que había mucho más plata circulando que oro, la moneda de plata era parcialmente fiduciaria. Sin embargo, hay un fenómeno económico conocido como la "ley de Gresham", en las que en un sistema con monedas de dos metales con diferentes valores (oro y plata), el metal de más valor (oro) es atesorado, mientras que el metal de menor valor (plata) es usado como moneda corriente. Un porcentaje significativo del oro atesorado era derretido y vendido en los mercados internacionales, reduciendo así la reserva de oro de la nación. Además de esto, a causa del crónico déficit presupuestal del gobierno, éste acuñaba monedas de plata en exceso, reduciendo aún más su valor. Al llegar Luís Montes de Oca al puesto de secretario de Hacienda en 1927, ordena la reducción de la emisión de monedas de plata. La moneda circulante comienza a escasear, pero esto no es suficiente para incrementar su valor con respecto al oro[75]. Al parecer este fue un error de política monetaria de parte Montes de Oca, quien pensó que podría incrementar el valor de la moneda de plata haciéndola más escasa, sin tomar en cuenta que el valor de la plata con respecto al oro estaba siendo establecida en los mercados internacionales (en su calidad de metal, no de moneda). En 1930 el valor de la plata desciende aún más, y el gobierno decide emitir la nueva Ley Monetaria de 1931. Los puntos fundamentales de esta ley son:

- Desmonetizar el oro y permitir su exportación
- Hacer del peso plata la unidad monetaria, dándole poder liberatorio ilimitado
- Prohibir acuñar monedas de platas más allá de las ya existentes, con severas penas al secretario de Hacienda, al director de Banco de México, y al director de la Casa de Moneda, en caso de incumplimiento[76]

Al aplicar esta ley se redujo por mucho la base monetaria del país, lo cual aceleró la deflación que se venía dando. Alberto J. Pani, quien había sido secretario de Hacienda antes de Montes de Oca, se dio cuenta del grave error que se había cometido al restringir la acuñación de monedas de plata, por lo que le pidió a Calles el modificar la ley. Calles lo permitió, y después de la crisis causada, Montes de Oca fue removido, y Pani regresó al puesto de secretario de Hacienda. En el Diario Oficial del 10 de marzo de 1932, finalmente se publica un decreto modificatorio a la Ley Monetaria de 1931, la cual suprime la prohibición de acuñar monedas de plata, y se adopta un nuevo artículo 12 que dice "Corresponde privativamente al Banco de México ordenar la acuñación de monedas según lo exijan las necesidades de la República y estrictamente dentro de los límites de esas necesidades".[77]

La siguiente tabla muestra el crecimiento de la moneda en circulación y el crecimiento del producto interno bruto.

Tabla 4: Crecimiento de circulante y producto interno bruto[78]

AÑO	Crecimiento de circulante	Crecimiento del PIB
1927	-45%	-2%
1928	49%	2%
1929	-3%	-3%
1930	-6%	-7%
1931	-65%	4%
1932	2413%	-16%
1933	193%	11%

El espectacular incremento en un 2413% de la base monetaria del país permitió que se pasara a una contracción del PIB del -16% en 1932, a un crecimiento del 11% en 1933.

La siguiente gráfica muestra a más detalle las dimensiones del crecimiento de la moneda circulante.

Gráfica 26: Moneda circulante de 1926 a 1933[79]

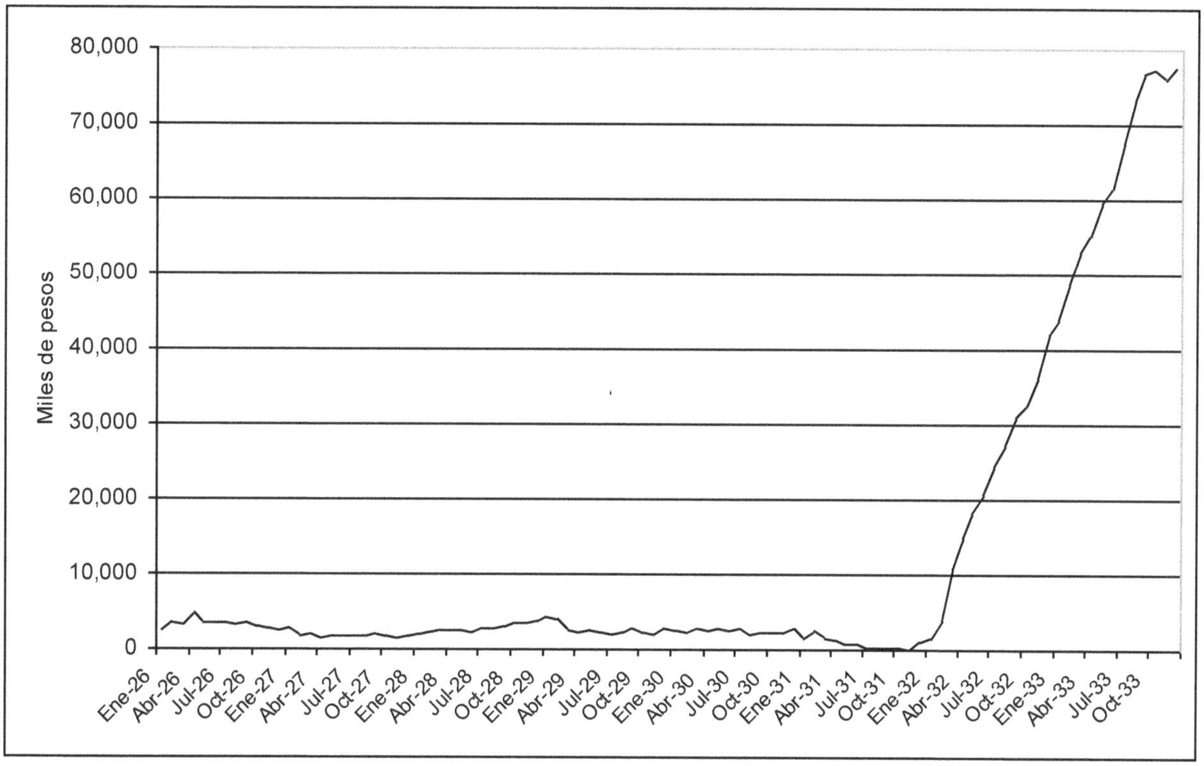

Otro aspecto fundamental de la Ley Monetaria de 1931 fue la creación de la Junta Central Bancaria, la cual estaría formada por el secretario de Hacienda como presidente; un delegado nombrado por el consejo de administración del Banco de México; y cinco delegados designados por mayoría de votos por todas las instituciones bancarias del país. La Junta Central Bancaria sería, de acuerdo al artículo 8 transitorio de la Ley Monetaria, la que autorizaría las operaciones que dieran lugar a emisión de billetes, y la regulación de los tipos de cambio.[80] Al ser reformada la Ley Monetaria por Pani, también se disuelve la Junta Central Bancaria, como preludio a la reforma de la Ley Orgánica del Banco de México, que finalmente convierte al Banco de México en un verdadero banco central.[81]

La desmonetización del oro y la consolidación del Banco de México como banco central permitieron una serie de cambios en política monetaria que serán evidentes en nuestro análisis del cardenismo.

Hipótesis 17: La desmonetización del oro en 1931 y la formación del Banco de México en un banco central fue el comienzo de la época moderna de la política monetaria mexicana.

EL CARDENISMO (1934-1940)

En cuestión política, el logro más grande de Cárdenas fue lograr la consolidación final de la autocracia institucional en México. Los gobernantes caciquiles y la serie de diarquías del pasado revolucionario terminaron (en gran parte gracias a su triunfo político en su conflicto contra Calles), y se consolidó la figura del Presidente como una institución en sí misma. Los logros políticos de Cárdenas se concretaron gracias a su política corporativista, la cual unió en un objetivo común nacionalista a los sectores agrario, obrero, militar, y empresarial. Gracias a esta unificación fue que pudo implementar su Plan Sexenal.[82]

A diferencia de los gobiernos anteriores, el gobierno de Cárdenas tenía un Plan Sexenal detallado y coherente. Veamos los puntos relevantes de dicho plan.
En la sección de "Introducción", segundo párrafo, el Plan Sexenal lee:

"Cumplida la misión inicial del Partido Nacional Revolucionario, que consistió en reunir los grupos, antes dispersos, de la Revolución, como preámbulo necesario para el encauzamiento del orden institucional de la República -orden a que convocó el ilustre ciudadano Plutarco Elías Calles, en su Mensaje Presidencial del primero de septiembre de 1928-, ha llegado el momento para nuestro Partido de procurar alcanzar un estadio más alto, en el cual su acción política y su gestión económica y social produzcan resultados más fecundos para la colectividad mexicana. "

"Esta evolución comprende el propósito de enmarcar sistemáticamente la política del Partido en programas meditados a conciencia, elaborados con sereno conocimiento de las realidades nacionales y llevados hasta la extensión que señalen la posibilidad de acción de los gobernantes y las finalidades concretas y medios que deban inspirar la obra de los miembros de la Institución."

A Cárdenas le quedaba muy claro que sin orden y unificación política (situación que se había presentado en México desde la Independencia), no podría haber progreso económico y social sostenido.

Más adelante se puede leer:

"Estima la Comisión que el intervencionismo del Estado que se adopta como doctrina en el Plan Sexenal, es lógico conforme al sentido profundo de nuestro Derecho Político, porque la Constitución de 1917 quitó al Estado el carácter de institución puramente política y lo orientó hacia la acción reguladora de los fenómenos vitales del país, adelantándose en este camino a las más modernas teorías y a las más progresistas naciones. "

"La Constitución de 1917 mantiene, sin embargo, el respeto a los derechos e iniciativas individuales, para no establecer un régimen de absorción y nulificación del individuo por el Estado; pero abandona definitivamente, por contraria a los intereses colectivos, la organización jurídica anterior, en la cual, por defecto y abuso en los medios de la acción gubernativa, se creó una situación de privilegio para las minorías poseedoras de la riqueza, con grave daño de las grandes masas de población, relegadas a una condición de miseria y servidumbre."

Este pasaje nos muestra un cambio significativo en la doctrina del Estado. En tiempos pasados la función del Estado era mucho más política que económica; los estados del siglo XIX y principios del siglo XX no tenían mucha capacidad de regular a la economía, a veces por falta de deseo, y siempre por falta de conocimiento técnico de cómo lograrlo. Cárdenas habla de la necesidad de una economía mixta, o sea que funciona primordialmente a través de mercados, pero con intervención regulatoria significativa por parte del Estado.

"Por último, la Comisión Dictaminadora afirma que la doctrina intervencionista es coherente con las condiciones reales de nuestra estructura económica .y con las necesidades del país, puesto que en ella se concretan claramente las dos grandes normas que han de subordinar, durante el desarrollo del Plan Sexenal, la acción reguladora del Estado; por una parte, la norma jurídica, ya que la intervención estatal se efectuará en todos los casos conforme a derecho y a los principios de equidad establecidos; y por la otra, la norma técnica, en atención a que el Estado actuará en todo momento en la medida en que lo reclamen las necesidades inexcusables de la sociedad, y de acuerdo, salvo en casos notorios de rebeldía o incomprensión, con los elementos a los que afecte la intervención. "

El plan es regular la economía tanto por medios jurídicos, como por medios técnicos. La norma jurídica es económicamente pasiva; a través de ella se dictan qué comportamientos son requeridos y qué comportamientos son inaceptables en las relaciones económicas. Las normas técnicas son económicamente activas, y consisten en intervenciones directas en el comportamiento de los mercados, tal como la implementación de políticas fiscales (cobro de impuestos y ejercicio de gasto público), como políticas monetarias (incremento o decremento de la base monetaria, tipo de cambio). En las normas jurídicas, el Estado toma un papel de *regulador*, mientras que en las normas técnicas asume un papel de *actor*.

"Deben ser señalados especialmente los propósitos de justicia social y nueva edificación económica que en materia agraria se exponen en el Plan, propósitos que al proteger a los nuevos poseedores de la tierra, y al crear nuevos sistemas de agricultura organizada, tienden a engendrar un seguro proceso de desplazamiento de los hombres de la ciudad hacia el campo. "

Como indicamos en nuestra hipótesis 15, Las características socioeconómicas del ejido amarraron al campesino mexicano a un campo poco productivo, haciendo la reducción de la pobreza lenta e ineficiente. La implementación del Plan Sexenal tuvo muchos aciertos, como veremos, pero uno de los errores fue continuar con la política agraria basada en el ejido. La idea de llevar a la población de las ciudades al campo va en contra de la lógica económica.

"El Partido Nacional Revolucionario, en la forma más solemne y enérgica, da por reproducida la Declaración de Principios hecha desde su constitución, afirmando que el problema social de mayor importancia en nuestro país es, sin duda alguna, el relativo a la distribución de la tierra y a su mejor explotación, desde el punto de vista de los intereses nacionales, vinculado íntimamente con la liberación económica y social de los grandes núcleos de campesinos que directamente trabajan la tierra, por lo cual, continuará luchando por convertir a éstos en agricultores libres, dueños de la tierra y capacitados, además, para obtener y aprovechar el mayor rendimiento de su producción. Consiguientemente, el ideal agrario contenido en el artículo 27 de la Constitución General de la República seguirá siendo el eje de las cuestiones sociales mexicanas, mientras no se hayan logrado satisfacer, en toda su integridad, las necesidades de tierras y aguas de todos los campesinos del país."

El concepto de "ejido" tuvo una evolución larga desde la Revolución hasta su consolidación final durante el cardenismo. Recordemos que el objetivo de los levantamientos campesinos durante la Revolución no era obtener ejidos, sino obtener tierras en plena propiedad. Y los campesinos no fueron los triunfadores en la Revolución. La implementación del ejido fue una herramienta por un lado antirrevolucionaria, y por otro, una herramienta de control corporativista, como postulamos en la hipótesis 14. El concepto moderno del ejido no tuvo un claro perfil hasta 1925; antes de esto se repartían tierras a los campesinos, pero sin una legislación clara que regulara las características que tendría la tenencia de la tierra. Desde la Revolución hasta 1934, se tuvo al ejido como una forma temporal y de transición de tenencia de la tierra. La evolución del concepto del ejido tardó varios años. En 1920 Álvaro Obregón promulgó la Ley de Ejidos. Esta ley seguía viendo al ejido como una forma transitoria de tenencia de la tierra, pero es la primera vez que se le da un carácter jurídico formal. Durante el gobierno de Calles se prohibió que se hicieran entregas espontáneas de tierras, reservando el derecho al Estado federal. A partir de entonces comenzó el verdadero uso corporativista del ejido. En 1925 se publica la Ley Reglamentaria Sobre la Repartición de Tierras Ejidales y Constitución del Patrimonio Parcelario Ejidal. En esta ley se prohíbe por primera vez en forma expresa el arrendamiento de las tierras ejidales y se declaran inalienables e inembargables. Al promulgarse el Código Agrario en 1934, se declara que el ejido tiene un carácter imprescriptible, o sea, que tierras asignadas como ejidos no dejan de serlo con el tiempo. Esta ley también legitimiza toda injerencia directa el Estado en asuntos ejidales. Finalmente en 1935 se crea la Confederación Nacional Campesina (CNC), y se hace obligatorio que todos los ejidatarios se unan a ella. Esto sella el carácter corporativista del ejido, convirtiéndose plenamente en un aparato del Estado[83].

En este periodo el reparto agrario fue el mayor hasta el momento. Para finales del sexenio se habían repartido 18,786,131 hectáreas entre 1,020,594 campesinos. Había 15,000 ejidos, con un total de 25,324,568 hectáreas de extensión. Esto representa un promedio de 1,688 hectáreas por ejido. Para estimular el crecimiento del sector, se implementaron una serie de instituciones y de nuevas leyes que proporcionaban todo tipo de apoyo financiero, técnico, y educativo. Igualmente, se construyeron sistemas de riego y carreteras para unir las zonas de producción con los mercados[84].

Veamos ahora algunas partes relevantes de la sección de "Trabajo" del Plan Sexenal.

"El Partido Nacional Revolucionario reconoce que las masas obreras y campesinas son el factor más importante de la colectividad mexicana y que, a pesar de la postración en que han vivido, conservan el más alto concepto de interés colectivo, circunstancia que permite radicar en el proletariado el anhelo de hacer de México un país grande y próspero, mediante la elevación cultural y económica de las grandes masas de trabajadores de las ciudades y del campo."

"Cuarto. La contratación colectiva de los asalariados será fomentada, con la tendencia de llegar a convertirla en la forma única o por lo menos preponderante, de establecer las relaciones entre patrones y trabajadores, a cuyo efecto, se hará imperativa la cláusula en los contratos colectivos de trabajo, por la cual el patrón se obligue a no admitir elementos que no estén sindicalizados. "

"Quinto. El Estado protegerá la contratación del trabajo humano, con el objeto de garantizar los derechos de los asalariados; fundamentalmente, los relativos al salario mínimo, que sea bastante para satisfacer sus necesidades y placeres honestos, considerándolos como jefes de familia; a la estabilidad del trabajador en su puesto, ya las demás compensaciones y garantías que les conceden la Constitución y las leyes. "

"Sexto. Frente a la lucha de clases inherente al sistema de producción en que vivimos, el Partido y el Gobierno tienen el deber de contribuir al robustecimiento de las organizaciones sindicales de las clases trabajadoras; y en caso de conflictos intergremiales, las diferencias serán resueltas dentro de un régimen de mayorías. El Estado velará, asimismo, por que los sindicatos desempeñen lo más eficazmente posible la función social que les está encomendada, sin que puedan salirse de sus propios límites y convertirse en instrumentos de opresión, dentro de las clases que representan. "

Al comienzo del mandato de Cárdenas seguía habiendo muchos problemas con las huelgas. En 1936, los obreros de la Vidriera Monterrey paralizaron sus labores para reclamar el reconocimiento de su sindicato. Como respuesta, la Junta Patronal promovió un paro general de las fábricas, y anunció que suspenderían el pago de impuestos. Cárdenas se trasladó a Monterrey para mediar personalmente el conflicto. Después de entrevistarse con los interesados y proponer una solución específica para la vidriera, emitió un documento titulado "Los catorce puntos de la política obrera presidencial". El punto más relevante era el 2: "Conveniencia nacional de proveer lo necesario para crear la Central Unida de Trabajadores Industriales que dé fin a las pugnas intergremiales, nocivas por igual a obreros, patronos, y el mismo Gobierno". Ya para entonces existía la Comisión Nacional de Defensa Proletaria (CNDP), integrada por las agrupaciones sindicales más importantes. Esta se convirtió luego en la Confederación de Trabajadores de México (CTM), constituida por básicamente los mismos sindicatos. Una vez consolidado, la CTM, junto con la CNC, se convirtió en uno de los pilares corporativistas.[85]

Veamos ahora la sección de "Economía Nacional".

"El Partido Nacional Revolucionario está cierto de que un arreglo internacional que coordinara las actividades económicas de todos los pueblos y que determinara la obligación de producir de acuerdo con las necesidades de todos y las posibilidades naturales y técnicas de cada cual, organizando al mundo en un sistema de economías regionales, no sólo no competitivas sino complementarias, conduciría a la paz económica y al bienestar de los hombres. Pero ante la actitud mundial que se caracteriza por la tendencia a formar economías nacionales autosuficientes, el Partido Nacional Revolucionario considera que México se ve obligado, a su vez, a adoptar una política de nacionalismo económico, como un recurso de legítima defensa, sin que contraiga por ello ninguna responsabilidad histórica."

"El Partido Nacional Revolucionario, sin embargo, declara que todo gobierno dimanado de su acción política debe considerar como uno de sus principales deberes el de prestar su colaboración en cualesquier arreglos o convenios internacionales que establezcan normas justas y racionales de convivencia económica. "

En esta declaración podemos ver cómo el gobierno mexicano se sentía obligado a establecer políticas económicas de índole proteccionista, ya que se percibía que los demás países estaban haciendo lo mismo, aún cuando reconocía las ventajas del comercio internacional. Recordemos que el Plan Sexenal se formuló en 1933, en plena Gran Depresión. Se cree que una de las causas de la Gran Depresión (o por lo menos un amplificador) fue la Smoot-Hawley Tariff Act, ley con la cual Estados Unidos subió los aranceles de más de 20,000 productos en 1930. El objetivo inicial de esta acción era proteger a los agricultores norteamericanos de las importaciones agrícolas de Europa, los cuales habían incrementado su producción por mucho después de la Primera Guerra Mundial. El presidente Hoover prometió a los agricultores subir los aranceles; pero en cuanto otros sectores industriales se enteraron de esa promesa, pidieron que se subieran los aranceles de sus industrias también. Al gobierno norteamericano no le quedó otra más que acceder. Esta acción por parte de Estados Unidos causó que muchos otros países también subieran sus aranceles en respuesta, incluyendo México. El comercio internacional bajó en 66% entre 1929 y 1934[86]. En 1934, el gobierno de Estados Unidos promulgó el Reciprocal Trade Agreements Act (Ley de Acuerdos Comerciales Recíprocos). Esta ley no neutralizó inmediatamente los efectos del Smoot-Hawley Act, pero fue el precursor de la creación del General Agreement on Tariffs and Trade (GATT) en 1947, ahora conocida como la Organización Mundial de Comercio (OMC). México no entró al GATT hasta 1986.

"El Partido Nacional Revolucionario declara que durante los seis años que cubre el presente Plan, el Gobierno regulará aquellas actividades de explotación de los recursos naturales y el comercio de los productos que signifiquen un empobrecimiento de nuestro territorio, de la siguiente manera:

I. Se hará efectiva la nacionalización del subsuelo."

Y en efecto, el 18 de marzo de 1938, Cárdenas decretó la expropiación petrolera. Las compañías extranjeras protestaron enérgicamente, y expresaron que las indemnizaciones que el gobierno mexicano tendría que pagar serían de $500 millones de pesos, una suma verdaderamente alta. Afortunadamente para México, el presidente norteamericano Roosevelt veía como prioridad mantener una buena relación con nuestro país ante la amenaza creciente del fascismo en Europa. Aún así el gobierno de Estados Unidos ejerció cierto nivel de presión, interfiriendo en el mercado de petróleo y de plata para afectar a México, y negándose a venderle equipo y asistencia técnica a la recién creada PEMEX. El efecto fue limitado, ya que México buscó ayuda técnica de países europeos, y el mercado interno absorbió gran parte de la producción petrolera. Eventualmente la situación diplomática se normalizó, gracias a la ayuda del embajador Daniels.

"La organización de nuestro país dentro de un sistema económico propio, requiere, además, que se atienda a aquellas actividades industriales y mercantiles que aumenten la capacidad nacional de producción o la calidad de ésta, actividades comprendidas en dos grandes grupos; la importación de medios permanentes de producción y la generación de energía. "

"Por lo que se refiere a la importación de medios permanentes de producción - tales como la maquinaria destinada a las industrias agrícolas o de transformación y la maquinaria para producir máquinas- el Gobierno se preocupará por impulsarla en condiciones y forma que tiendan a crear nuevas unidades productoras, pues es uno de los más firmes propósitos del Partido Nacional Revolucionario contribuir por todos los medios a su alcance al aumento del equipo de trabajo. "

"Tercero. Estimular la creación de industrias nuevas que tengan por objeto sustituir con ventaja a la importación, o que representen el aprovechamiento de recursos no explotados o explotados deficientemente."

"Por lo que se refiere al comercio de importación, el Partido Nacional Revolucionario declara que el Estado debe eliminar las importaciones que compitan con industrias nacionales que estén prestando satisfactoriamente el servicio que de ellas se demanda, o no sean gravosas para el país. "

O sea que se buscaba por un lado sustituir las importaciones de productos que se pudieran producir domésticamente, con el entendimiento que no se debía de afectar la importación de bienes de capital, o sea de maquinaria. A esta política se le llamó "sustitución de importaciones". Esta política se inició a raíz de la devaluación del peso de 1929-1933, lo cual debilitó al peso y redujo en forma natural las importaciones. Entonces se observó empíricamente los efectos benéficos sobre la industria nacional, la cual comenzó a suplir, por lo menos en parte, a los productos que se dejaron de importar. Después de esto, el gobierno comenzó a utilizar al proteccionismo como una forma de atraer capitales nacionales y extranjeros; las industrias mexicanas, al estar protegidas de competencia externa, se hacían más atractivas para los inversionistas[87].

La inversión privada creció en 23.4% de 1933 a 1940, lo cual expandió el crecimiento del producto interno bruto y las exportaciones.[88]

Las siguientes gráficas muestran la evolución del producto interno bruto, así como las importaciones y exportaciones en ese periodo.

Gráfica 27: Producto Interno Bruto de 1929 a 1940[89]

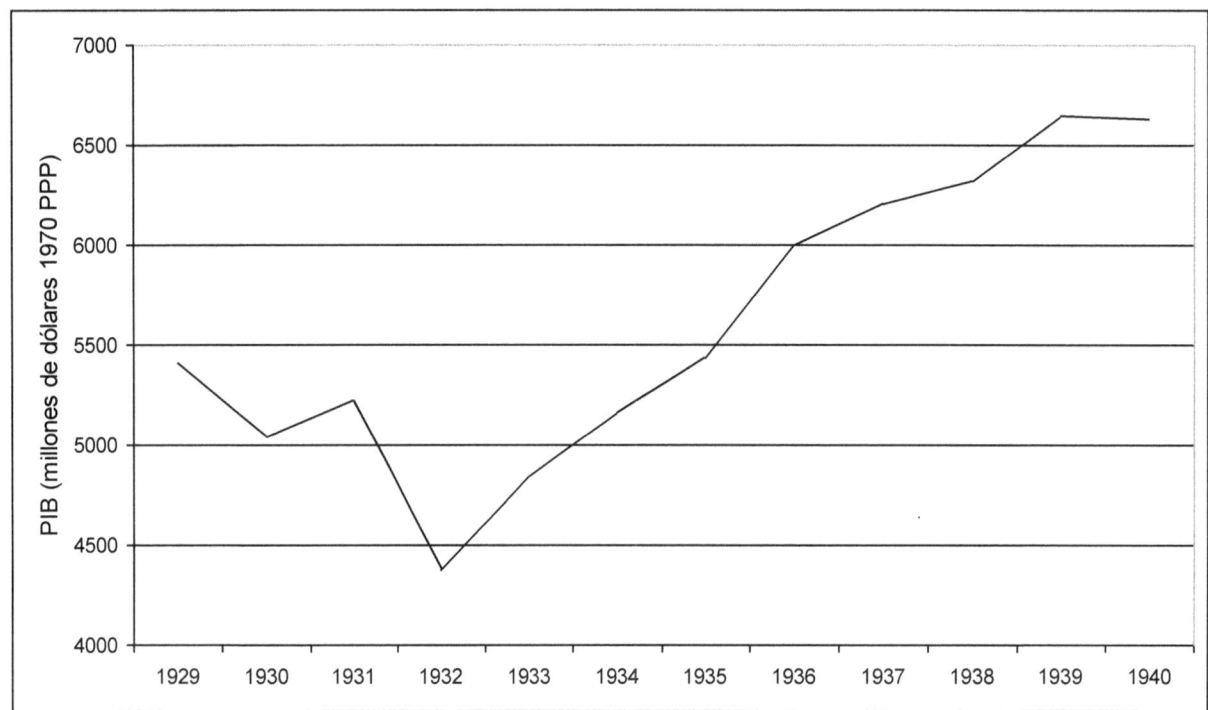

Gráfica 28: Importaciones y Exportaciones de 1929 a 1940[90]

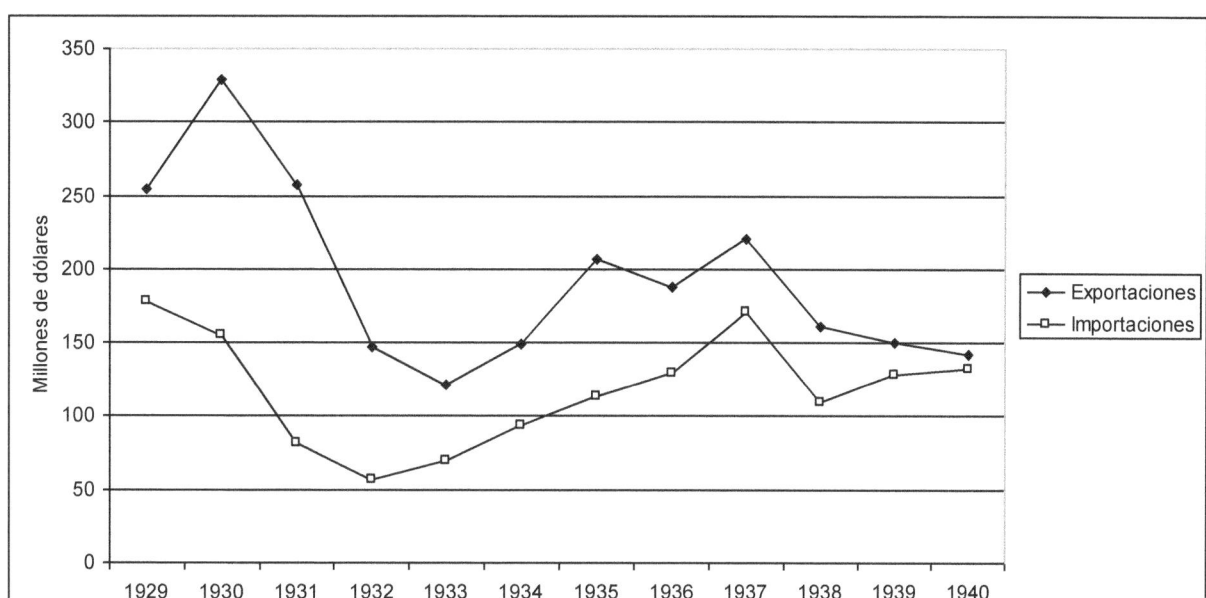

Es interesante notar que aún con una política de sustitución de importaciones, las importaciones crecen significativamente, simplemente porque el crecimiento del país demandaba más productos de los que podían sustituir las industrias domésticas, tanto por su cantidad, como por sus características específicas.

El ingreso y gasto público también se incrementaron significativamente. De 1934 a 1940, el gasto público pasó de $265 millones de pesos anuales, a $650 millones de pesos anuales, un incremento del 130%.

Junto con el gasto público, se incrementó la inflación, como es de esperarse.

Gráfica 29: Evolución de la Inflación de 1920 a 1940[91]

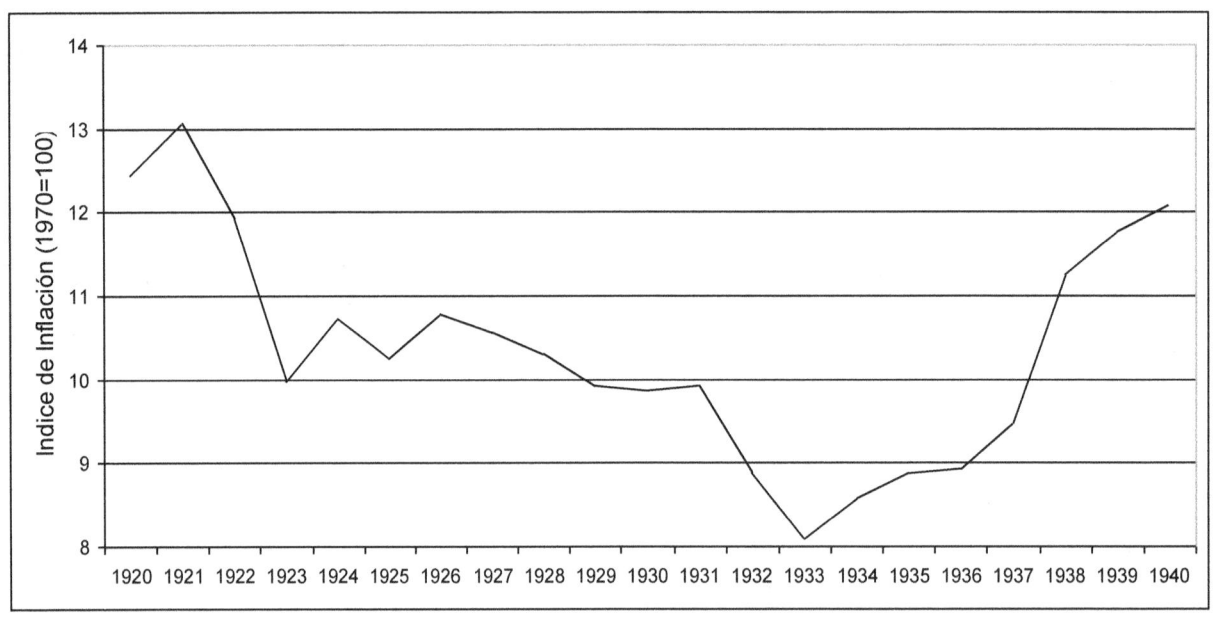

Gráfica 30: Evolución del Ingreso y Gasto Público de 1920 a 1940[92]

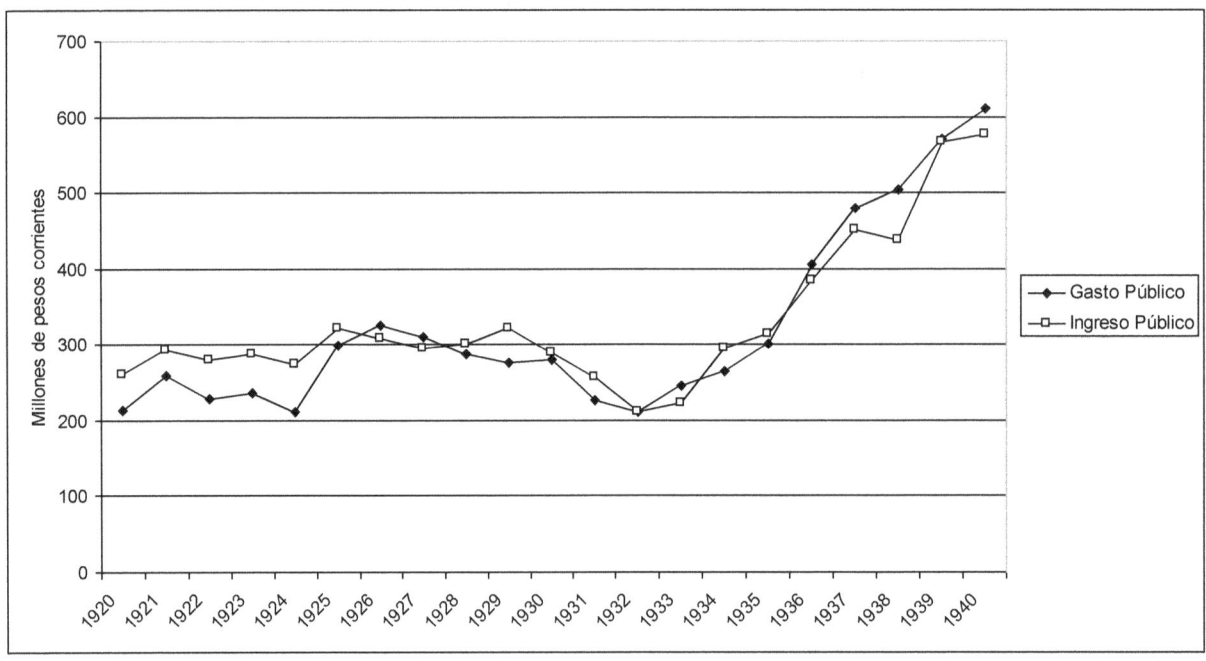

"En los impuestos que gravan la importación, deberá procurarse que los que se apliquen a artículos extranjeros similares a los de producción del país, se inspiren en una política arancelaria que impida que, al amparo de un mal entendido nacionalismo, se divida a industrias exóticas, totalmente incapacitadas para alcanzar un desarrollo que las coloque en condiciones de competir con las extranjeras sin la barrera arancelaria, y queden por lo mismo en condiciones parasitarias, como una carga permanente impuesta a la Nación."

Claramente el gobierno de Cárdenas entendía que el proteccionismo que planeaba implementar podría derivar en la creación de empresas poco competitivas. Esto quedó en evidencia durante la apertura comercial después de la firma del GATT y el TLC, donde miles de empresas mexicanas que antes gozaban de protección arancelaria se vieron repentinamente enfrascadas en feroz competencia con empresas extranjeras.

"El Banco de México seguirá substraído a toda influencia política. Con el fin de robustecer aún más su posición y capacitado para actuar adecuadamente sobre el volumen del "stok" monetario, mediante el retiro o la aportación de medios de pago circulantes, se darán facultades al Banco que le permitan operar en la compra y venta de títulos y valores, primero, a través de las instituciones de crédito asociadas, y después, directamente, una vez constituido el mercado de valores. "

El gobierno de Cárdenas entendía que el Banco de México debía de ser independiente, para evitar que se influyera sobre la política monetaria del país. Sin embargo esto no se consolidó en una ley hasta que se especificó la autonomía del Banco de México en el artículo 28 Constitucional, modificado en 1994.

ANÁLISIS DEL CARDENISMO

Por lo que vimos en el Plan Sexenal, Cárdenas y su gobierno declararon que no era su objetivo el implementar una política proteccionista, pero que, en vista de que gracias a la guerra comercial desatada por Estados Unidos al implementar la ley Smoot-Hawley la mayoría de los países que comerciaban con dicho país estaban incrementando sus aranceles, a México no le quedó más que hacer lo mismo. Al mismo tiempo, se vio que la manera más eficiente de atraer capitales era a través del proteccionismo: el gobierno le prometía a inversionistas nacionales y extranjeros un mercado cautivo y protegido de toda competencia externa, y a cambio los inversionistas invertían en el desarrollo de la industria mexicana. Esta era la única forma eficiente de atraer capitales ya que México no contaba con un mercado financiero adecuado que intermediara entre los inversionistas y los empresarios. Cabe mencionar que los aranceles proteccionistas no se implementaron de la noche a la mañana; más bien fue un proceso lento al principio, realmente despegando en la década de los 40s, y llegando a su auge en los 50s y 60s.

Desde el punto de vista del gobierno y los empresarios beneficiados el modelo funcionó bastante bien, y ayudó a consolidar la autocracia mexicana al finalmente integrar a sus filas corporativas a los empresarios. Estados Unidos rápidamente se esforzó por eliminar los efectos nocivos de la ley Smoot-Hawley en los años 30s y 40s, sin embargo México mantuvo sus políticas proteccionistas muchas décadas más. Esto nos comprueba que la razón principal por la cual se implementó el proteccionismo en México fue para atraer capitales por un lado, y consolidar el corporativismo por el otro, y no fue una simple respuesta a la ley Smoot-Hawley.

Hipótesis 18: El gobierno mexicano implementó una política proteccionista para atraer inversiones (ofreciendo a los inversionistas un mercado cautivo y de baja competencia) ya que no había un mercado financiero adecuado que mediara entre los inversionistas y los emprendedores.

El gobierno probablemente entendía que la sustitución de bienes de consumo sería relativamente fácil, comparado con la sustitución de bienes de capital, o sea de maquinaria que es utilizada para fabricar bienes de consumo. La razón es simple: es en el desarrollo y manufactura de la maquinaria donde se encuentra el avance y conocimiento tecnológico, el "know-how". Es fácil comprar las máquinas y dejar que los asesores nos enseñen cómo fabricar bienes de consumo; es mucho más difícil inventar y construir máquinas nuevas. Por eso en el Plan Sexenal se menciona que no se limitaría la importación de dichos bienes de capital. Esto derivó en una dependencia casi absoluta en la importación de maquinaria y de bienes intermedios (aquellos sub-ensambles, por ejemplo piezas y refacciones eléctricas, utilizadas en la manufactura final de bienes de consumo). por eso las exportaciones de productos agropecuarios y mineros era tan importante en el Plan Sexenal, porque se entendía que se requería exportar para obtener las divisas con las cuales comprar los bienes de capital y bienes intermedios que mantenían la producción de bienes de consumo sustitutivos de importaciones.

Hipótesis 19: Las divisas obtenidas por la exportación del sector primario (agropecuario y minero) eran fundamentales para mantener la política de sustitución de importaciones, ya que se requería la importación de bienes de capital e intermedios.

Esto nos lleva a la política de control del tipo de cambio. Por un lado el gobierno buscaba evitar la devaluación del peso, ya que si esto ocurría, se encarecían las importaciones de bienes de capital e intermedios. Si esto ocurría se incrementaría la inflación y se pondría en riesgo la política de sustitución de importaciones. Por otro lado, tampoco se quería que el tipo de cambio se revaluara, porque esto reduciría las exportaciones. Por lo tanto era inevitable que se tuviera un régimen cambiario controlado. Si el tipo de cambio se hubiera dejado en libre flotación, el gobierno hubiera perdido el control sobre la política de desarrollo industrial en su totalidad.

Hipótesis 20: La política de sustitución de importaciones requería un régimen de tipo de cambio controlado; la flotación del peso era imposible.

Otro aspecto importante del cardenismo, y que fuente de descontento popular, fue el índice de inflación relativamente elevado. Veamos la siguiente gráfica.

Gráfica 31: Gasto Gubernamental vs. Índice de Inflación 1900-1940[93]

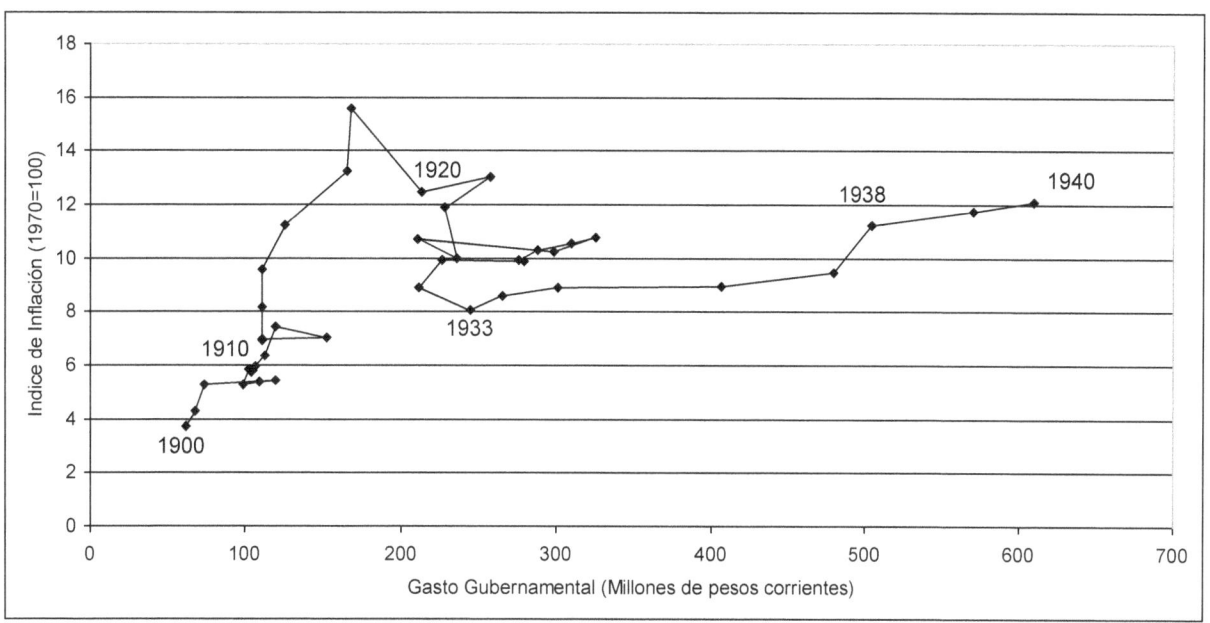

Podemos observar tres etapas en la relación gasto vs. inflación. En la primera etapa, de 1900 a 1919, podemos ver que la inflación crece a tasas aceleradas. A partir de 1920, México vive 13 años de deflación causadas por la crisis del precio de la plata, la Gran Depresión, y las políticas monetarias. A partir de 1933, bajo un nuevo régimen de política monetaria, la inflación de nuevo comienza a tomar impulso. Finalmente en 1938 se detecta un marcado incremento de la inflación gracias a las políticas de gasto público de Cárdenas. Podemos ver claramente que la proporción de crecimiento de la inflación con respecto al gasto gubernamental es mucho menor en el periodo cardenista que de 1900 a 1920; también sabemos que la deflación tiene resultados muy negativos para la economía del país. Sin embargo la población en general seguramente no entendía de esto y su percepción simplemente le decía que los precios se incrementaban continuamente. Pero como podemos ver en la siguiente gráfica, ciertamente la deflación y la reducción en el producto interno bruto están correlacionadas.

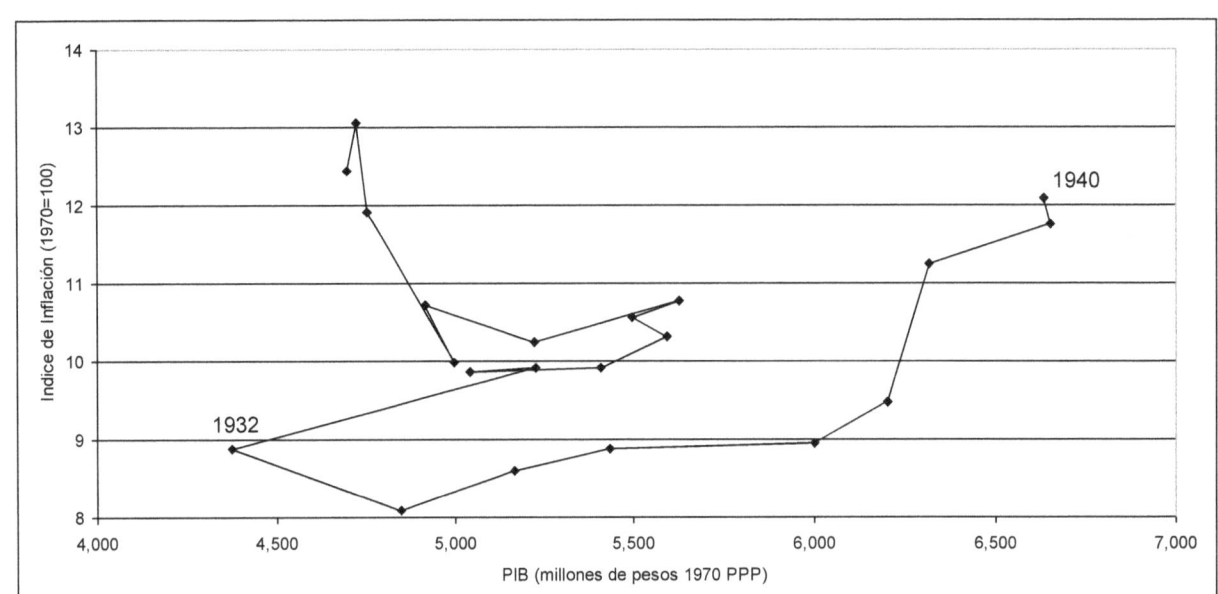

La política proteccionista de sustitución de importaciones comenzó durante el cardenismo, pero tardó varios años en comenzar a tener un efecto realmente notable sobre la economía mexicana; como veremos, no fue sino hasta la época del llamado "desarrollo estabilizador" que dicha política rindió verdaderos frutos.

DE LA SEGUNDA GUERRA MUNDIAL AL DESARROLLO ESTABILIZADOR (1940-1970)

Al inicio del sexenio de Ávila Camacho, había mucha tensión política dentro del país. Había fuerzas de oposición inconformes con los procesos electorales por un lado, y con las políticas cardenistas por otro. A esto el nuevo gobierno de Ávila Camacho tuvo que responder apartándose hasta cierto punto de las políticas de su antecesor, Lázaro Cárdenas, para poder integrar un proceso de conciliación entre sectores de la sociedad.[95]

Las facciones de oposición se dividían entre izquierda y derecha. La derecha mantenía que la iniciativa privada debería de ser el motor detrás del crecimiento económico, mientras que el Estado se limitaba a hacer valer las leyes. Por otro lado, la izquierda exigía que el Estado tuviera una participación directa en el mejoramiento de la justicia social, de acuerdo con los postulados de la Revolución.[96] El gobierno de Ávila Camacho se situaba como mediador de los dos extremos. Para lograr este objetivo, Ávila Camacho organizó una reforma del PRM, ya que la imagen prosocialista del PRM no era congruente con el objetivo conciliador. El primer paso importante fue la supresión del sector militar, quitándole toda participación activa en la política. El segundo paso fue retirarle al PRM su órgano de difusión oficial, el periódico "El Nacional", que pasó a control del Ejecutivo. Finalmente, el PRM perdió el poder de designar a la Comisión Permanente del Congreso. Al despolitizar al PRM, se incrementó la unidad nacional y se fortaleció el Estado mexicano.[97]

El 18 de enero de 1946 se declaró disuelto el PRM, y se aprobaron los estatutos de la nueva organización, el Partido Revolucionario Institucional (PRI). En sus estatutos, el PRI se comprometía a aceptar el sistema democrático de gobierno, y el abandono del lema que pugnaba por "una democracia de los trabajadores" y sustituirlo por otro que proclamaba la "democracia y justicia social".[98] En otras palabras, se abandonó la filosofía pro-socialista y se adoptó una democrático-capitalista.

Con respecto al petróleo y la deuda externa, en vista del inminente conflicto entre Estados Unidos y Japón, el gobierno de Estados Unidos retiró su apoyo a las empresas norteamericanas que pedían ser indemnizadas por cantidades exorbitantes, $500 millones de dólares, y estableció que lo único que se les debía pagar era $24 millones de dólares. En 1942 se celebró un nuevo convenio por el cual se reducía la deuda externa en un 20%.[99]

También en 1942 se firmó un convenio comercial entre Estados Unidos y México, con el objetivo de que Estados Unidos tuviera acceso a las materias primas que requería para el esfuerzo de guerra, y para evitar que las fuerzas del eje las obtuvieran.[100] Como es bien conocido, la economía de Estados Unidos comenzó a recuperarse gracias a la Segunda Guerra Mundial, ya que ésta obligó al gobierno de Estados Unidos a gastar aún más de lo que ya estaba gastando bajo el programa "New Deal", cuyo objetivo era reactivar la economía de del país a través de un gasto público financiado por un déficit gubernamental. Esta recuperación del vecino del norte benefició mucho a México.

Entre 1940 y 1946 México y Estados Unidos tuvieron problemas a causa de los trabajadores migratorios. Gracias a que muchos jóvenes norteamericanos fueron enviados a la guerra, los agricultores de ese país demandaron mano de obra mexicana. Sin embargo esa migración de trabajadores era ilegal. El gobierno mexicano logró implementar un programa de trabajo temporal que les otorgó a los trabajadores prestaciones sociales y la garantía que no serían reclutados en el ejército.[101] Este convenio fue conocido como el "Programa Bracero". Al terminar la guerra, gran parte de los trabajadores mexicanos fueron repatriados, causando grandes problemas para México, ya que los trabajadores se acumularon en las ciudades fronterizas, buscando ingresar ilegalmente a Estados Unidos para seguir trabajando. En 1950, durante la Guerra de Corea, se celebró otro convenio de empleo temporal similar.[102]

La siguiente gráfica muestra la población de mexicanos viviendo en Estados Unidos.

Gráfica 33: Población de mexicanos viviendo en Estados Unidos 19850-1950[103]

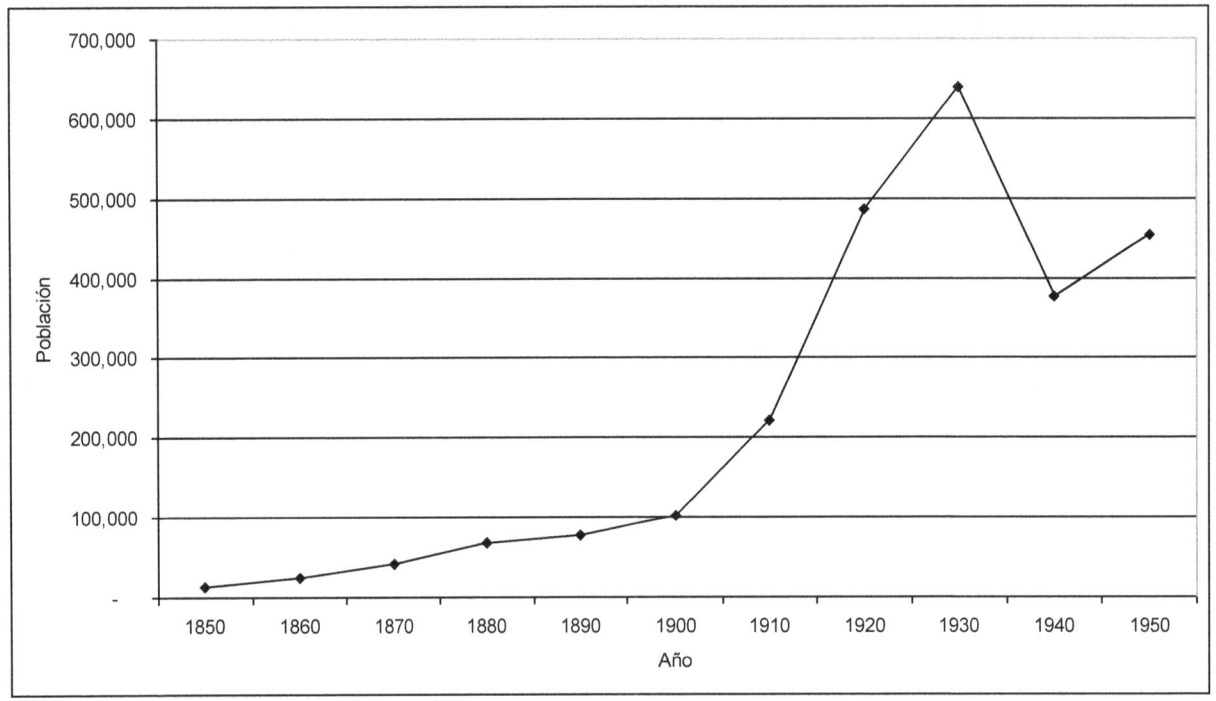

El gobierno de Ávila Camacho utilizó al proteccionismo como la principal herramienta de desarrollo económico. El programa consistió en proporcionar a los empresarios mexicanos los créditos requeridos, invertir en la implementación de infraestructura carretera y telecomunicaciones (55.1% del presupuesto), impuestos bajos para promover la industria, y una política arancelaria que redujera las importaciones que compitieran con las industrias nacionales.[104]

Durante la presidencia de Miguel Alemán, que comenzó en 1946, el gobierno mexicano comenzó a aplicar la política de proteccionismo no solo a empresarios nacionales, sino también a empresarios extranjeros, con el objetivo de atraer capitales. De igual forma se les ofreció créditos a través de NAFINSA, y reducciones de impuestos. A partir de 1950 la inversión extranjera comenzó a tomar fuerza, conquistando muchos sectores industriales del país, y afectando a empresarios nacionales. A esto la Cámara Nacional de la Industria de la Transformación (CANACINTRA) presentó una queja formal. Simultáneamente, el gobierno de Estados Unidos presionaba al gobierno mexicano a que firmara el Acuerdo General sobre Aranceles y Comercio (GATT). Sin embargo el gobierno mexicano mantuvo su política de proteccionismo.[105]

Otro aspecto importante de la política de sustitución de importaciones era la estimulación de la exportación agrícola, ya que esta exportación ingresaba al país las divisas necesarias para importar bienes de capital (maquinaria y equipo) que eran utilizados por la industria doméstica. Con el objetivo de incrementar la productividad del campo, el gobierno de Miguel Alemán favoreció la propiedad privada sobre el ejido, reformando el artículo 27 constitucional, dándole mayor protección a los dueños de predios agrícolas en contra la expropiación con fines ejidales.[106]

Al terminar la Segunda Guerra Mundial la demanda de productos mexicanos disminuyó notoriamente. De igual forma, los capitales extranjeros que se habían refugiado en México comenzaron a salir. Durante la guerra Estados Unidos implementó controles de precios sobre muchos de sus productos, los cuales liberó al terminar la misma. Esto causó un encarecimiento de muchas de las importaciones que México realizaba, incrementando aún más la inflación. A causa de esto al gobierno no le quedó más remedio que poner a flotación el peso de 1948 a 1949, mientras que el Banco de México acumulaba más fondos.[107] El tipo de cambio pasó de $4.86 pesos por dólar en 1947 a $7.92 en 1949.[108]

Ruiz Cortines comenzó su periodo presidencial con un nivel alto de inflación, causado por las políticas expansionistas del sexenio anterior. Al terminar la guerra de Corea en 1952, disminuyó la demanda mundial, y se desaceleró la economía mexicana significativamente, después de 10 años de crecimiento continuo. Para solucionar esta situación, a partir de 1953 el gobierno de Ruiz Cortines implementó una "política estabilizadora". Primero, se estimuló la producción agrícola canalizando más créditos a este sector; segundo, se incrementó la importación de alimentos para luchar en contra de la inflación; tercero, se implementaron controles de precios y se combatieron los monopolios y acaparadores; finalmente, se buscó estabilizar el presupuesto para reducir los gastos y por lo tanto los precios. Estas medidas controlaron la inflación hasta cierto punto, pero ya que por lógica no eran políticas expansionistas (las cuales tienden a causar inflación), los empresarios decidieron no invertir hasta que el gobierno diera muestras que pensaba estimular a la industria. Para tal efecto, en 1954 el gobierno incrementó el gasto público, redujo impuestos para las empresas, y aumentó la disponibilidad de créditos. También se incrementó el proteccionismo, y se devaluó el peso de $8.65 a $12.50 por dólar. Esto reactivó la economía, pero como es lógico, también reactivó la inflación, aunque no en alto grado. De esta manera, para finales del sexenio de Ruiz Cortines, la política de estabilización se impuso sobre la de crecimiento, sentando las bases para la siguiente etapa de la evolución económica de México, el cual fue llamado "desarrollo estabilizador".[109]

En 1958 comenzó el sexenio de Adolfo López Mateos. Durante este año el Partido Comunista Mexicano realizó un importante intento de desestabilizar al país, fomentando huelgas, destacando la huelga de telegrafistas y ferrocarrileros por su nivel de impacto económico. Por otro lado la economía de Estados Unidos se encontraba en recesión, y aunado a esto, había incertidumbre por la transición presidencial. Toda esta situación comenzó a generar una fuga de capitales, y como consecuencia una presión devaluatoria sobre la moneda. El objetivo de los agitadores era exactamente ese: generar una devaluación, la cual causaría inflación ya que se encarecerían las importaciones, y esto causaría descontento popular y protestas en contra del gobierno. Al nuevo gobierno de López Mateos le quedaba claro que una devaluación tendría un impacto político muy grande, por lo que se determinó que se evitaría a toda costa.[110]

Además del impacto político, López Mateos, habiendo sido secretario del Trabajo, entendía perfectamente que la única manera de proteger el poder adquisitivo del salario de los trabajadores era a través de una estabilidad macroeconómica que mantuviera la inflación baja. De igual forma entendía que la única manera de incrementar a largo plazo el nivel de vida de los mexicanos era a través de un crecimiento económico sostenido, y que dicho crecimiento tenía que ser financiado por el ahorro interno del país, para evitar el endeudamiento externo. La reducción de la inflación era indispensable, ya que es la forma de promover el ahorro interno e inversión.[111]

Las estrategias para mantener el tipo de cambio fueron las siguientes:[112]

1. Finanzas públicas sanas
2. Política monetaria restrictiva
3. Incrementar la disponibilidad de divisas fomentando la exportación y haciendo sustitución de importaciones
4. Incremento del ahorro e inversión
5. Incrementar la productividad del país
6. Atraer inversión extranjera
7. Buscar la convergencia de los niveles de inflación entre México y Estados Unidos

Para 1960, los efectos positivos de estas estrategias se hicieron notar. El PIB creció al 8% mientras que la inflación se mantuvo en un nivel aceptable de 4.9%. Sin embargo, en 1961 se suscitó una nueva crisis a causa de la Revolución cubana. A la comunidad internacional le preocupaba que la Revolución cubana pudiera influir de alguna manera en las políticas económicas de México, haciéndolas más de izquierda. Varios políticos mexicanos, incluido el mismo presidente, entusiasmados por la Revolución cubana, declararon que México era de izquierda. Ya que los inversionistas extranjeros identificaban las políticas de izquierda con expropiaciones de bienes, estas declaraciones causaron mucho nerviosismo. Como era de esperarse, esta situación causó fuertes pérdidas de capital. El saldo de la cuenta de capital de la balanza de pagos se redujo 21% entre 1960 y 1961, y al gobierno no le quedó otro más que pedir un financiamiento de $45 millones de dólares al Fondo Monetario Internacional. Por otro lado, también incrementó el gasto público para evitar una desaceleración de la economía. Estas políticas lograron que el impacto no fuera tan grande; en 1961 el crecimiento fue del 4.9%, con una inflación 1.28%.[113]

La siguiente gráfica nos muestra la relación entre el PIB y la inflación durante el sexenio de López Mateos.

Gráfica 34: Relación entre el Producto Interno Bruto vs. Inflación 1958-1960[114]

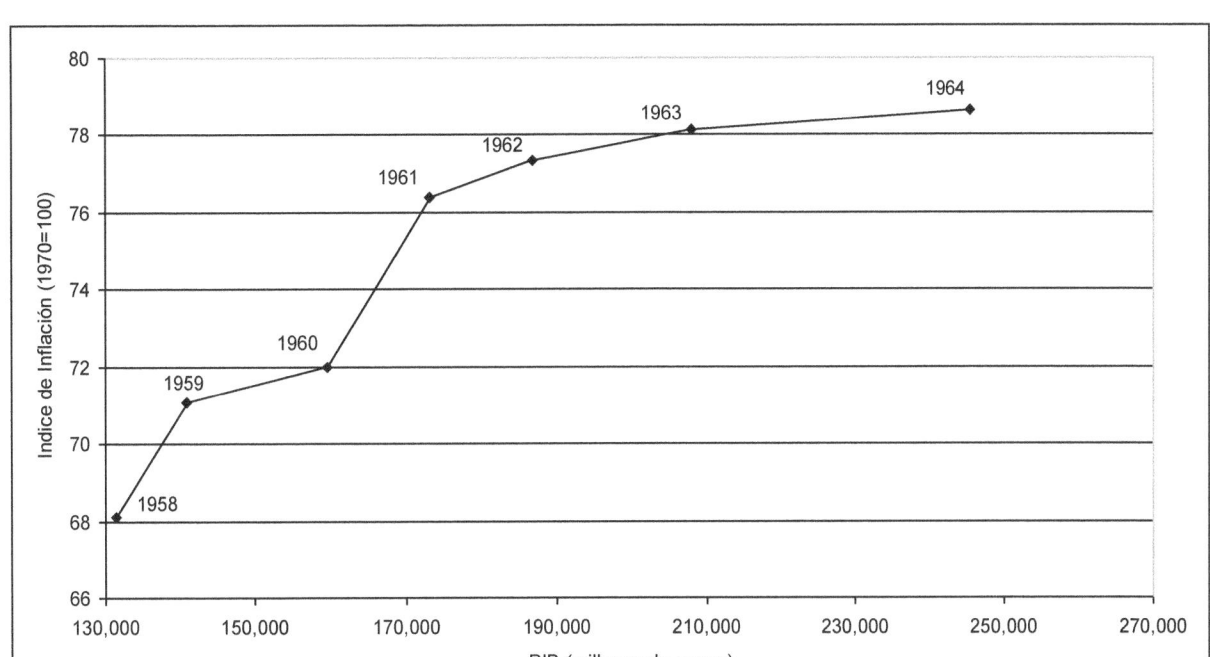

El objetivo de cualquier país es poder incrementar su producto interno bruto sin incrementar mucho su inflación. En esta gráfica podemos ver cómo la inflación se incrementó en 1961 a causa del incremento del gasto público utilizado para estimular la economía durante la crisis de la Revolución cubana, pero después se tuvo un incremento del PIB constante pero con incrementos muy bajos de la inflación, una situación ideal.

En 1964 comienza el periodo presidencial de Gustavo Díaz Ordaz. La economía seguía creciendo a tasas altas, pero la inflación se estaba incrementando. Ya que Díaz Ordaz estaba comprometido a continuar con las políticas del desarrollo estabilizador, presentó ante el Congreso dos iniciativas de ley: una para incrementar el impuesto sobre la renta, y otra para reducir el gasto a través de la incorporación del sector paraestatal al control presupuestal del gobierno federal.[115]

La política económica de Díaz Ordaz se delineó en el Programa de Desarrollo Económico y Social 1966-1970, el cual buscaba los siguientes objetivos[116]:

1. Lograr un crecimiento promedio del producto interno bruto del 6% anual
2. Promover las actividades agropecuarias
3. Impulsar la industrialización aún más
4. Atenuar y corregir los desequilibrios en el desarrollo
5. Una distribución más equitativa del ingreso nacional
6. Mejorar la educación, los servicios de salud, de habitación, y de bienestar social

7. Fomentar el ahorro interno a fin de que el desarrollo se apoyara más en recursos nacionales y no extranjeros
8. Mantener la estabilidad del tipo de cambio y mantener controlada la inflación
9. Introducir reformas para que la administración pública contribuyera de una mejor manera con el desarrollo del país

El crecimiento económico durante este periodo fue significativo; en cada año se superó la meta de crecer a 6%, y la inflación promedio anual fue de 2.7%.

Este crecimiento se logró principalmente a través de la inversión pública, la cual fue casi el doble que la del gobierno anterior, la cual fue destinada principalmente a obras de infraestructura básica, lo cual a su vez alentó la inversión privada. Además dicha inversión privada seguía siendo beneficiada por la política proteccionista. Para lograr este crecimiento, fue necesario contar con un sector financiero dinámico que estimulara el ahorro interno y que pudiera canalizarlo a inversiones en actividades productivas. Comenzando en 1963, El sistema bancario, a través del encaje legal, comenzó a financiar al sector público mediante la tenencia de bonos gubernamentales como parte de sus reservas legales[117].

Para el año de 1970, México había logrado una transformación radical de una economía predominantemente rural en los años 30s, a una economía mucho más urbana e industrial. Sin embargo, el modelo económico que había llevado a México a través de este progreso comenzaba a mostrar señales de agotamiento. La política de proteccionismo funcionó bien al principio, pero a largo plazo la falta de competencia del exterior hizo a las empresas mexicanas poco competitivas, con precios altos y productos de mala calidad. Además, la industria mexicana nunca logró sustituir la producción de maquinaria y equipo, o sea, de tecnología, la cual se seguía importando en grandes cantidades. Aunado a esto, la misma falta de competitividad reducía las exportaciones. Esto comenzó a incrementar la presión sobre las divisas. Por otro lado el estancamiento del sistema tributario y la política de precios congelados de las paraestatales redujo los ingresos relativos del gobierno, el cual tuvo que recurrir al crédito para mantener el gasto presupuestal. Al principio recurrió al encaje legal; luego comenzó a utilizar la reserva de divisas. Pero cuando la reserva bajó significativamente, no le quedó otra más que recurrir al endeudamiento externo[118].

El gobierno de Luís Echeverría Álvarez, influido por economistas con un mal entendimiento del keynesianismo, cambaría radicalmente las políticas económicas del país.

ANÁLISIS DEL DESARROLLO ESTABILIZADOR

Como indicamos con anterioridad, uno de los objetivos principales de cualquier gobierno es que la economía del país crezca lo más rápido posible pero sin crear inflación.

La siguiente gráfica nos muestra el producto interno bruto vs. el índice de inflación de 1920 a 1982.

Gráfica 35: Producto Interno Bruto vs. Índice de Inflación 1920-1982[119]

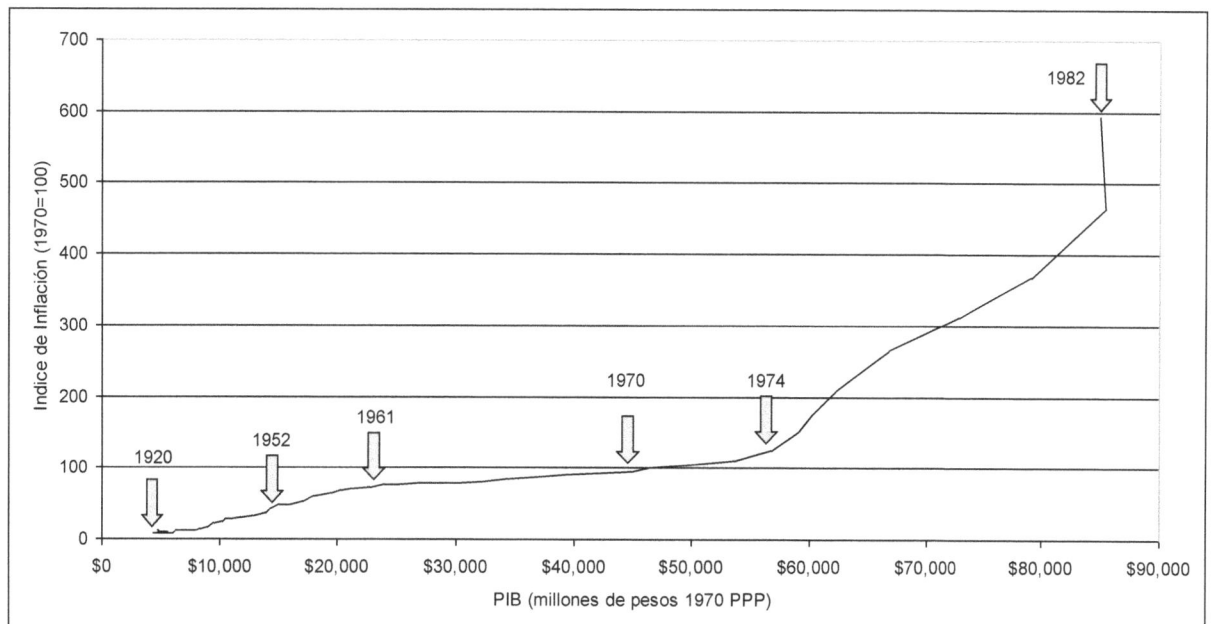

Si el objetivo es incrementar el PIB sin incrementar mucho la inflación, entonces entre menos pronunciada sea la pendiente de la gráfica, mejor. Podemos ver que de 1920 a 1952, la pendiente es moderada. Sí había crecimiento, pero la inflación también crecía, aunque no a niveles demasiado altos. A partir de 1952, cuando comienza el desarrollo estabilizador, se nota una reducción en la pendiente, la cual se acentúa aún más en 1961. De este año hasta 1970, la pendiente es extremadamente baja; el país crece significativamente pero sin generar demasiada inflación. A partir de 1970, y particularmente después de 1974, el país sigue creciendo, pero la inflación es significativa. Finalmente en el periodo de 1981 a 1982 la inflación no solo es altísima, sino que la economía del país se contrae.

Claramente la política económica durante el periodo del desarrollo estabilizador funcionó adecuadamente. La pregunta fundamental es: ¿qué se hizo diferente que no se había hecho antes, y que se dejó de hacer después? La respuesta está en la política monetaria. En 1952 Rodrigo Gómez se convirtió en el director del Banco de México, puesto que mantendría durante 18 años. Rodrigo Gómez era un enemigo acérrimo de la inflación, comentando alguna vez que si "la disyuntiva fuera entre progresar velozmente o tener una moneda estable, no habría duda sobre la elección"[120]. Durante aproximadamente el mismo periodo, Antonio Ortiz Mena fue el secretario de Hacienda. Ortiz Mena también entendía que la única forma de hacer crecer al país era a través de la estabilidad macroeconómica que trae la estabilidad de precios, e hizo lo posible por mantener un déficit fiscal bajo, coordinando así con Rodrigo Gómez la política fiscal con la política monetaria.

Desarrollemos ahora un modelo de causa y efecto económico para entender las políticas económicas implementadas.

Gráfica 36: Modelo Económico de México

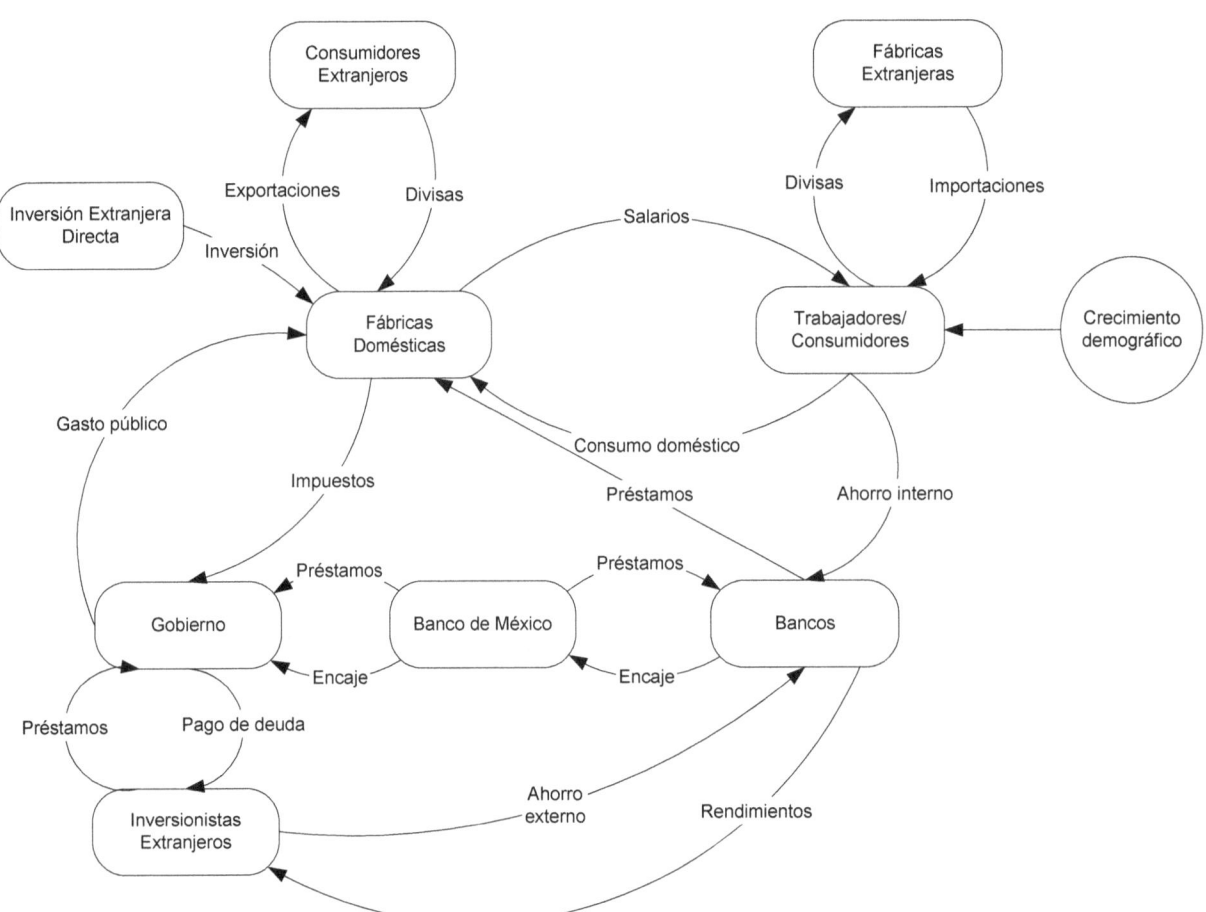

Entendamos primero qué nos dice este modelo (varias conexiones han sido obviadas por razones prácticas).
1. Las Fábricas Domésticas contratan a Trabajadores y les pagan un salario a cambio de su trabajo.
2. Los Trabajadores, que también son Consumidores, utilizan su sueldo de tres maneras: en consumo doméstico, en comprar importaciones a Fábricas Extranjeras, y en ahorro interno depositado en Bancos.

3. Las Fábricas Domésticas también exportan sus productos, los cuales son comprados por Consumidores Extranjeros.
4. Al importar salen divisas del país, y al exportar entran divisas al país.
5. El crecimiento demográfico está continuamente incrementando la masa de trabajadores/consumidores, por lo que la cantidad de Fábricas Domésticas debe incrementarse para absorberlos; si esto no ocurre, el producto interno bruto per cápita se reduce.
6. El ahorro interno depositado en los Bancos se convierte en Préstamos para el crecimiento de la cantidad e Fábricas Domésticas.
7. La Inversión Extranjera Directa invierte directamente en el capital de Fábricas Domésticas.
8. El Gobierno estimula el crecimiento económico a través del gasto público.
9. Las Fábricas Domésticas (al igual que los trabajadores/consumidores) pagan impuestos al Gobierno.
10. Los Inversionistas Extranjeros le prestan dinero al Gobierno, el cual le paga a los Inversionistas Extranjeros un retorno sobre la inversión.
11. De igual manera, los Inversionistas Extranjeros depositan parte de sus ahorros en los Bancos, los cuales le dan rendimientos.
12. El Banco de México le da préstamos a los Bancos y al Gobierno, y al hacerlo incrementa la base monetaria.
13. Los Bancos tienen que tener una reserva obligatoria en el Banco de México, el cual es conocido como Encaje. El Encaje es utilizado por el Gobierno para usarlo en el gasto público.

Este es un modelo simple de la economía, pero nos ayuda a entender la relación entre las diferentes partes. La parte fundamental es el ciclo entre las Fábricas Domésticas y los Trabajadores/Consumidores. Estos son nuestros mercado de bienes y servicios, y mercado laboral. La parte de los Bancos y la Inversión Extranjera Directa, así como los Inversionistas Extranjeros, son nuestro mercado financiero.

Analicemos ahora qué ocurre cuando el gobierno implementa un programa de estimulación económica con una política monetaria expansiva, como ocurrió durante el Cardenismo.

1. El mercado de bienes y servicios y el mercado laboral se encuentran funcionando, pero claramente el crecimiento es lento. Esto se debe a que no hay suficiente ahorro interno y ahorro extranjero que se traduzca en préstamos para el incremento de Fábricas Domésticas, y a la falta de Inversión Extranjera Directa que invierta en el capital de Fábricas Domésticas.
2. La falta de ahorro interno se debe a la baja productividad del trabajador; si el trabajador es poco productivo, percibe un sueldo inferior, lo cual le deja poco o nada de dinero para ahorrar.
3. La falta de Inversión Extranjera Directa se debe a la falta de confianza en la estabilidad política y macroeconómica por parte de los inversionistas; tienen la percepción de que el país puede entrar en devaluación, o hiperinflación, o algún tipo de inestabilidad política, por lo que deciden no invertir.

4. La falta de ahorro externo (en Bancos) por parte de Inversionistas Extranjeros se debe a tasas de interés reales bajas. La tasa de interés real es igual a la tasa nominal menos la inflación. Si la inflación es alta, los inversionistas no se encuentran motivados a depositar sus ahorros en los Bancos mexicanos.

5. Para promover la Inversión Extranjera Directa, al igual que la inversión doméstica directa, el gobierno implementa políticas proteccionistas, dándole así monopolios a los inversionistas. Esto reduce la percepción de riesgo de parte de los inversionistas, los cuales se deciden en invertir en la creación de nuevas Fábricas Domésticas. Esto estimula el crecimiento de la economía.

6. Sin embargo este nivel de inversión no es suficiente para hacer crecer la economía del país, por lo que el Gobierno tiene que estimular el crecimiento directamente. Ya que el ahorro interno y externo no son suficientes, y además la recaudación de impuestos es baja al no haber suficiente actividad económica, el Gobierno por un lado pide prestado a Inversionistas Extranjeros, incrementando la deuda externa, y por otro le pide al Banco de México que de préstamos de moneda de emisión nueva, lo cual causa inflación.

7. Esta política de proteccionismo por un lado, y de gasto público por otro, ciertamente hacer crecer a la economía, pero incrementando la inflación. Este incremento en la inflación reduce el ahorro interno y externo aún más.

8. Al incrementarse la inflación, el Banco de México tiene que subir las tasas de interés para atraer más ahorro hacia los Bancos, pero llega un punto en que las tasas son tan altas que las Fábricas Domésticas ya no pueden pagar intereses tan altos por lo que dejan de pedir préstamos, frenando por ese lado el crecimiento económico.

9. El incremento de inflación causa que se importen más bienes (ya que son más baratos que los bienes nacionales). Esto causa una presión devaluatoria sobre el peso, por lo que el Gobierno debe utilizar la reserva de divisas para mantener la paridad. Si la reserva de divisas se reduce demasiado, el Gobierno pide prestado para adquirir más.

10. Finalmente, la alta inflación y las perspectivas de una posible devaluación reduce la Inversión Extranjera Directa, ya que si el inversionista convierte sus dólares en pesos para invertir en el país, a largo plazo va perdiendo poder adquisitivo.

Entonces como podemos ver la política de crecimiento económico en base a un déficit fiscal alto y una política monetaria expansiva sí hace crecer la economía, pero al incrementar la inflación y la posibilidad de una devaluación, se reduce el ahorro interno, externo, y la Inversión Extranjera Directa. Y al reducirse éstas, el Gobierno incrementa el gasto público, creando un círculo vicioso que generalmente desemboca en una devaluación. Es importante entender que los economistas y políticos del Cardenismo entendían perfectamente que era mejor crecer sin inflación, pero simplemente no tenían la posibilidad de lograr tal objetivo en ese momento. Además recordemos que a principio de los 30s México experimentó una deflación, la cual fue solucionada con políticas de expansión monetaria; el problema fue que dichas políticas no se detuvieron y se siguieron usando.

Como indicamos con anterioridad, al comenzar la época del desarrollo estabilizador, se cambió de política económica. Veamos qué se hizo diferente.

1. El Gobierno dejó de pedirle préstamos al Banco de México, por lo que se dejó de incrementar la base monetaria más allá de la necesidad normal del país; esto ayudó a reducir la inflación.
2. Al reducirse la inflación, las tasas de interés reales se hicieron más atractivas, por lo que se incrementó el ahorro interno y externo.
3. Este ahorro se convirtió en préstamos para las Fábricas Domésticas, lo cual incrementó la actividad industrial.
4. Al mismo tiempo parte del ahorro se convirtió en préstamos para el Gobierno, el cual pudo continuar con su programa de gasto público con un déficit fiscal mucho más reducido.
5. De igual forma, la reducción en la inflación, aunado a la política de proteccionismo, atrajo más Inversión Extranjera Directa, incrementando aún más la actividad industrial.
6. Al incrementarse las inversiones y la actividad industrial, se incrementó la productividad y los salarios reales de los trabajadores, aumentando el ahorro interno.
7. Al incrementarse la actividad industrial, se incrementó la recaudación fiscal, la cual fue utilizada por el Gobierno para el gasto público.
8. Al haber menos inflación, hubo menor presión sobre el tipo de cambio, por lo que se evitaron devaluaciones.

En base a este entendimiento, podemos formular las siguientes hipótesis.

Hipótesis 21: Se puede hacer crecer la economía con políticas fiscales y monetarias expansivas, pero éstas causarán inflación, lo cual afecta más a las clases más necesitadas.

Hipótesis 22: El ahorro interno, externo, y la Inversión Extranjera Directa solo se pueden incrementar a través del control de la inflación.

Hipótesis 23: El desarrollo estabilizador se logró en base a dos políticas específicas: el control de la inflación, y el proteccionismo.

Las dos siguientes gráficas muestran claramente cómo el crédito primario del Banco de México hacia el gobierno y la inflación están correlacionados.

Gráfica 37: Crédito del Banco de México vs. Inflación[121]

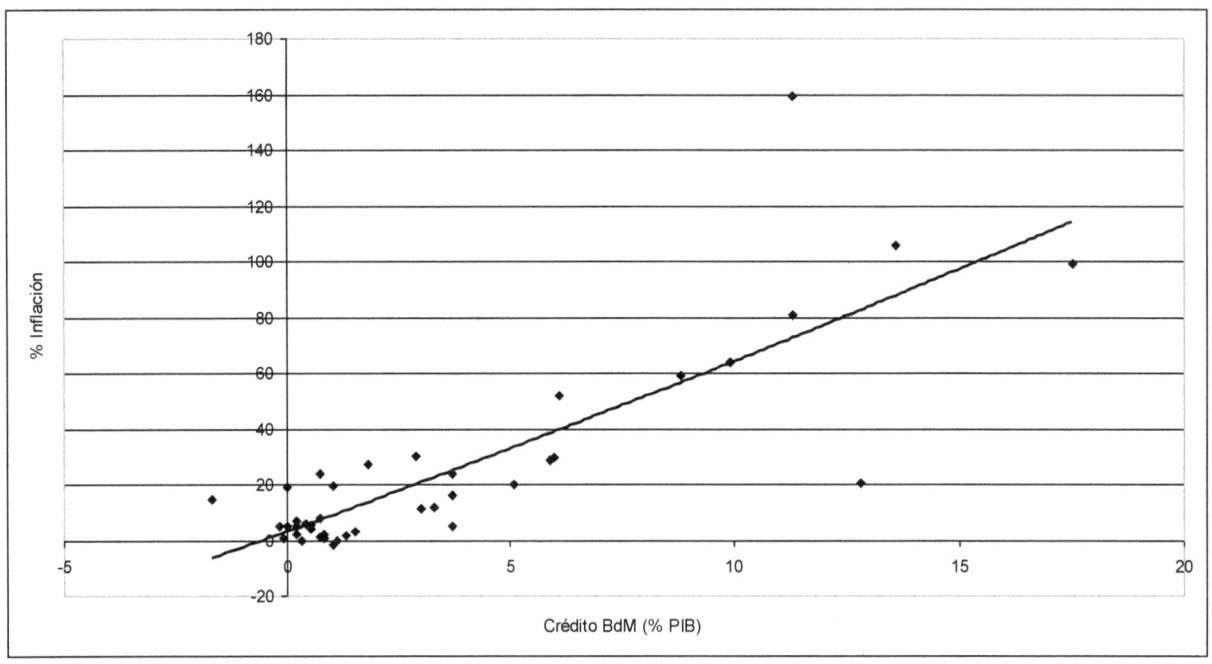

Gráfica 38: Crédito del Banco de México e Inflación 1951-1991[122]

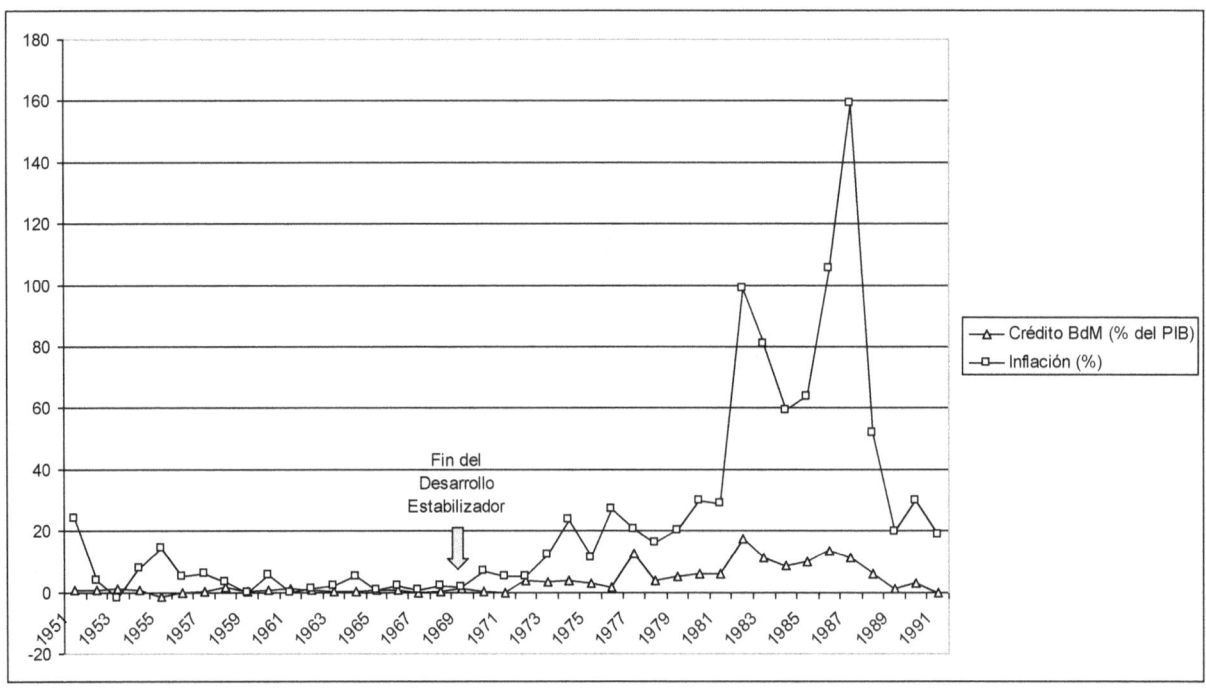

Claramente podemos ver cómo en 1970 se comienzan a incrementar significativamente los créditos del Banco de México al gobierno, y como consecuencia directa, la inflación.

Al comenzar la década de los 70s, la economía mexicana parecía estar en una situación envidiable. Los logros del desarrollo estabilizador habían sido notables. En 1969, en su "Análisis de la situación económica de México y sus perspectivas", el Banco Mundial declaraba: "El impresionante récord de México durante la última década, al combinar una elevada tasa de crecimiento económico con el mantenimiento de estabilidad financiera interna y externa justifica plenamente el apoyo que México ha recibido de la comunidad financiera internacional"[123].

Y en realidad no era poco lo que se había logrado:
- 35 años de paz social
- Se pasó de una economía predominantemente agrícola y rural a una economía urbana e industrial. En 1935 34% de la población vivía en localidades con una población superior a 2,500. Para 1970, el 60% de la población habitaba en ellas.
- La productividad crece a un ritmo acelerado.
- La red de caminos pasó de 5 mil kilómetros en 1935 a más de 70 mil en 1970; la capacidad de generación de electricidad pasa de de 550 mil kilovatios a 7.5 millones; la producción de petróleo se cuadriplica, y el área beneficiada por los sistemas de riego pasan de 160 mil hectáreas a casi tres millones[124].

A pesar de que el modelo económico del desarrollo estabilizador logró un crecimiento macroeconómico sostenido y estable, dicho crecimiento no fue armónico. Los gobiernos del desarrollo estabilizador mantenían la postura que el crecimiento macroeconómico eventualmente incrementaría el bienestar de todas las clases sociales, hasta las más pobres, a través de una difusión (lenta pero segura) de la riqueza hacia las capas inferiores (lo que es conocido en inglés como "trickle down effect"). Pero había (y aún los hay) en el país varios factores microeconómicos y sociales que previnieron que esto ocurriera en suficiente grado:

- Dependencia financiera del exterior: a pesar de que se logró incrementar el ahorro interno y externo, éste no fue suficiente, y el gobierno tuvo que depende cada vez más de préstamos del exterior, incrementando la deuda externa[125].
- Pérdida de competitividad de la industria: La política de proteccionismo atrajo inversión y desarrolló la industria mexicana, lo cual fue beneficioso. Una vez que las empresas tuvieran una base firma, lo correcto hubiera sido una apertura comercial al exterior gradual; pero ya que esto no se hizo, las empresas mexicanas se desarrollaron en un ambiente de mercado cautivo, haciendo que los precios de los productos fueran altos y la calidad baja. Por otro lado la industria mexicana continuaba siendo totalmente dependiente de la importación de bienes de capital (maquinaria y equipo) ya que en México no había el desarrollo tecnológico suficiente para fabricar estas máquinas. Este hecho, aunado a la reducción de exportaciones por falta de

competitividad, incrementaron por mucho el déficit comercial y la presión sobre el tipo de cambio[126].

- Concentración de la inversión en unas cuantas zonas urbanas: La inversión sigue una dinámica de masa crítica: entre más inversión hay en una zona, más inversión atrae. Por eso gran parte de la población, así como la inversión pública y privada, se concentró en la ciudad de México, para detrimento de las demás zonas. Por ejemplo, en 1965 el producto per cápita en el Distrito Federal era de $13,803.6, mientras que en las demás entidades era de $4,264.7, o sea que el DF generaba 3.2 veces más producto per cápita que el resto del país[127]. Esta concentración de la riqueza es una consecuencia directa de la dispersión poblacional en el campo mexicano, tal como lo expusimos en la hipótesis 15: "*: Las características socioeconómicas del ejido amarraron al campesino mexicano a un campo poco productivo, haciendo la reducción de la pobreza lenta e ineficiente*".

La etapa del desarrollo estabilizador termina al morir el director del Banco de México Rodrigo Gómez el 14 de agosto de 1970, y con la renuncia dos días después de Ortiz Mena al cargo de secretario de Hacienda. A partir de 1971, el presidente Echeverría sustituye este modelo con el modelo de "desarrollo compartido", que tenía como objetivo principal el "compartir" la riqueza generada, algo que no se había logrado durante el desarrollo estabilizador. En la siguiente sección analizaremos esta política de "desarrollo compartido".

EL DESARROLLO COMPARTIDO (1970-1976)

Como vimos con anterioridad, a partir de 1935 el cardenismo logró unificar las fuerzas políticas divergentes que habían imperado en México. El gobierno del PRI logró fusionar los intereses capitalistas de los empresarios y las aspiraciones socialistas de los trabajadores con una combinación de política proteccionista que les permitía a los empresarios desarrollarse a base de altos aranceles, subsidios, y cargas impositivas bajas, y una política corporativista que asimilaba y le daba recursos y poder político a los sindicatos. Esta unión de polos opuestos representó un verdadero acto equilibrista por parte del PRI. Pero como en cualquier acto equilibrista, era inevitable que hubiera oscilaciones. Durante la presidencia de Cárdenas, la tendencia era decididamente socialista. Después al comenzar la Segunda Guerra Mundial y sobre todo la Guerra Fría, México se acercó mucho más a Estados Unidos ya que era política y económicamente riesgoso ser visto como un país de izquierda; por lo tanto, la retórica osciló hacia la derecha. Esta tendencia pro-capitalista prevaleció durante el desarrollo estabilizador. Durante los 50s y comienzo de los 60s, el gobierno pudo mantener relativamente tranquilo al sector trabajador, a pesar de las carencias. Sin embargo, había síntomas del descontento social: la división de la CTM en 1947, los movimientos de los ferrocarrileros y de maestros en 1958, las invasiones de tierras por parte de campesinos el mismo año, el Movimiento de Liberación Nacional de 1961 (inspirado por la Revolución Cubana y liderado por nada menos que Lázaro Cárdenas). Estos movimientos populares hacia la izquierda no eran bien vistos por los empresarios mexicanos y sobre todo por el gobierno de Estados Unidos, quienes presionaban al gobierno de México para que los suprimiera. Los sucesivos gobiernos del PRI manejaron con gran habilidad las presiones simultáneas de la izquierda y la derecha.

A partir de los trágicos acontecimientos de las protestas estudiantiles en 1968, el gobierno finalmente se dio cuenta que no podría mantener el poder si no atendía los reclamos de justicia social. Esto explica porqué Echeverría, desde el comienzo de su campaña presidencial, posicionó a su gobierno como una "alternativa" al gobierno represor de Díaz Ordaz, pretendiendo recuperar la hegemonía estatal mediante una actitud flexible y conciliadora frente a los grupos civiles[128]. Durante la toma de posesión el 1º de diciembre de 1970, Echeverría pronunció este discurso:

"Las necesidades y las esperanzas plantean un reto a los mexicanos de nuestro tiempo. Por la Revolución hemos afirmado la libertad ciudadana, la paz interior, el crecimiento sostenido y nuestra capacidad de autodeterminación frente al exterior. Sin embargo, subsisten graves carencias e injusticias que pueden poner en peligro nuestras conquistas: la excesiva concentración del ingreso y la marginación de grandes grupos humanos amenazan la continuidad económica del desarrollo. No podemos confiar exclusivamente al equilibrio de las instituciones y al incremento de la riqueza la solución de nuestros problemas. Alentar las tendencias conservadoras que han surgido de un largo periodo de estabilidad, equivaldría a negar la mejor herencia de nuestro pasado. Repudiar el conformismo y acelerar la evolución general es, en cambio, mantener la energía de la Revolución...

...Cada seis años tenemos ocasión de analizar resultados, proponernos nuevos objetivos, rectificar el rumbo si es conveniente y atender las expectativas legítimas de cambio que se han gestado en la comunidad...

... México se enfrenta hoy a situaciones cuya naturaleza y magnitud no pudieron ser previstas en los inicios de esta centuria... Debemos precisar el modelo de país que deseamos y podemos ser cuando termine el siglo para emprender, desde ahora, las reformas cualitativas que requiera nuestra organización...

... No es cierto que exista un dilema inevitable entre la expansión económica y la redistribución del ingreso. Quienes pregonan que primero debemos crecer para luego repartir, se equivocan o mienten por interés...

... Si consideramos solo cifras globales, podríamos pensar que hemos vencido el subdesarrollo. Pero si contemplamos la realidad circundante tendremos motivo para muy hondas preocupaciones. En elevado porcentaje de la población carece de vivienda, agua potable, alimentación, vestido y servicios médicos suficientes...

... México está atento a todas las corrientes intelectuales, científicas y económicas que hacen evolucionar al hombre... La conciencia histórica se fortalece por la conciencia crítica. Nos encontramos muy lejos de haber llegado a una etapa definitiva de nuestra evolución y estamos dispuestos a renovar, en profundidad, cuanto detenga el advenimiento de una sociedad más democrática"[129].

Inmediatamente se buscó implementar políticas que le permitiera al gobierno recuperar su papel rector e la economía del país, lo cual, de acuerdo con Echeverría, implicaba "disminuir el poder alcanzado por la clase empresarial y en particular por el gran capital monopolista dominado por los intereses extranjeros"[130]. El 15 de diciembre de 1970 Echeverría envía una iniciativa presidencial al Congreso en la cual se reformaban y adicionaban varias leyes tributarias. Las modificaciones realmente eran marginales y no afectaba de fondo la ley de impuestos vigente. En su comparecencia ante la Cámara de Diputados el 22 de diciembre, el Secretario de Hacienda declaraba:

"Hemos permitido concientemente, diría yo, que la carga fiscal no sea de las más exageradas o pesadas en el conjunto de las naciones, porque es un medio de aliento a la autocapitalización, al desarrollo de las ramas nuevas de la industria... formamos parte de los países con cargas fiscales más bajas". Sin embargo, Roberto Guajardo Suárez, dirigente de la Confederación Patronal de la República Mexicana (COPARMEX), se quejó de que mientras "en los últimos años las más altas autoridades del país han seguido la sana costumbre de dar a conocer a las organizaciones nacionales de empresarios las iniciativas de ley que, directa o indirectamente, pueden afectar la vida económica de México y el normal funcionamiento de las empresas" esta vez "se nos ha convocado para comunicarnos hechos prácticamente consumados... No parece prudente, y mucho menos, oportuno, que los mencionados proyectos entren en vigor en una época en que la tensión inflacionaria en México se torna cada vez más grave. Las nuevas disposiciones no constituirán el mejor camino para frenar dicho proceso, sino que por el contrario, contribuirán a acelerarlo. La situación podría agravarse si se toma en cuenta que, hasta la fecha [17 de diciembre], no se nos ha dado a conocer el proyecto de reformas fiscales que deberá ser examinado por las cámaras."[131]

Este tipo de tensión entre gobierno y empresarios fue una constante a durante todo el sexenio del Echeverría.

En este primer año de sexenio se propuso una estrategia llamada "de consolidación", que tenía como objetivo estabilizar la economía, para luego proceder a estimular su crecimiento. El objetivo era reducir el excesivo endeudamiento externo, la escasez de ahorro público, el creciente déficit de la cuenta corriente en la balanza de pagos, y sobre todo, la inflación. Para lograr este objetivo se aplicó una política económica restrictiva, a la cual la economía respondió predeciblemente con una reducción de crecimiento. Sin embargo, esta reducción en crecimiento no impactó la inflación, la cual era causada principalmente por las importaciones caras (cuyo encarecimiento era causado a su vez por los altos niveles del petróleo y el exceso de liquidez internacional), así como una baja oferta de bienes nacionales en proporción a la demanda, causada por la renuencia de las empresas en invertir en crear más capacidad. Por otra parte las altas tasas de interés captaron muchos recursos financieros, los cuales tendieron a acumularse en el banco central ya que había una falta de demanda de inversión por el sector privado causado por la pérdida de confianza, y un bajo gasto público, como parte de la estrategia restrictiva[132]. La política restrictiva ciertamente contrajo el crecimiento económico, pero como indicamos, gran parte de la presión inflacionaria provenía de afuera, por lo que no se logró abatir la inflación.

Al comenzar 1972, el gobierno de Echeverría da un golpe de timón y decide aumentar el gasto público para así incrementar la demanda y el empleo. Como resultado el PIB creció al 7%. Además de incrementar el gasto público, también se incrementó la oferta monetaria. Este comportamiento de la política económica fue llamado de "freno y arranque", en la que primero el gobierno frenaba el crecimiento al preocuparse por los niveles de inflación, y luego impulsaba el crecimiento al preocuparse por la caída de la producción y el empleo[133].

Durante 1973 el presupuesto de egresos presentaba un ligero aumento con respecto al año anterior. Sin embargo, a causa de la falta de inversión privada (a su vez causada por la incertidumbre), se fueron aprobando ampliaciones al presupuesto, con lo cual el gasto público resultó ser 17.4% más alto que el año anterior, el cual se financió a través de crédito interno y externo. El PIB sostuvo su crecimiento (7.6%), pero la inflación se incrementó (12.1%)[134].

Como era de esperarse, este incremento en la inflación desató protestas tanto del lado de los empresarios como de los trabajadores, además causando enfrentamientos verbales entre cámaras de comercio y sindicatos. El gobierno planeaba controlar la inflación a través de la orientación del consumidor, la vigilancia de precios, y una mayor intervención estatal en la distribución de productos. La iniciativa privada acusó al gobierno de ser demasiado intervencionista en la economía del país, lo cual reducía los incentivos a la inversión. A su vez, el Congreso del Trabajo acusó a los empresarios de "fraude y soberbia". Ante la creciente inflación y la guerra de declaraciones, el Secretario de Hacienda y Crédito Público presentó 16 puntos para controlar la inflación y estabilizar la economía[135]:

1. Ajustar el ritmo del gasto total del sector público, revisando su estructura sectorial y limitando su financiamiento estrictamente a actividades no inflacionarias.
2. En el consumo del sector público, se reforzarán las políticas de pago oportuno, planeación y racionalización del abastecimiento.
3. Se vigilará que el circulante crezca en proporción a la actividad real del país.
4. Financiamiento a las actividades productivas a corto plazo, principalmente agropecuarias, restringiéndose consumos suntuarios, operaciones especulativas y acumulación excesiva de inventarios.
5. Mayor empleo de la capacidad industrial y agropecuaria, para aumentar la oferta de alimentos, materias primas, y bienes de consumo.
6. Estimular la inversión privada donde haya escasez de oferta.
7. Más vigilancia y control de precios, sobre todo entre introductores y distribuidores.
8. Orientación al consumidor para seleccionar consumos.
9. Estricta vigilancia sobre la relación entre aumento de precios y aumento de costos.
10. Fomentar la formación de cooperativas de consumo rurales, sindicales, y urbanas.
11. Se promoverán centros de oferta y consumo por asociaciones industriales.
12. Se racionalizará la exportación de alimentos, materias primas, y artículos de producción insuficientes para la demanda interna.

13. Si es necesario, CONASUPO seguirá importando granos y otros artículos.
14. Se ampliarán las posibilidades de importar productos escasos en el mercado.
15. Se reducirán los controles de aranceles a la importación que influyen inconvenientemente en los precios.
16. Se propiciará una relación adecuada entre los aumentos en salarios y los incrementos en la productividad y el costo de la vida, con apoyo en el sistema de comisiones tripartitas.

Durante una entrevista, el Secretario de Hacienda declaró que "no creemos que haya medida más inteligente para combatir la inflación que aumentar la producción y la productividad"[136]. Esta declaración resume la estrategia del gobierno. Sin embargo, este programa de 16 puntos no tuvo los efectos esperados.

El Congreso del Trabajo apoyó, aunque en forma parcial, el programa de 16 puntos, sin embargo se declaró que "los incrementos de salarios [punto 16] jamás deberían estar subordinados a los aumentos en la productividad, puesto que no estaba en las manos de los trabajadores generarlas", y anunciaron que se pediría un incremento de salarios del 33%[137].

Durante el tercer Informe Presidencial, Echeverría hizo algunas declaraciones que nos revelan su punto de vista sobre la política económica[138]:

"Las fluctuaciones económicas transmitidas desde el exterior afectaron adversamente el esfuerzo interno..."
"...Sin embargo, las causas del proceso inflacionario no son, exclusivamente, reflejo de influencias exteriores. Responden también a situaciones concretas de carácter interno. Un rápido proceso de expansión económica y la ampliación de la política distributiva, requieren un período de ajuste para adoptar el incremento de la demanda a los hábitos empresariales y a las proporciones del sistema de producción..."
"... La falta de previsión respecto del volumen de las inversiones privadas que eran necesarias para satisfacer la demanda en algunas ramas y operaciones especulativas en la intermediación de los productos, originaron carencias en la oferta industrial..."
"... Afirmar que la elevación de los precios es fruto de la política económica adoptada por el gobierno, es una falsedad que solo favorece a los intereses de grupos retardatarios..."
... "Evidentemente, en México el gasto público no es ni ha sido nunca excesivo. Es notoriamente insuficiente para atender las demandas colectivas y, como quedó probado en este ejercicio, su impulso resulta indispensable para mantener el ritmo y la continuidad del crecimiento."

En resumen, lo que Echeverría está diciendo es que:

a) La inflación tiene una causa tanto interna como externa.
b) Internamente, al expanderse la economía, es normal tener un periodo de inflación mientras la oferta y demanda se ajustan.

c) La culpa de la inflación la tienen los empresarios por no invertir para incrementar la oferta.

d) El gasto público no está causando la inflación, y es indispensable para mantener el crecimiento.

En 1974 se tuvo la tasa de inflación más alta en la historia reciente del país, mientras que el PIB comenzaba a desacelerarse a causa de las políticas económicas restrictivas. A nivel internacional había una recesión generalizada causada por problemas en la industria del petróleo, exacerbando la situación. El crecimiento de importaciones, la fuga de capitales, los pagos de la deuda externa, y la escasez de divisas causada por la caída de exportaciones, obligó al gobierno mexicano incrementar aún más su deuda externa para poder cumplir con los pagos. Todo esto era causado por la política de mantener el tipo de cambio fijo[139].

En 1975 el PIB creció solamente 4.1% en términos reales; la inversión privada se vio disminuida; la inflación creció en 15%, y el saldo de la deuda pública externa se incrementó en 44.9%. De nuevo, la política económica no tuvo resultado[140].

Al enviarse a la Cámara de Diputados el proyecto de presupuesto de 1976, se exponen los siguientes motivos[141]:

"Conciente de la problemática económica que enfrenta el país, el Proyecto de Presupuesto de Egresos para 1976, que se somete a su consideración, es austero y realista; condiciona el monto del gasto a la cantidad de recursos que se pueden disponer sin afectar los objetivos de corto y largo plazo y a las posibilidades de financiar nuestro desarrollo con recursos sanos. Es por ello que se plantean como necesarias dos acciones conjuntas, una, la de aumentar los ingresos del Estado, ... y, la otra actuar tanto en la estructura como en el monto y destino del gasto, con objeto de reducir el déficit del sector público para 1976, e su magnitud y en su proposición con respecto al producto interno bruto del país. De esta manera, su financiamiento con recursos internos, al ser menor, evitará imponer restricciones crediticias adicionales a la actividad privada, cuya cooperación deseamos y que es imprescindible para mantener a nuestra economía creciente, estable, y progresista. Este déficit del sector público, menor en cifras absolutas y relativas al de 1975, también permitirá que el país recurra en menor proporción a los financiamientos del exterior con lo que se logrará un sano equilibrio financiero, hacer depender el país más de los recursos internos para su crecimiento y procurar una mejor situación de la balanza de pagos. La situación financiera más equilibrada del sector público atenuará las presiones inflacionarias, tanto por un menor efecto del gasto público sobre la demanda como porque al recurrir en menor proporción al financiamiento del Banco Central, se podrá controlar mejor la oferta monetaria haciéndola congruente con las necesidades propias de la economía."

En resumen, el gobierno está diciendo que:

a) Se mantendrá una política de gasto pública restrictiva;
b) Se buscará recaudar más ingreso;
c) Al hacer estas dos cosas, se utilizará menos crédito interno, lo cual pondrá a disposición de las empresas dichos créditos a tasas más bajas, para estimular la inversión;
d) La reducción del gasto público y la reducción del uso de préstamos del Banco Central reducirán la inflación.

Se oye, en teoría, como una receta exitosa: incrementar los créditos para incrementar la inversión, reducir el gasto público y la base monetaria para reducir la inflación. Sobra decir que el plan no funcionó: gran parte de la inflación venía del exterior, y la reducción del gasto y de la base monetaria no lo reduciría; domésticamente, la reducción en inversión y por lo tanto la reducción de la oferta agregada vs. la demanda agregada causaba un porcentaje de la presión inflacionaria; y finalmente, las empresas no estaban dejando de invertir por falta de crédito, sino por falta de confianza en las política económicas erráticas del gobierno y en la situación macroeconómica mundial en general.

El último año del sexenio se caracterizó por la dolarización de la economía, la especulación contra el peso, la desintermediación del sistema bancario, la fuga de capitales, las políticas de gasto público y monetarias restrictivas. Todo esto llevó a un estancamiento de la economía del país. Con el objetivo de incrementar la captación de recursos y reducir la fuga de capitales, el Banco de México permitió la apertura de depósitos en dólares (de 3 y 6 meses), pero solo redujo un poco el problema, sin detenerlo totalmente. Conforme se dolarizaba la economía, en un afán de mantener el tipo de cambio fijo, el gobierno se endeudaba aún más. En septiembre de 1976, el gobierno reconoció la gravedad de la situación, y se abandonó el tipo de cambio fijo del peso frente al dólar[142].

Este cambio radical en política económica suscitó todo tipo de reacciones. El Partido Acción Nacional declaró que la flotación del peso "significa que ahora y desde hace muchos años, la paridad oficial del peso había venido siendo una paridad política, no la expresión monetaria concreta de bienes y servicios mexicanos intercambiables por bienes y servicios extranjeros." Para el Secretario de Gobernación "la disposición gubernamental de hacer flotar el peso acabó con el mito del desarrollo estabilizador, que era la permanencia inmóvil del cambio monetario." El diputado del PRI, Jesús Puente Leyva, declaró que la "flotación del peso es el costo acumulado y diferido de una engañosa estabilidad de dos décadas... es un acto trascendente con el que Echeverría sepulta, pone lápida y epitafio al ensueño socialmente oneroso, utilitariamente sospechoso, del desarrollo estabilizador que agotó todas sus posibilidades" [143].

Inmediatamente después de la puesta en flotación y consecuente devaluación del peso, las empresas comenzaron a elevar sus precios mucho antes de tener un impacto real en sus costos, y en consecuencia los trabajadores a exigir incrementos de salarios.

Inmediatamente después de la devaluación, comenzó la presión hacia el gobierno para que volviera a fijar el tipo de cambio. La CONCAMIN declaró que "aun comprendiendo las razones estratégicas de nuestras autoridades para permitir dicho proceso de flotación, se hace también incuestionable que el mismo provoca una incertidumbre que ha llevado ya, por una parte, a paralizar parcialmente las operaciones de la industria, y por la otra, tiende a desembocar en especulaciones al buscarse coberturas que pueden resultar excesivas. Por lo tanto, sugerimos a las autoridades abreviar al mínimo dicho período de indefinición". A las presiones de los industriales se sumaron los sindicatos, que pedían se fijara el tipo de cambio para poder llegar a acuerdos salariales. Finalmente, el Banco de México, el 13 de septiembre de 1976, fijó de nuevo la paridad del peso contra el dólar en $19.70 pesos por dólar a la compra, y $19.90 a la venta. Así, el porcentaje de devaluación final fue de 58% (de $12.50 a $19.90). [144] Sin embargo, a causa de las fugas de capital causadas por tanta incertidumbre, el peso se devaluó de nuevo en octubre, quedando finalmente en $25.50, o sea una devaluación final del 100%[145].

ANÁLISIS DEL DESARROLLO COMPARTIDO

Muchas veces no aprendemos cómo funciona un sistema hasta que éste no se descompone. Este es el caso con el desarrollo compartido; los problemas económicos de esta época nos enseñan mucho de los problemas estructurales que tenía el país.

Hipótesis 24: el comienzo del cambio del desarrollo estabilizador al desarrollo compartido fueron las protestas sociales de los 60s.

Hasta el día histórico cuando la humanidad logre reconciliar a la izquierda con la derecha, será inevitable que la política de un país fluctúe entre los dos extremos; es un movimiento natural. Sin embargo, es función de los políticos el evitar que las fluctuaciones sean extremas a tal punto de que afecten de alguna forma el desempeño económico del país. Durante los 50s y 60s la política económica fue mucho más de derecha, favoreciendo a los empresarios, mientras que a los trabajadores y campesinos se les dio más retórica que progreso. Por eso a finales de los 60s el péndulo regresó a la izquierda con demasiada fuerza. Echeverría acertadamente se dio cuenta que si no atendía las exigencias de justicia social del pueblo, podría perder la gobernabilidad del país. Pero su error histórico fue el haberse alejado tanto de los empresarios en el proceso.

Hipótesis 25: La retórica antiempresarial por parte de Echeverría fue uno de los factores clave que redujo la inversión en el país.

Hay un factor macroeconómico que desgraciadamente pocas veces se toma en cuenta: el nivel de confianza del inversionista. Este nivel de confianza es en parte objetivo, y en parte subjetivo. La parte objetiva depende de variables conocidas: la inflación, las tasas de interés, el tipo de cambio, el crecimiento del PIB, la balanza de pagos, etc. Si el inversionista considera que las variables de un país están bien, estará más dispuesto a invertir en ese país. Por otro lado, la parte subjetiva depende totalmente en la percepción del riesgo presente y futuro; si el inversionista tiene dudas sobre el desempeño futuro del país, o no tiene confianza en los políticos, es más probable que decida no invertir en ese país. Echeverría, haciendo tantas declaraciones antiempresariales (ya sea por convicción o para complacer a la izquierda), incrementó por mucho la percepción de riesgo en las mentes de los inversionistas. Esto, aunado a la deteriorada situación macroeconómica mundial, mantuvo la inversión por debajo de los requerimientos de crecimiento del país.

Un factor determinante de los problemas del país en la década de los 70s fue la crisis petrolera. La crisis petrolera comenzó en octubre de 1973, cuando los miembros árabes de la OPEP (Organización de Países Exportadores de Petróleo), durante la guerra árabe-israelí de Yom Kippur, anunciaron que detendrían el suministro de petróleo a aquellos países que apoyaban a Israel, o sea principalmente Estados Unidos y sus aliados europeos. Esto causó que el precio del petróleo se cuadruplicara. Este encarecimiento del combustible tuvo un impacto en el costo de producción y transportación de prácticamente todos los bienes, por lo que se generó inflación y recesión simultáneamente. El embargo se terminó en marzo de 1974, sin embargo los efectos permanecieron durante toda la década de los 70s y parte de los 80s. Los bancos centrales de Estados Unidos y Europa redujeron las tasas de interés con la idea de estimular el crecimiento, un error muy similar al que se estaba cometiendo en México en esas mismas épocas, ya que el incrementar la base monetaria no puede estimular el crecimiento económico si la producción no puede crecer, el cual era el caso; las empresas no estaban dispuestas a crecer por los altos costos del petróleo y por la incertidumbre. Esta política monetaria solo exacerbó la situación mundial, causando "estagflación", o sea, estancamiento con inflación, por primera vez en la historia[146]. Esta inflación de Estados Unidos se transmitió a México por medio de las importaciones de bienes intermedios y bienes de capital. Y como ya mencionamos, fue el manejo erróneo de esta inflación lo que generó la desestabilización económica generalizada del sexenio de Echeverría. Al incrementarse los precios, se redujo la demanda, como era de esperarse. Al mismo tiempo, como consecuencia de la incertidumbre macroeconómica causada por la inflación y por la retórica antiempresarial del gobierno de Echeverría, las empresas redujeron sus inversiones productivas. El gobierno, haciendo una interpretación errónea del keynesianismo, intenta estimular el crecimiento económico incrementando el gasto público y el circulante monetario, bajo la creencia que esto incrementará la oferta, y por lo tanto, la demanda. Sin embargo, esta política keynesiana solo funciona cuando la industria tiene capacidad de producción ociosa, o sea cuando las fábricas no están 100% ocupadas, y/o cuando los inversionistas tienen recursos y disponibilidad para invertir en expansión de capacidad. Pero como vimos, este no era el caso; las empresas no estaban dispuestas a incrementar sus inversiones a causa de la incertidumbre. Por lo tanto el incremento en demanda causado por el gasto público e incremento de circulante no se vio seguido por un incremento de oferta. Al incrementarse la demanda, más no la oferta, necesariamente los precios se incrementan. Por lo tanto la política anti-inflacionaria implementada por el gobierno de Echeverría lograba exactamente lo contrario de su objetivo. En su frustración, Echeverría acusaba a los empresarios de ser poco patriotas por no invertir, poniendo aun peor las cosas.

Hipótesis 26: La crisis petrolera de 1973 fue otro factor clave en la desestabilización económica durante el sexenio de Echeverría.

Hipótesis 27: las políticas fiscales y monetarias restrictivas reducen la demanda, y con ello, la oferta; sin embargo, las políticas fiscales y monetarias expansivas solo son adecuadas cuando el subsecuente incremento en demanda pueda ser seguido por un incremento en la oferta; si por alguna razón (falta de recursos, incertidumbre, etc.) las empresas no pueden o no quieren incrementar la oferta, el único resultado será la inflación.

En base a este entendimiento, podemos deducir que muy probablemente no había política económica alguna que hubiera hecho crecer al país con baja inflación durante el sexenio de Echeverría; la situación de recesión e inflación era un proceso macroeconómico mundial. La única política económica inteligente hubiera sido mantener una política restrictiva; la economía no iba a crecer de todas formas, y así por lo menos no hubiera habido tanta inflación. Pero como bien sabemos ese tipo de actuar no iba de acuerdo con la visión populista de la época.

Si los precios del petróleo causaron dificultades durante el periodo presidencial de 1970-1976, éstos desencadenaron la mayor crisis económica en la historia del país durante el sexenio de López Portillo.

AUGE PETROLERO Y CRISIS DE LA DEUDA (1976-1988)

En su primer informe de gobierno, López Portillo declaró:

"México está, en síntesis, en el punto más difícil, de mayor escepticismo, más oscuro de la encrucijada. Así recibimos, hace apenas unos meses, a la nación. Pedí tiempo y propuse tregua. Uno y otra me fueron concedidos. Lo necesitábamos todos. Lo ganamos todos. No prometí milagros, en la conciencia de que, en economía, es imposible pasar, en el corto plazo, de la angustia y el abatimiento, a la prosperidad"

La crisis económica que López Portillo heredaba era la peor crisis del México moderno; las reservas monetarias estaban en niveles extremadamente bajos; el déficit fiscal era del 10% del PIB; la inflación llegó al 27%; el déficit en la cuenta corriente era de tres mil millones de dólares, y la deuda externa andaba cerca de los veinte mil millones de dólares.[147]

Para afrentar la crisis, López Portillo propuso un Plan Global de Desarrollo, dividido en tres etapas bianuales. Durante los dos primeros años, el objetivo era superar la crisis; los dos siguientes serían para consolidar la economía, y los dos últimos de crecimiento acelerado. Cabe mencionar que en este documento se destacaba el papel del petróleo como "palanca del desarrollo", ya que el objetivo era obtener gran parte de los fondos para gasto social a través de su exportación masiva.[148] Por otro lado, López Portillo buscaba recuperar la confianza de la iniciativa privada, la cual se había perdido gracias a la retórica anti-empresarial de su antecesor, Echeverría. El gobierno de López Portillo tenía la clara intención de incrementar la inversión privada, para impulsar la modernización del país y el incremento del empleo.[149]

Con respecto al petróleo, la actitud de López Portillo era radicalmente distinta a la de Echeverría. Echeverría, impulsado por ideas nacionalistas, era de la idea de dejar el petróleo bajo tierra, para ser utilizado solo en caso de verdadera necesidad. Por otro lado, López Portillo impulsó la exploración y explotación de los yacimientos recientemente encontrados. Al presentar su segundo informe de gobierno, declaró que las reservas seguras de petróleo ascendían a veinte mil millones de barriles, las probables a treinta y siete mil millones, y las potenciales a doscientos mil millones. Aseguró que la crisis económica del país había terminado, y que el petróleo jugaría un papel fundamental en el desarrollo económico del país.[150]

Para 1978, el auge petrolero le permitió a México reducir la deuda de corto plazo, la cual estaba cerca de los cuatro mil millones de dólares, además de incrementar la disponibilidad de divisas. Sin embargo, en 1981 el precio del petróleo comenzó a descender, causando que el presupuesto federal se redujera en 4%. A México no le quedó otro recurso que reducir los precios, con lo que recuperó el volumen de exportación. Entre 1979 y 1982 la producción mexicana de petróleo se incrementó en 70%, mientras que la producción de la OPEP cayó en 40%. La economía mexicana se encontraba totalmente petrolizada, representando el 75% de las exportaciones del país.[151]

Por otro lado, se pusieron en práctica varias políticas de reactivación económica, tal como la expansión del gasto público, el cual se incrementó casi 50% entre 1977 y 1981. También se flexibilizaron las tasas de interés, las cuales eran fijadas anteriormente por el Banco de México. Esta medida permitió una fuerte captación de bancaria en ese periodo. Esto a su vez permitió que hubiera crédito disponible para las empresas, lo cual hizo posible la expansión de la oferta y evitó que hubiera inflación por el gasto público. En 1979 el crecimiento fue del 9%, con una inflación a la baja del 18%. Sin embargo para 1980, aunque el crecimiento era del 8%, la inflación se había incrementado al 26%, causada por las importaciones, ya que se había mantenido una política de liberalización del comercio exterior. El objetivo de esta liberalización era incrementar la productividad a través de la importación de bienes de capital.[152]

Como indicamos con anterioridad, la economía se hizo excesivamente dependiente del petróleo. A pesar de que las exportaciones del hidrocarburo solo representaban el 6% del PIB, éstas llegaron a representar hasta el 75% de las exportaciones, lo cual hacía muy vulnerable a la balanza de pagos. Una reducción en el precio del petróleo impactaría significativamente el flujo de dólares hacia el país. Y esto es exactamente lo que pasó. Al descender el precio internacional del petróleo, el gobierno mexicano erróneamente lo interpretó como una baja temporal y no como una tendencia generalizada, por lo que al principio se rehusó a bajar el precio del petróleo mexicano, lo cual hizo caer el volumen de exportaciones. Al ocurrir esto, el gobierno, en lugar de ajustar los presupuestos públicos, o mejor aún el tipo de cambio, recurrió al endeudamiento para mantenerlos. El público inversionista no tardó en percibir la sobrevaluación del peso, la cual indicaba una posible devaluación, por lo que se perdió la confianza en el peso, lo cual causó una fuga de inversiones del peso hacia el dólar, empeorando la situación. A principios de 1982 la situación de fuga de capitales se hizo crítica, reduciendo las reservas de dólares a niveles insostenibles. El 17 de febrero de ese año el peso finalmente se devaluó de $26.88 a $37.66. La espiral descendente continuó, y el peso acabó devaluándose hasta $49 para julio. Para finales de 1982, el dólar andaba por los $150 pesos. Para tratar de superar la crisis, el gobierno firmó una carta de intención con el Fondo Monetario Internacional (FMI), la cual se implementaría hasta el sexenio siguiente. Finalmente, en su último informe de gobierno, López Portillo anunció la nacionalización de la banca.[153]

Tabla 5: Situación del país en diciembre de 1982[154]

Crecimiento del PIB	0.5%
Tasa de inflación	98.80%
Desvalorización del peso 1976-82	614%
Fuga de capitales	22,000 millones de USD
Déficit fiscal (% del PIB)	17%
Deuda Pública Externa	80,000 millones de USD
Déficit en cuenta corriente	-4,878 millones de USD
Reservas del Banco de México	-4,666 millones de USD

Al tomar Miguel de la Madrid control de la presidencia en 1982, encontró al país sumergido en la peor crisis económica en su historia. Para tratar de corregir la situación, de la Madrid implementó el Programa Inmediato de Reordenación Económica (PIRE), cuyos lineamientos consistían en aumentar el ahorro interno, estabilizar el mercado cambiario, promover el empleo y la planta productiva, y combatir la inflación. Estos objetivos eran muy similares a los expuestos en la carta de intención firmada con el FMI. En dicha carta se proponen los siguientes lineamientos para la economía mexicana[155]:

1. Mejorar las finanzas públicas del Estado mediante:
   a. Reducción del déficit público en relación al PIB de 16.5% en 1982 a 8.5% en 1983 y 5.5% en 1984.
   b. Revisar precios deficitarios y servicios que presta el Estado.
   c. Combatir la evasión fiscal.
   d. Racionalizar el gasto público.
   e. Reducir subsidios.
2. Alentar el ahorro a través de tasas de interés atractivas, y fomentar el desarrollo del mercado de valores.
3. Flexibilizar la política de precios.
4. Flexibilizar el control de cambios.
5. Permitir la apertura a las mercancías del exterior y la eliminación del proteccionismo.

La política hacendaria se enfocó en corregir el desequilibrio fiscal, por lo que los precios de los servicios públicos se incrementaron significativamente. Igualmente, se aprobó la Ley de Ingresos de la Federación para 1983, donde se incrementó el Impuesto al Valor Agregado (IVA) del 10% al 15%, y se estableció una sobretasa del 10% al impuesto sobre la renta de las personas físicas que ganaran más de cinco veces el salario mínimo. En cuestión de política monetaria, se buscó mantener un tipo de cambio más realista y una existencia suficiente de divisas. El programa correctivo tuvo resultados muy favorables; para fines de 1983 se alcanzó un superávit en la cuenta corriente de $5,546 millones de dólares, y se triplicó la reserva de divisas en comparación con un año atrás. Estos éxitos del gobierno mexicano impresionaron favorablemente a la banca internacional, lo cual dio paso a la primera fase del reestructuramiento de la deuda externa ese mismo año. Esta consistió en diferir los vencimientos de 1982, 1983, y 1984 a ocho años de plazo con cuatro de gracia, además de obtener un financiamiento por $3,800 millones de dólares. Sin embargo, las continuas devaluaciones que los pagos de intereses fueran en aumento[156].

Para 1985, la situación económica se vislumbraba menos grave. La inflación bajó de 117.2% en 1983 a 53.4% en 1985. La devaluación persistía, pero ocurría en forma regular y previsible. La balanza comercial presentaba una notable recuperación, al igual que las balanzas públicas. El déficit bajó de 16.9% del PIB en 1982 a 9.6% en 1985[157].

Sin embargo, la situación empeoró drásticamente a finales de 1985. A causa de las continuas devaluaciones y las altas tasas de interés, el pago de los intereses de la deuda presionó el gasto público. Para poder hacer estos pagos, el gobierno recurrió al crédito interno, lo cual incrementó las tasas de interés internas, y al mismo tiempo redujo el gasto público. Estos dos factores redujeron el capital disponible para las empresas nacionales, causando una contracción. Por otro lado, las importaciones incrementaron la demanda de divisas, lo cual causó más devaluaciones. A todo esto se sumó el impacto económico causado por el sismo de 1985, el cual causó reducción en turismo, reducción de exportaciones, e incremento de importaciones para la reconstrucción. Finalmente, hubo otra caída en los precios del petróleo, el cual pasó de $27 dólares por barril en 1983 a 11.84 en 1986, lo cual afectó severamente los ingresos del gobierno. Todo esto se tradujo en una reducción del 4% del PIB en 1986[158].

En 1986 México ingresó al GATT, lo cual significó el abandono de las políticas proteccionistas y el comienzo del neoliberalismo.

Ya desde 1983, pero sobre todo en 1986, hubo un verdadero auge de la Bolsa Mexicana de Valores (BMV). Este auge tuvo dos causas principales. Primero, la restricción del crédito bancario a causa de las elevadas tasas de interés empujó a las empresas a buscar liquidez a través de la emisión de instrumentos financieros segundo, los inversionistas, tanto los experimentados como los neófitos, en forma optimista vieron en la Bolsa un mecanismo para protegerse en contra de la inflación e incrementar su riqueza. En 1986, el rendimiento real de la BMV fue de 104.4%, mientras que las tasas de interés bancarias eran negativas a causa de la inflación.[159].

El 19 de octubre de 1987, las principales bolsas de valores del mundo colapsaron casi simultáneamente, causando a su vez el colapso de la BMV, a cual cayó en 76%

(en comparación, la de Estados Unidos cayó en 23%). Después de haber tenido la mayor alza a nivel mundial, la BMV tuvo la mayor caída a nivel mundial[160]. Este colapso causó una nueva fuga de capitales y una nueva devaluación, así como el incremento de las tasas de interés y de la inflación.

En respuesta a esta nueva crisis, de la Madrid invitó a los representantes de los diferentes sectores sociales a firmar el Pacto de Solidaridad Económica. Dicho pacto, según indicó de la Madrid "implica la adopción de medidas fuertes, de medidas amargas, dolorosas, que implican sacrificios y esfuerzos para todos". El Pacto incluía las siguientes determinaciones[161]:

- Incrementar los salarios mínimos y contractuales un 15% a partir del 16 de diciembre de 1987, y un 20% más a partir del 1 de enero de 1988
- Aumentos de los precios del sector público
- Disminución del gasto público al 20.5% del PIB en 1988
- Aceleración de la venta de empresas públicas
- Reducción de subsidios
- Deslizamiento del tipo de cambio de acuerdo a las circunstancias
- Reducción en los aranceles

El Pacto logró estabilizar un poco las variables macroeconómicas del país, y le permitió a Miguel de la Madrid entregar el poder a su sucesor en condiciones un poco menos desalentadoras de las que él mismo lo recibió de López Portillo.

ANÁLISIS DEL AUGE PETROLERO Y CRISIS DE LA DEUDA

Las políticas económicas aplicadas durante los sexenios de Echeverría y López Portillo son clasificadas como de "keynesianismo ingenuo" (naive keynesianism). La ingenuidad proviene de creer que un incremento del gasto público hará crecer a la economía bajo *cualquier* circunstancia. Como indicamos en la hipótesis 27, éste no es siempre el caso. Las políticas keynesianas solo se deben aplicar cuando hay capacidad ociosa en la base productiva, o sea, cuando las fábricas y comercios no están funcionando a plena capacidad. Esta subutilización de la oferta puede ocurrir cuando los consumidores pierden confianza en la economía por alguna razón, y reducen su gasto, decidiendo mejor invertir en instrumentos financieros (los cuales no generan ningún tipo de producción). Bajo esta situación, si el gobierno incrementa el gasto público, sí se reactiva la economía, ya que hay fábricas ociosas listas para incrementar su oferta.

Por el otro lado, si la pérdida de confianza se encuentra del lado de la oferta, o sea si los empresarios deciden no invertir más por causa de la incertidumbre política y/o económica, también se reduce la actividad económica. Sin embargo, un incremento en el gasto público *no* reactiva a la economía, ya que las fábricas no tienen capacidad ociosa, y los empresarios no están dispuestos a invertir en la expansión de sus fábricas.

Entonces, al incrementarse la demanda gracias al gasto público, pero sin un incremento de oferta, el único resultado lógico es el incremento en los precios. Veamos esto descrito en las siguientes gráficas.

Gráfica 39: Keynesianismo bien implementado

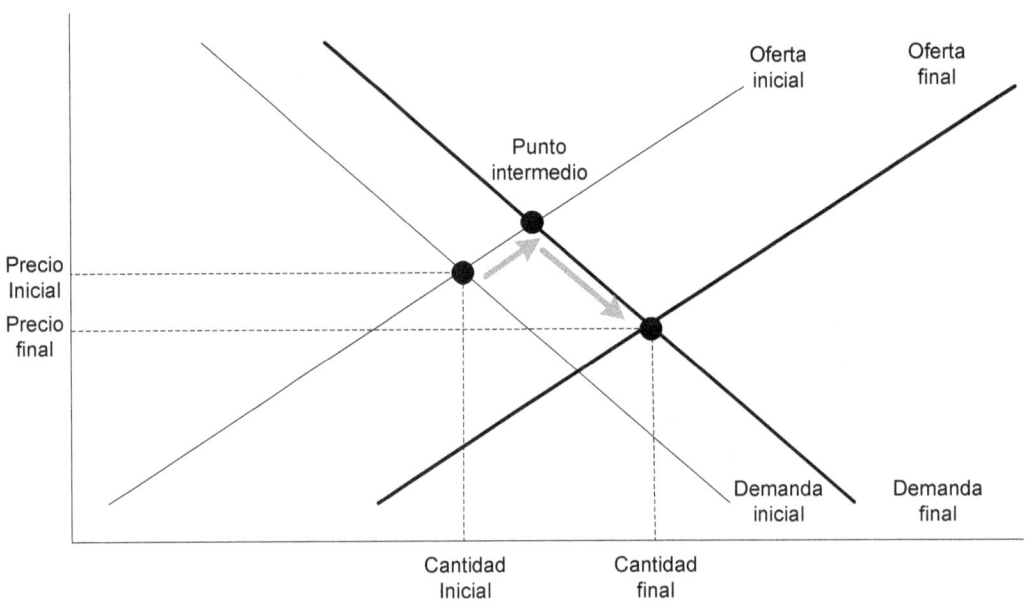

En esta gráfica tenemos dos pares de curvas de oferta y demanda. Podemos ver que donde se cruzan las curvas de oferta inicial y demanda inicial, tenemos un precio inicial y una cantidad inicial. El gobierno, al incrementar el gasto público, hace que la curva de demanda inicial se mueva hacia la curva de demanda final. Al principio la curva de oferta inicial no se mueve, lo que hace que las curvas se crucen en el "punto intermedio". Este punto intermedio representa un incremento de precio y cantidad demandada. Este incremento de precio y cantidad demandada se convierte un atractivo para los productores, los cuales incrementan su oferta para capturar parte del mercado en expansión, moviendo la curva de oferta inicial a oferta final. Podemos ver que la cantidad se incrementó (movimiento de cantidad inicial a cantidad final), sin embargo los precios bajaron (decremento de precio inicial a precio final). Esta es una implementación correcta de las políticas keynesianas.

Ahora veamos la siguiente gráfica.

Gráfica 40: Keynesianismo ingenuo

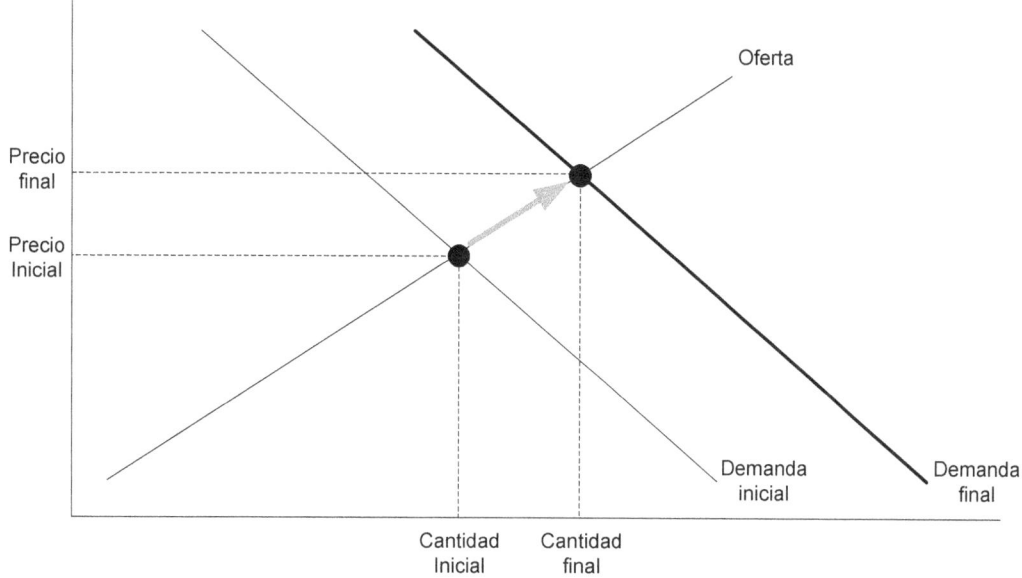

En esta gráfica representamos una implementación ingenua de la política keynesiana. Podemos ver cómo el gasto público incrementa la demanda (incremento de demanda inicial a demanda final); sin embargo, el incremento de precios, a diferencia del ejemplo anterior, no motiva a los productores a producir más, por lo que la curva de oferta se queda donde está. Esto se traduce en un incremento en producción, pero con un incremento de precios. Como mencionamos con anterioridad, esta falta de incremento en la oferta se da por la falta de confianza de los productores en el futuro político y económico del país. Esta dinámica, aunada con la emisión de circulante por el Banco de México, y el impacto del incremento de los combustibles por el alto precio del petróleo, causó inflación en el país. Esta inflación a su vez causó aún más desconfianza por parte de los productores, creando un círculo vicioso y la absoluta desesperación de los políticos que no veían cómo controlar la situación.

Entonces, la secuencia era la siguiente. Los políticos, al ver que el país no crecía a la velocidad demandada por los diferentes grupos sociales, incrementaban el gasto público con la esperanza de reactivar la economía. Ya que no existían las condiciones para que los empresarios incrementaran la oferta, dicho incremento en la demanda solo causaba incremento de precios, o sea, inflación. Al siguiente año los políticos detectaban esta inflación, y decidían implementar una política económica restrictiva, la cual causaba una reducción de demanda, pero pocas veces una reducción de inflación real, ya que la inflación también era causada por factores externos, tal como los precios de los bienes importados. Al siguiente año, al ver que la economía no crecía lo suficiente, aplicaban políticas expansivas, y así sucesivamente, en un proceso de arranca y frena, arranca y frena, altamente perjudicial para la economía del país.

Otro factor fundamental es que el incremento del gasto público, al no incrementar la actividad económica, tampoco incrementó la recaudación de impuestos, lo cual forzaba al gobierno a endeudarse más. En una aplicación keynesiana adecuada, el gasto público debe generar un crecimiento económico que a su vez genere una recaudación fiscal significante (idealmente mayor al gasto público), la cual es reinvertida en el gasto público para crear un círculo virtuoso. Este no fue el caso en México.

La siguiente gráfica muestra los resultados del keynesianismo ingenuo.

Gráfica 41: PIB vs. Inflación 1970-1982[162]

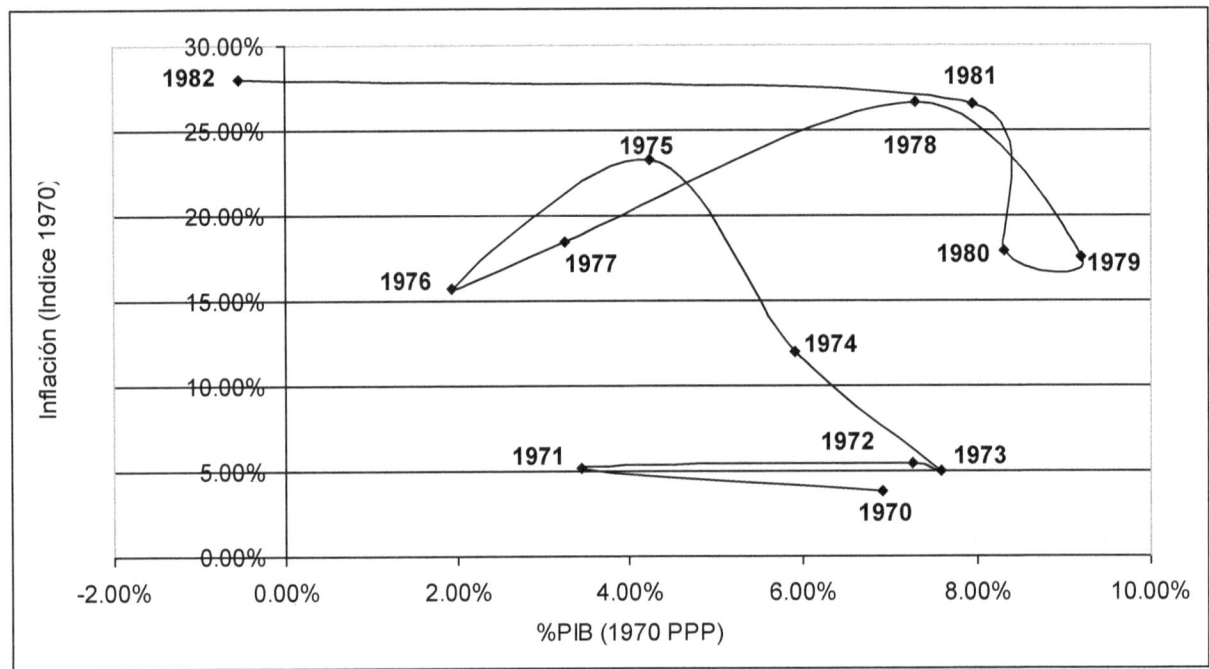

Recordemos que el objetivo de todo país es incrementar su PIB sin incrementar su inflación. Podemos ver cómo de 1970 a 1971 el PIB se contrajo significativamente, con un incremento pequeño de inflación. De 1971 a 1973 la economía creció significativamente, con una reducción neta en la inflación. Esta es exactamente la situación que buscamos. Pero en 1974 vemos una contracción de la economía causada por políticas económicas restrictivas, las cuales no pudieron controlar una inflación primariamente causada por el incremento del precio del petróleo. La situación empeoró aun más en 1975. En 1976 se redujo la inflación, pero a costa del PIB. De 1977 a 1978, gracias al auge petrolero en México, se tuvo un incremento del crecimiento, pero a costa de un incremento inflacionario. En 1979 se logra otra situación ideal de crecimiento con reducción de inflación. Pero desgraciadamente duró poco; en 1980 y 1981 se contrajo la economía y se disparó la inflación, para desembocar finalmente en 1982, la Crisis de la Deuda, con una contracción brutal del Producto Interno Bruto.

La creencia general es que la hiperinflación de los 70s y 80s fue causada exclusivamente por la política monetaria expansionista del Banco de México; pero como hemos visto, éste no es el caso.

Hipótesis 28: La inflación de los 70s y 80s tuvo tres causas principales: a) la política monetaria expansionista ("impresión de billetes"), b) los "shocks externos" causados por la importación de bienes de consumo y capital del exterior que venían con precios inflacionarios; y c) la política keynesiana ingenua que fue aplicada, la cual solo incrementaba la demanda pero no la oferta.

Ahora, lo que debemos preguntarnos es qué por qué el PIB creció y la inflación bajó simultáneamente en 1979. Dos cosas ocurrieron. Primero, el Banco de México flexibilizó las tasas de interés, las cuales controlaba rígidamente anteriormente. Esta flexibilización permitió que las tasas se ajustaran de acuerdo a la oferta y demanda de capital, lo cual a su vez incrementó por mucho la captación bancaria, lo que se tradujo en un incremento significativo de préstamos para las empresas. Estos prestamos se convirtieron en incrementos en la capacidad productiva, y por lo tanto, en la oferta. Simultáneamente, López Portillo lanzó el Plan Nacional de Desarrollo Industrial, en el cual se incrementó el gasto público. Este incremento en la demanda, aunado a un incremento en la oferta, fue lo que logró el crecimiento sin inflación tan deseado. Desgraciadamente no duró mucho. Lo cual nos lleva a la siguiente pregunta: ¿qué causó la Crisis de la Deuda de 1982? Fue una combinación de tres factores.

Hipótesis 29: Las causas de la Crisis de la Deuda de 1982 fueron fundamentalmente dos. Primero, la fragilidad financiera del país, el cual dependía demasiado de las exportaciones del petróleo; segundo, la caída de los precios del petróleo.

Hipótesis 30: Es posible que México hubiera tenido problemas de deuda externa aunque no tuviera petróleo, ya que los préstamos eran extremadamente fáciles de obtener a causa del auge petrolero.

El gobierno mexicano calculó que podía seguir endeudándose ya que tendría flujos de la exportación de petróleo para pagar sus deudas; pero es muy posible que aunque el país no hubiera tenido petróleo, de todas formas se hubiera endeudado por las bajas tasas de interés y la alta disponibilidad de otorgamiento de créditos, aunque probablemente este endeudamiento hubiera sido bastante menor. Por otra parte, fue la caída de los precios del petróleo lo que dejó al país sin divisas, causando la devaluación, por lo que probablemente un México sin petróleo no hubiera entrado en tan grande crisis.

Hubo muchos otros factores que exacerbaron la situación, tal como la alta disponibilidad de préstamos que permitió que el país se endeudara fácilmente, pero sin duda el factor determinante fue el incremento del precio del petróleo, el cual fue interpretado tanto por el gobierno mexicano como por otros organismos internacionales como una tendencia a largo plazo, y su subsecuente colapso.

Gráfica 42: Balanza Comercial vs. Tipo de Cambio 1974-1982[163]

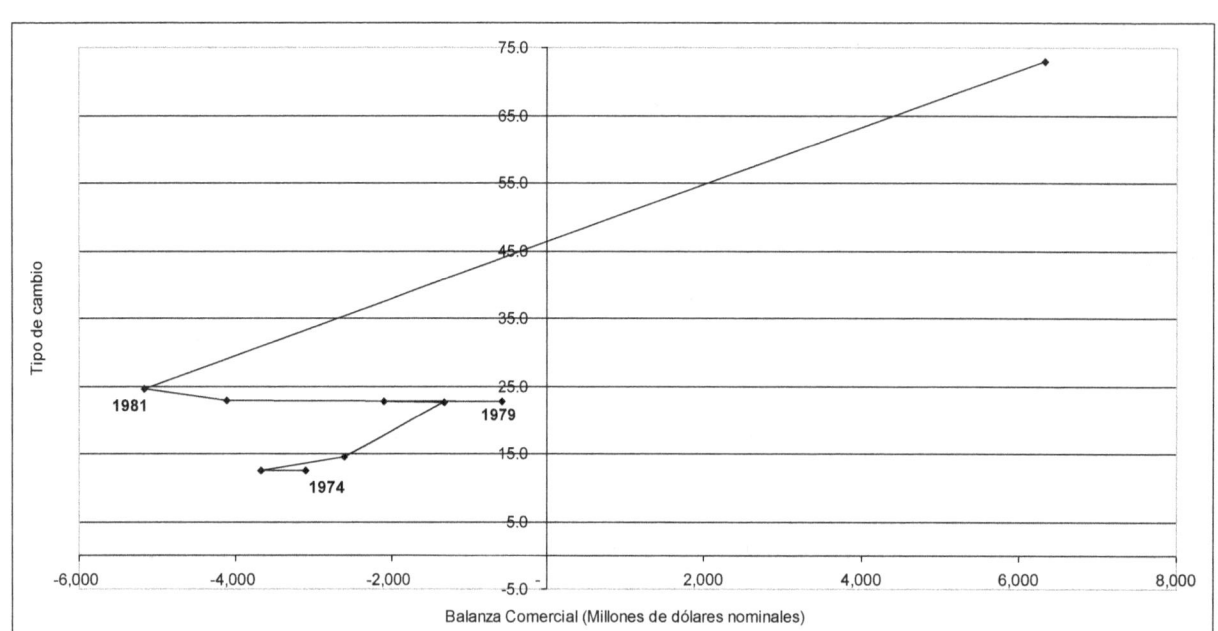

En esta gráfica podemos ver el comportamiento de la balanza comercial vs. el tipo de cambio. Se puede observar cómo cada vez que hay una devaluación (movimiento de la línea hacia arriba), ésta va acompañada por una reducción en el déficit de la balanza comercial (movimiento de la línea hacia la derecha). Esto lógicamente se debe a que al devaluarse el peso, las importaciones se encarecen y las exportaciones se abaratan.

La balanza comercial pasó a ser altamente deficitaria en 1981. Esto quería decir que se estaban importando muchos más bienes de los que se estaban exportando. La política de importaciones se relajó con el objetivo de incrementar la importación de bienes de capital y así incrementar la productividad.

Hipótesis 31: Ya que no existía un mercado financiero robusto que promoviera la creación de nuevas empresas y nuevas tecnologías, el país dependía de la tecnología extranjera la cual era obtenida a través de la importación de bienes de capital.

Era una situación extremadamente frágil, ya que la gran mayoría de las exportaciones del país consistía en petróleo (casi el 75%). A su vez, las divisas obtenidas por la venta del petróleo eran utilizadas para mantener el valor del peso vs. el dólar, y para hacer los pagos de la deuda externa.

En la siguiente gráfica podemos ver el comportamiento de los precios internacionales del petróleo.

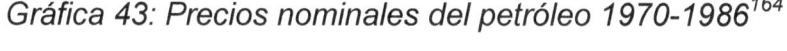

Gráfica 43: Precios nominales del petróleo 1970-1986[164]

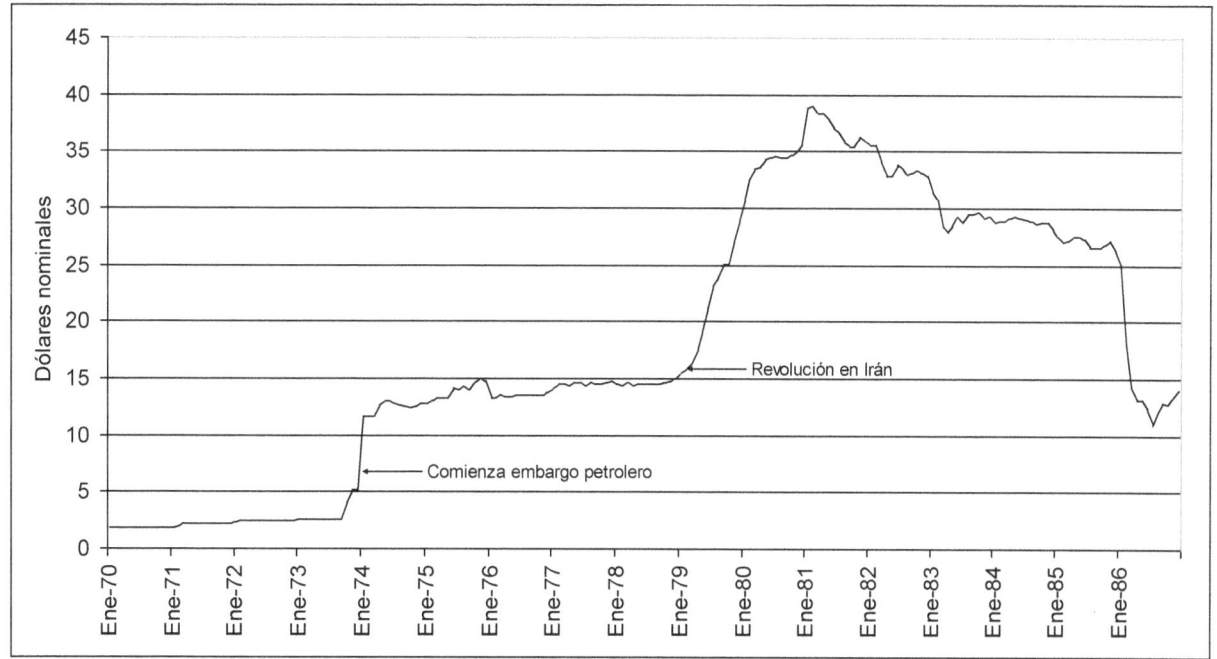

Desde el comienzo de la baja de los precios del petróleo en 1981, el mercado financiero percibía un riesgo devaluatorio del peso, lo cual inició una fuga de capitales. Al mismo tiempo, el incremento de las tasas de interés internacionales hacía el pago de la deuda más oneroso. Para 1982, el Banco de México se quedó sin reservas y se retiró del mercado cambiario, causando una devaluación masiva del peso. Al poco tiempo el gobierno mexicano se declaró incapaz de seguir pagando la deuda, generando así la Crisis de la Deuda de 1982.

Durante el sexenio de Miguel de la Madrid tampoco se logró el objetivo de crecer sin inflación, como nos muestra la siguiente gráfica.

Gráfica 44: PIB vs. Inflación 1972-1988[165]

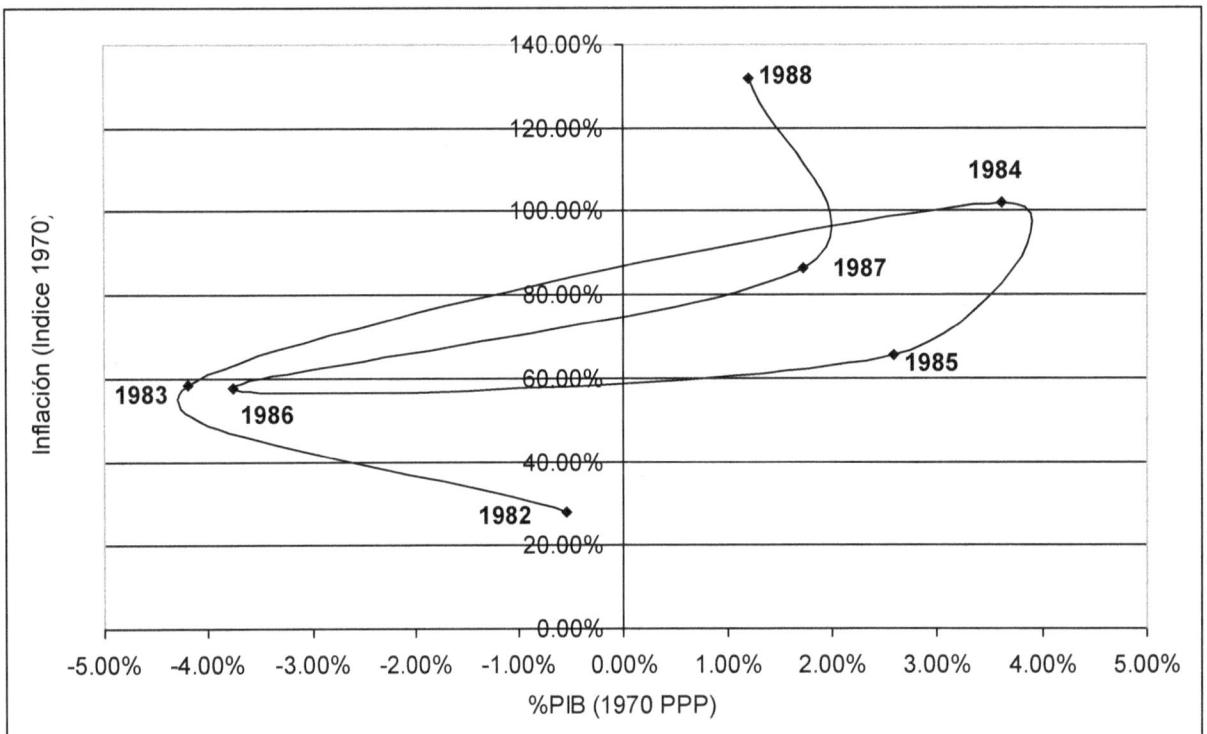

En 1983 tuvimos una contracción significante del PIB y un incremento de inflación, o sea la situación menos deseada. En 1984 el país creció de nuevo, pero los niveles de inflación eran extremos. En 1985 y 1986 tuvimos contracción de PIB e inflación; en 1987 se crece un poco pero sin abatir la inflación, y en 1988 se contrae la economía y se llegan a niveles de inflación altísimos. Esta gráfica nos muestra la pérdida absoluta del control sobre la economía.

Un fenómeno interesante que se presentó durante el sexenio de Miguel de la Madrid fue el auge y colapso de la Bolsa Mexicana de Valores. La siguiente gráfica nos muestra su evolución.

Gráfica 45: Índice de la Bolsa Mexicana de Valores 1983-1988[166]

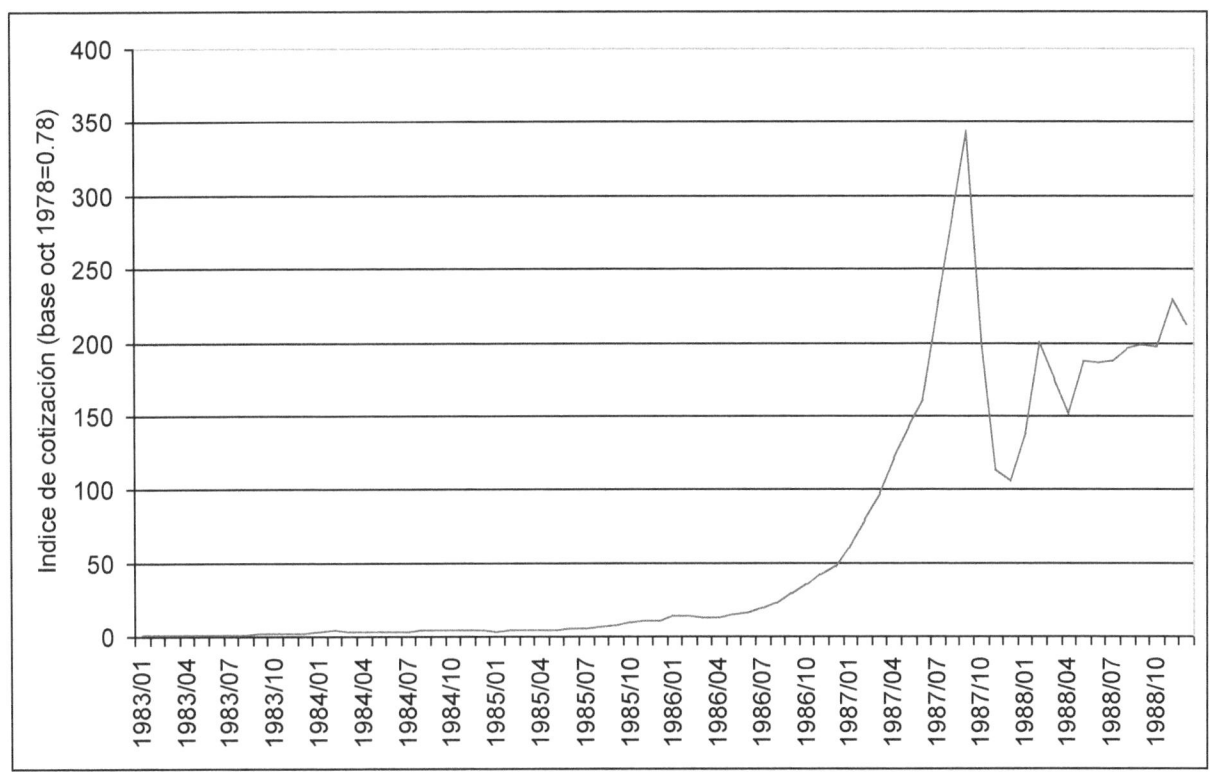

El crecimiento de la BMV comenzó a despuntar en 1983 debido a varios factores. Uno de los principales fue que el gobierno redujo significativamente su financiamiento a través del Banco de México, con el objetivo de combatir la inflación, por lo que tuvo que buscar otras fuentes de financiamiento, principalmente el endeudamiento interno a través de la BMV. Por otro lado, las altas tasas de interés de la banca aumentaron mucho el costo financiero de los préstamos bancarios, por lo que las empresas buscaron en la Bolsa una fuente alternativa de inversión. Y en 1984 se promulgaron nuevas leyes para estimular el desarrollo del sistema financiero basado en los intermediarios no bancarios privados, con la esperanza de promover la inversión productiva que ayudara al cambio estructural. Para 1986, el mercado tenía buenas expectativas de una recuperación económica para 1987; este entusiasmo, junto con la necesidad de instrumentos de inversión que protegieran al inversionista de las devaluaciones y la inflación, aceleró aún más el crecimiento de la BMV.

Gráfica 46: Inversión en la BMV como % del PIB[167]

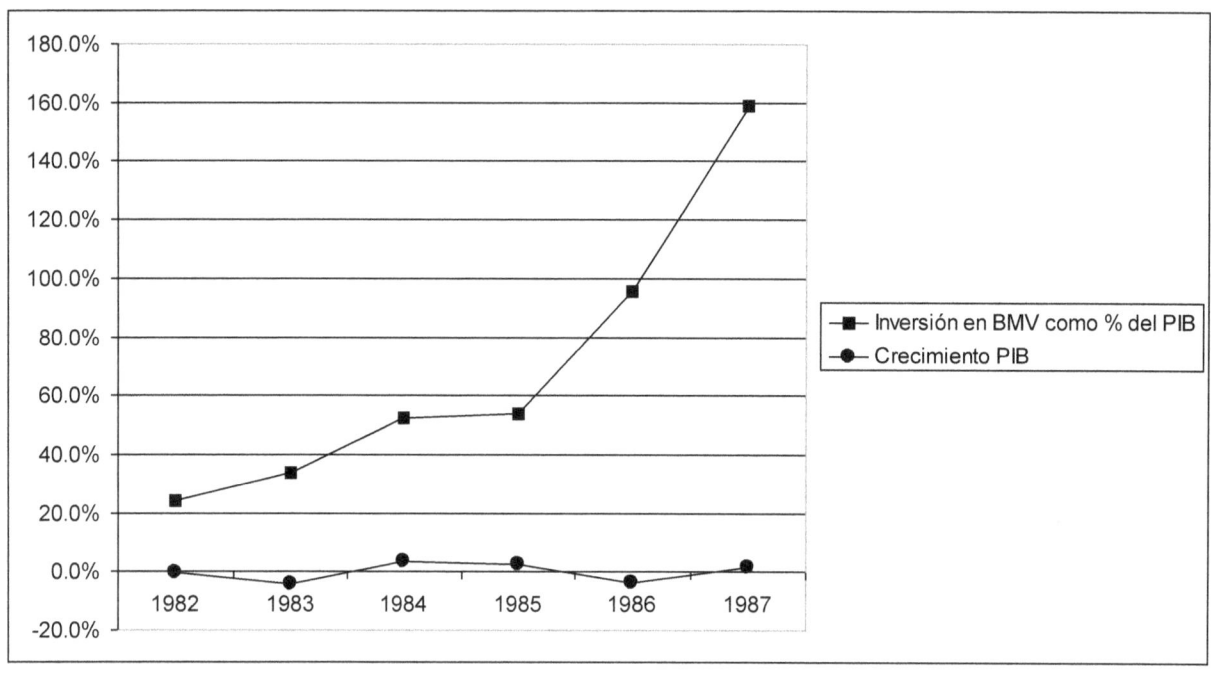

Esta gráfica es reveladora; muestra cómo la inversión total de dinero en la BMV en 1987 llegó a ser casi 160% del producto interno bruto del país; esta es una cantidad realmente grande. También podemos observar que a pesar del tremendo auge bursátil, el crecimiento del PIB era extremadamente bajo; esto nos indica que el dinero que se invertía en la bolsa ciertamente no se estaba reinvirtiendo en actividad productiva, sino que era recirculado en forma especulativa en el mismo mercado. Cuando una empresa comienza a cotizar en bolsa, lanza una emisión de acciones denominada "primaria". Los ingresos generados por la venta de esta emisión primaria pasan en su totalidad a las arcas de la empresa, la cual usa el dinero para actividades productivas. Cuando un inversionista que tiene una acción le vende esa acción a otro inversionista, se le denomina como una transacción de "mercado secundario". Esta venta de acciones de un inversionista a otro no beneficia directamente a la empresa, por lo que el dinero generado por la transacción no se invierte en actividades productivas, sino que es totalmente una inversión especulativa. De hecho, la dinámica entre el mercado accionario y el mercado de bienes y servicios es compleja. La recesión de esos años implicaba que había baja actividad económica en el país; al bajar la actividad económica, o sea el ciclo de oferta y demanda, las empresas dejan de invertir (por la baja de demanda, por la inflación, por las devaluaciones, por la incertidumbre política, etc.) sin embargo, el capital que las empresas hubieran utilizado en expander su capacidad productiva bajo otras circunstancias, no puede quedarse inactivo. Por lo tanto, las tesorerías de las empresas buscan dónde invertir ese capital. En la bolsa se ofrecen varios instrumentos, tanto acciones de empresas públicas, como bonos gubernamentales. Por lo tanto, las tesorerías toman su capital disponible y lo invierten en la bolsa. Esto hace que las acciones y bonos suban de valor, y atraen nuevas inversiones. Pero esto puede tener un efecto negativo, ya que ese crecimiento en la bolsa comienza a atraer a pequeños inversionistas, que deciden invertir en la bolsa en lugar de consumir bienes y servicios, acentuando aún más la recesión y creando un círculo vicioso[168].

Hipótesis 32: Solo un porcentaje bajo de la inversión en la bolsa de valores se traduce en reinversión en la base productiva; la mayor parte de la inversión se recircula en nuevas inversiones especulativas.

Hipótesis 33: Durante una recesión hay un incremento de liquidez, el cual puede ser invertido en la bolsa de valores; esto hace que la bolsa suba de valor y atraiga a más inversionistas, los cuales deciden invertir en la bolsa en lugar de consumir bienes y servicios; esto a su vez puede agravar la recesión, creando un círculo vicioso.

NEOLIBERALISMO Y CRISIS DEL PESO (1988-1994)

El 1 de diciembre de 1988 asumió la presidencia Carlos Salinas de Gortari. Desde el comienzo de su mandato Salinas expresó su intención de continuar con la implementación de políticas neoliberales que había iniciado su antecesor Miguel de la Madrid. Sin embargo, la situación más apremiante para la economía nacional era la deuda externa. En su discurso de toma de posesión, Salinas dijo lo siguiente:

"El motor del nuevo crecimiento vendrá, en lo fundamental, del ahorro interno; sin embargo, en materia de deuda externa la situación actual impide la recuperación económica; no volveremos a crecer de manera duradera si seguimos, como hasta ahora, transfiriendo al exterior, cada año, 5% del producto nacional. Esta situación es inaceptable y es insostenible."

"Instruyo al Secretario de Hacienda para que de inmediato inicie la negociación de la deuda externa bajo las siguientes premisas:
Primero, deberá abatirse la transferencia neta de recursos al exterior para que la economía pueda crecer en forma sostenida.
Segundo, por lo que hace a la deuda histórica acumulada hasta ahora, deberá reducirse su valor.
Tercero, los recursos nuevos que requiere el crecimiento sostenido de México deberán estar asegurados para un horizonte lo suficientemente largo, que evite la incertidumbre que provocan las negociaciones anuales.
Cuarto, deberá disminuir, durante mi administración, el valor real de la deuda y ser cada vez menor su proporción respecto a lo que producimos los mexicanos."

Las negociaciones de reducción de la deuda comenzaron en 1989, y en mayo y junio se firmaron los acuerdos con el Fondo Monetario Internacional, el Banco Mundial, y el Club de París. Después de implementó el Plan Brady con Estados Unidos[169].

En términos concretos, lo que el gobierno mexicano ofreció a los bancos internacionales fue canjear la deuda por bonos gubernamentales, y éstos lo aceptaron.

La siguiente gráfica muestra la evolución de la deuda externa de 1980 a 1990.

Gráfica 47: Evolución de la Deuda Externa 1980-1990[170]

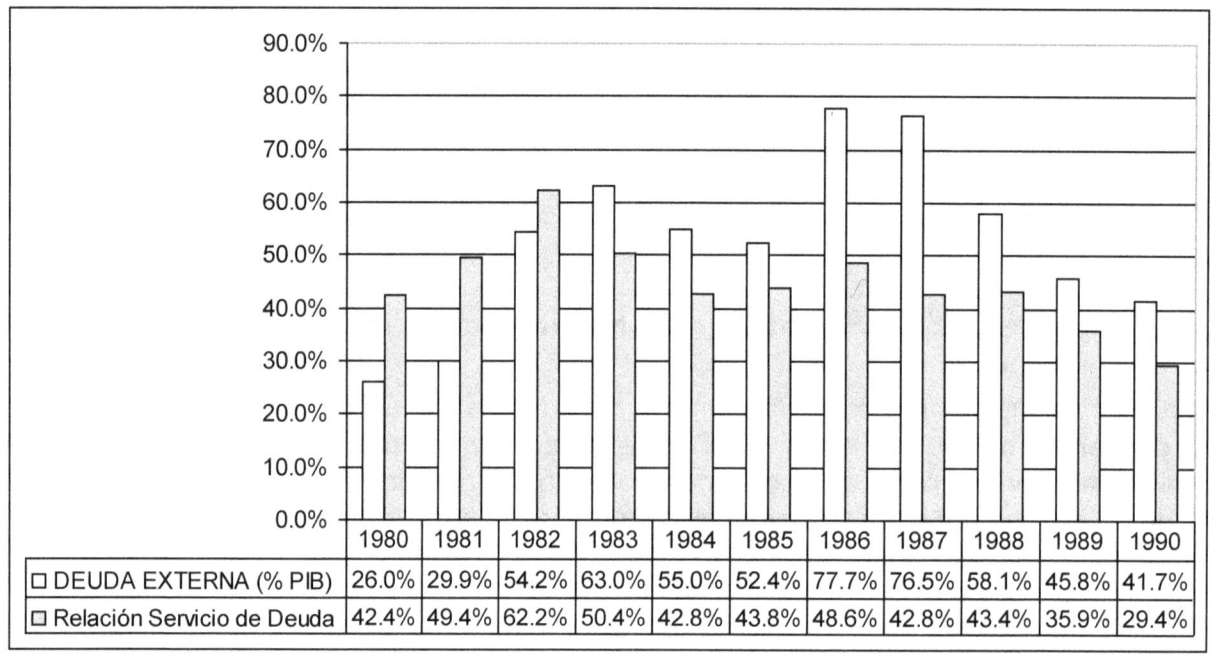

	1980	1981	1982	1983	1984	1985	1986	1987	1988	1989	1990
□ DEUDA EXTERNA (% PIB)	26.0%	29.9%	54.2%	63.0%	55.0%	52.4%	77.7%	76.5%	58.1%	45.8%	41.7%
□ Relación Servicio de Deuda	42.4%	49.4%	62.2%	50.4%	42.8%	43.8%	48.6%	42.8%	43.4%	35.9%	29.4%

Podemos ver cómo la deuda externa como porcentaje del PIB (columnas blancas) se redujo significativamente a partir de 1988, así como la relación del servicio de la deuda (pago de amortizaciones e intereses de la deuda divididos entre el valor total de las exportaciones).

En 1993 se implementó el Pacto para la Estabilidad, Competitividad y el Empleo (PECE), con el fin de estabilizar la economía. En él se contemplaba la estabilización del peso, el control de la inflación, y se establecía una mayor disciplina fiscal para lograr las metas presupuestales y lograr reducir la inflación a un dígito[171].

Estas políticas tuvieron resultados favorables. En la siguiente gráfica podemos ver la evolución del nivel de devaluación del peso, la cual fue muy positiva durante el sexenio salinista.

Gráfica 48: Devaluación del peso 1975-1994[172]

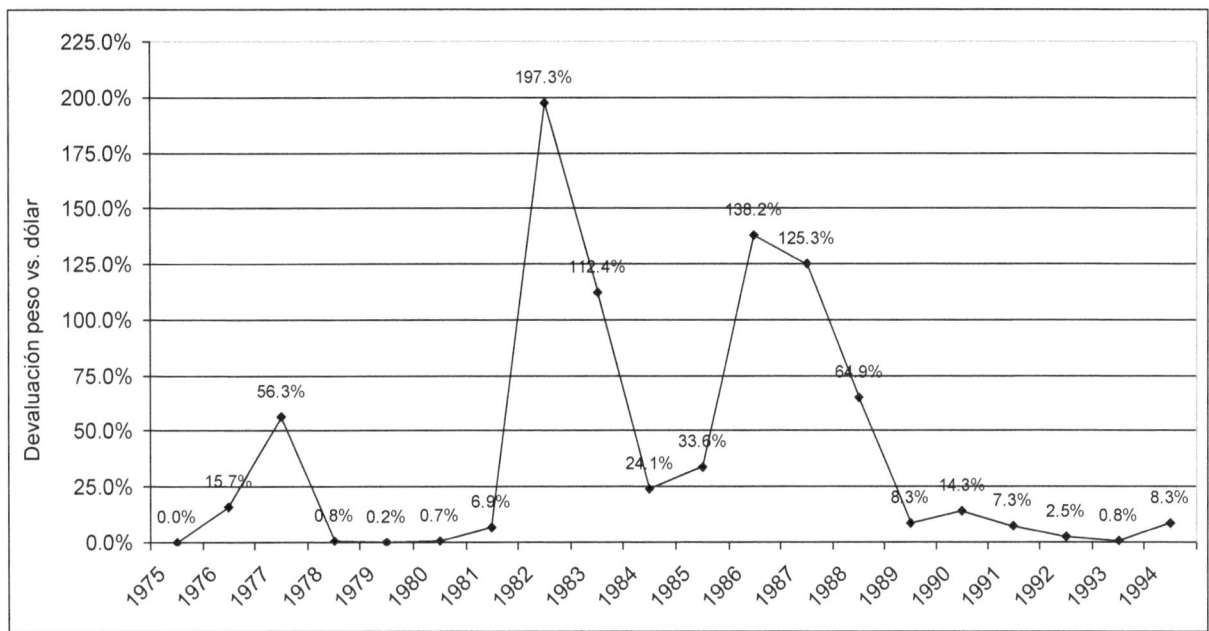

Este control del tipo de cambio se logró gracias al incremento sustancial en inversión extranjera durante el sexenio, lo cual le dio al Banco de México las divisas necesarias para controlar el desliz del peso frente al dólar. La siguiente gráfica nos muestra la evolución de la inversión extranjera directa.

Gráfica 49: Evolución de la Inversión Extranjera Directa 1980-1993[173]

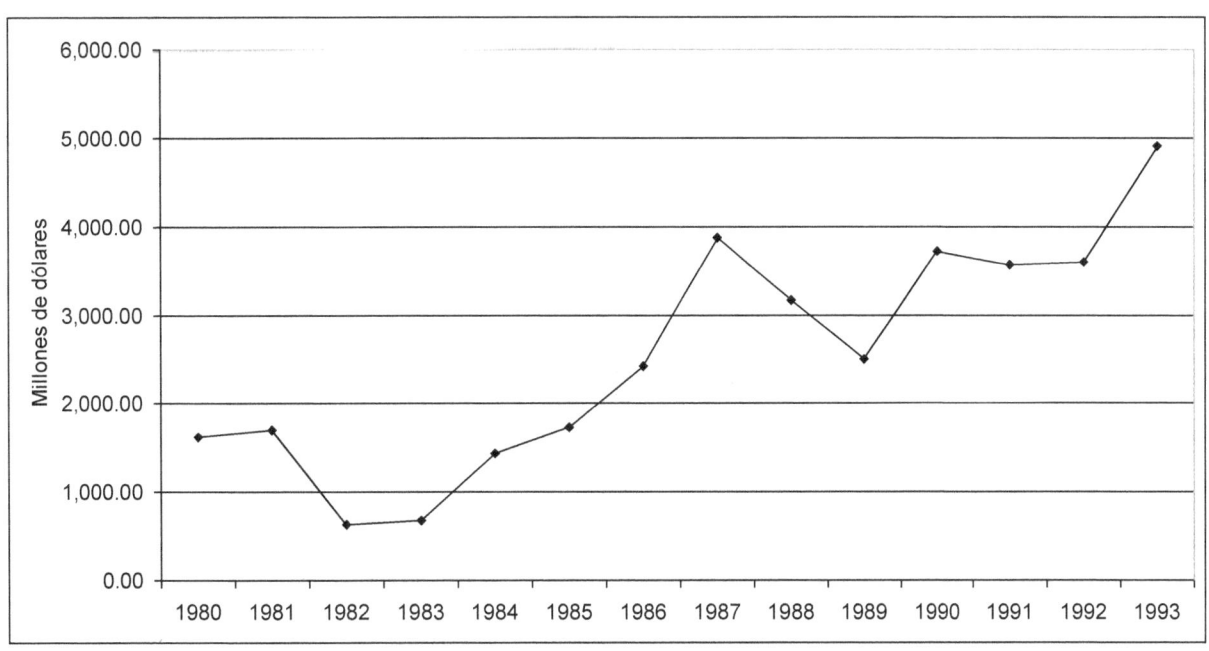

Por otro lado, la inflación también se logró controlar, esto a través de la reducción del gasto público, la reducción de la base monetaria, la reducción en el crecimiento de los salarios, y el mismo control del tipo de cambio. En la siguiente gráfica podemos ver la evolución del PIB y la inflación durante el sexenio de Carlos Salinas.

Gráfica 50: Evolución del PIB vs. Inflación 1988-1994[174]

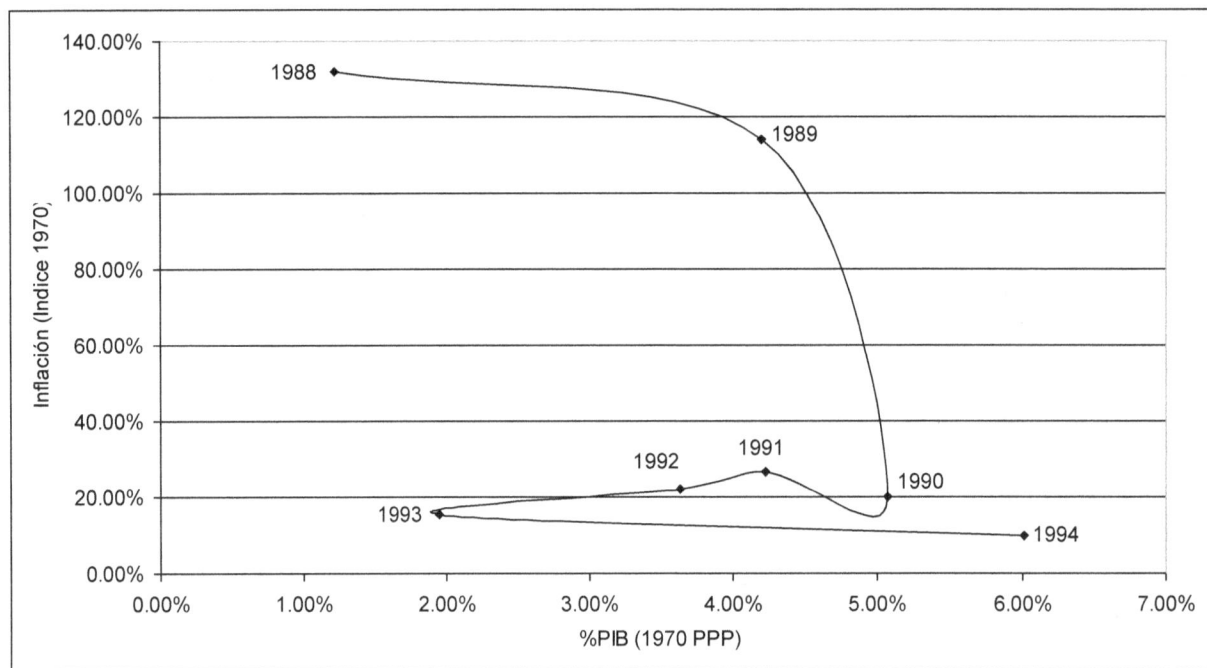

En 1988 la situación era muy desfavorable, con una inflación del 131.8%, y con un crecimiento de apenas 1.2%. Durante 1989 y 1990, se logró el objetivo de crecer y reducir la inflación simultáneamente, de 1991 a 1993 se redujo el crecimiento, pero gracias a la política de mantener finanzas públicas sanas se evitó caer en la tentación del pasado de tratar de reactivar la economía a través del gasto público. Finalmente en 1994 se logra el nivel de crecimiento más alto del sexenio, al mismo tiempo que se logra el nivel de inflación más bajo.

El evento más relevante del sexenio de Salinas fue la negociación y firma del Tratado de Libre Comercio (TLC). Este acuerdo tuvo como antecedente la iniciativa del presidente de Estados Unidos George Bush, quien buscaba convertir al continente americano en un mercado común que fuera capaz de competir con la Unión Europea, además de que buscaba impulsar las economías de Latinoamérica a través de la reducción de deudas, inversión, y libre comercio. La integración comercial con México consistiría en el primer paso. El proceso de negociación se llevó a cabo de 1991 a 1992, pero el tratado fue ratificado por el Congreso de Estados Unidos hasta el 17 de noviembre de 1993, y por el Congreso de México hasta el 22 de noviembre. El tratado entró en vigor el 1 de enero de 1994[175].

A pesar de que la situación económica parecía buena hacia finales del sexenio salinista, ya se advertían focos amarillos en la economía del país. Un factor que alarmaba a algunos economistas era el creciente déficit comercial con Estados Unidos, producto de un peso sobrevaluado. En efecto, conforme la situación económica del país comenzó a mejorar, inversiones extranjeras comenzaron a fluir hacia el país, permitiendo que el peso dejara de perder tanto valor frente al dólar, a tal punto que muchos consideraron que el peso llegó a estar sobrevaluado. Al estar sobrevaluado, esto le permitió a empresas y consumidores mexicanos el comprar productos de Estados Unidos en forma más barata, incrementando mucho la importación, e igualmente reduciendo mucho la exportación. La siguiente gráfica muestra la evolución del saldo de la balanza comercial de 1993 a 1995.

Gráfica 51: Evolución del Saldo de la Balanza Comercial 1983-1995[176]

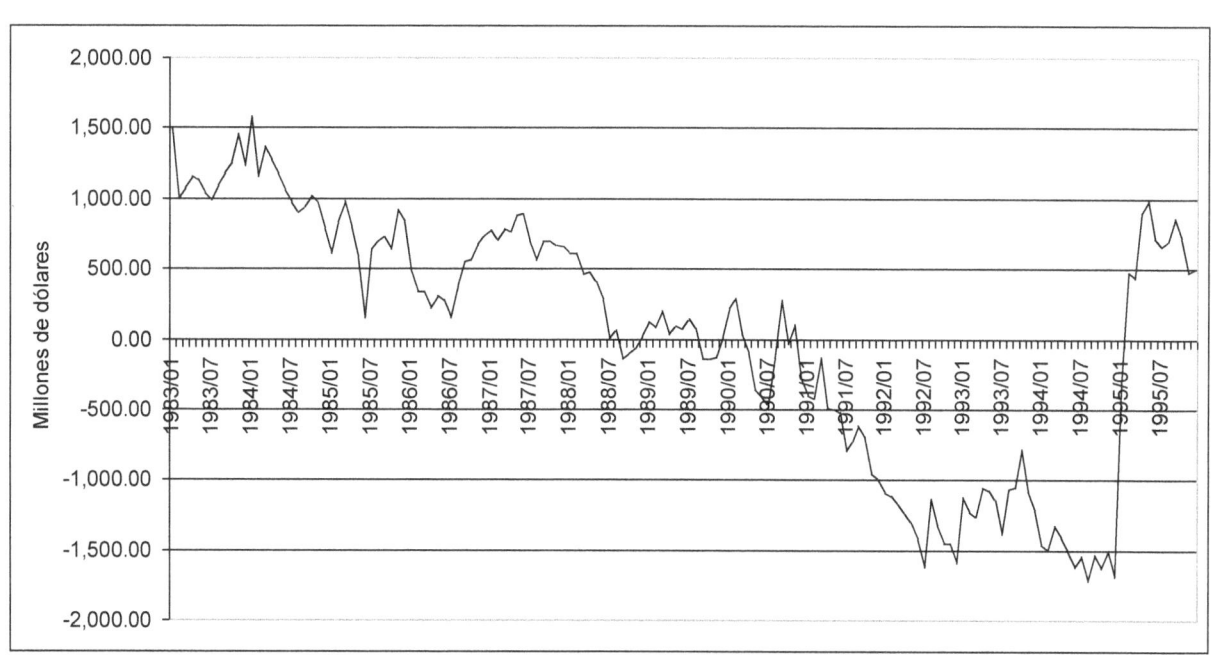

Podemos ver cómo a partir de 1998, y especialmente después de 1991, la balanza comercial comienza a ser altamente deficitaria. Esta situación ponía al país en alto riesgo, ya que se dependía de un flujo continuo de inversión extranjera para mantener el equilibrio macroeconómico del país. Entonces se dio la tormenta perfecta en cuestión de crisis política: el 1 de enero de 1994 comienza el levantamiento Zapatista en Chiapas; el 23 de marzo es asesinado el candidato del PRI Luís Donaldo Colosio, y el 28 de septiembre fue asesinado José Francisco Ruiz Massieu, secretario general del PRI. Esta serie de eventos causó un alto nivel de desconfianza en los inversionistas nacionales e internacionales, que comenzaron a sacar sus capitales de México. La siguiente gráfica nos muestra la evolución de la base monetaria en reservas internacionales en este periodo.

Gráfica 52: Reservas Internacionales del Banco de México 1988-1995[177]

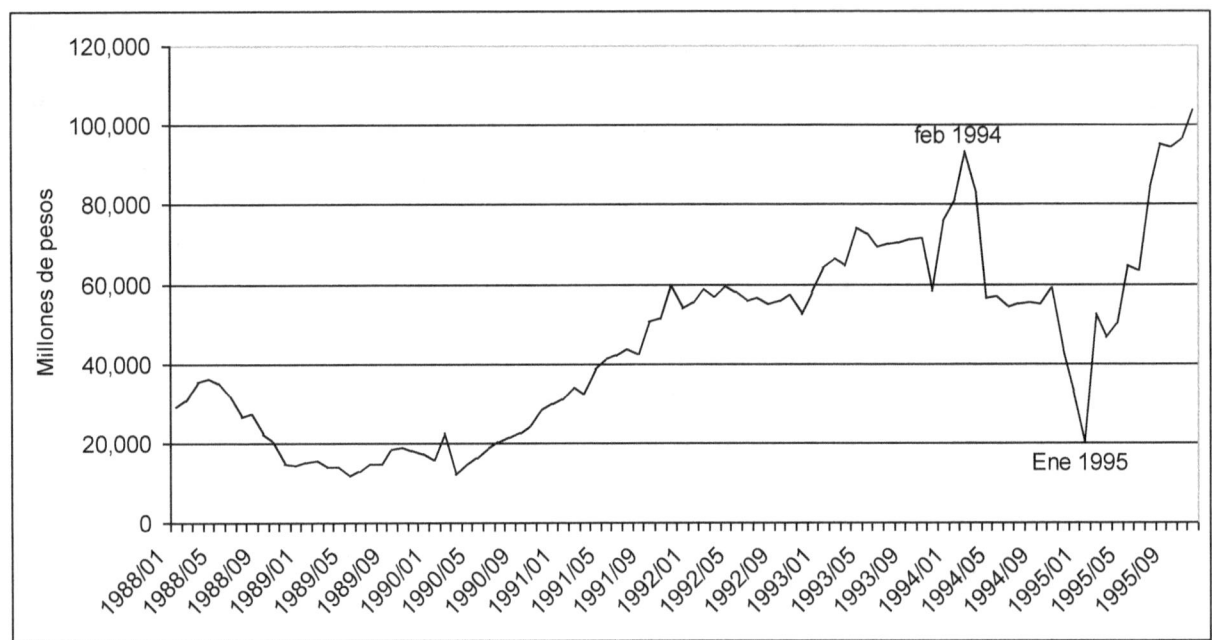

Conforme la inversión extranjera dejaba el país, el Banco de México tuvo que usar sus reservas internacionales para evitar una devaluación masiva del peso. Desgraciadamente las reservas se agotaron antes de que la fuga de capitales se detuviera, y la devaluación masiva se dio de todas formas. La siguiente gráfica compara la balanza comercial contra el tipo de cambio.

Gráfica 53: Balanza Comercial vs. Tipo de Cambio 1988-1996[178]

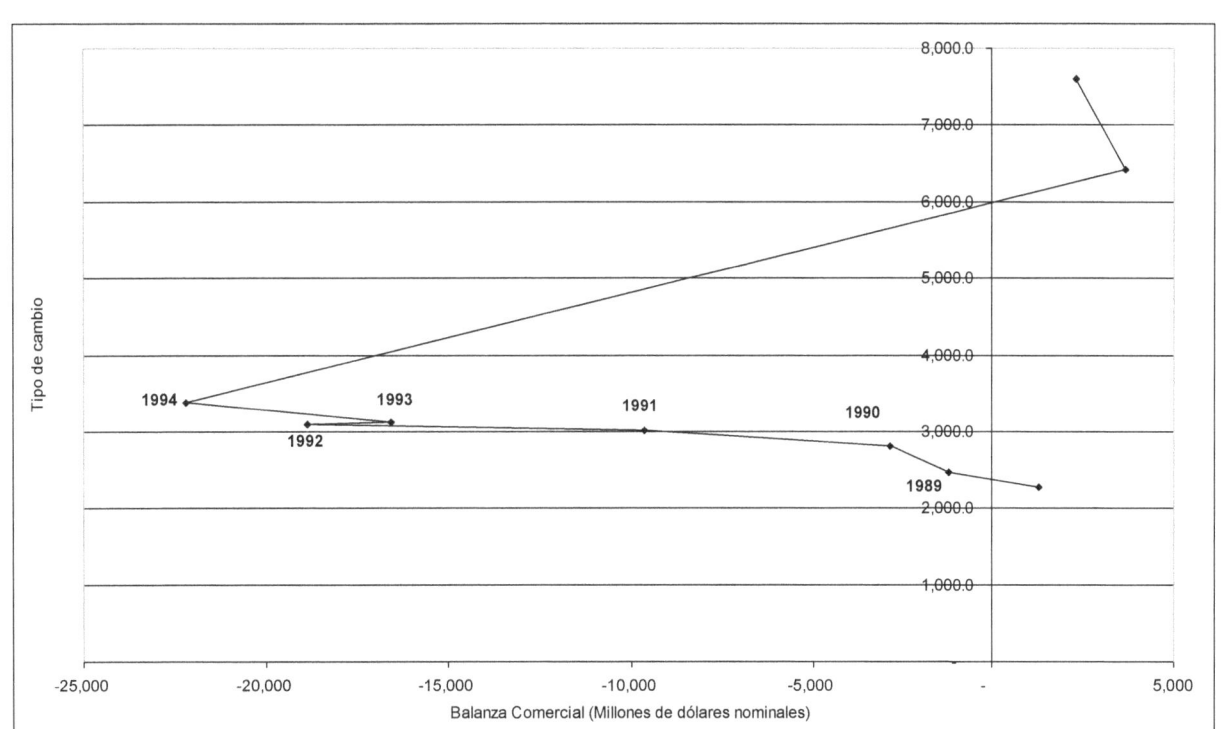

Esta gráfica es reveladora; nos muestra cómo el déficit de la balanza de pagos se va incrementando, hasta que el tipo de cambio no aguanta la "presión" y colapsa.

La devaluación no ocurrió hasta diciembre, ya bajo la presidencia de Ernesto Zedillo. Con la devaluación vinieron las quiebras de empresas, el despido masivo de trabajadores, y una gran contracción del Producto Interno Bruto.

ANÁLISIS DEL NEOLIBERALISMO Y CRISIS DEL PESO

El presidente Carlos Salinas tuvo muchos aciertos durante su sexenio. Logró renegociar la deuda externa, que era el lastre principal de la economía del país; privatizó la mayoría de las empresas paraestatales, que generaban distorsiones de precio en el mercado y eran una carga financiera y administrativa para el gobierno; saneó las finanzas públicas, y abrió al país al comercio internacional. También controló las variables macroeconómicas del país: bajó la inflación, redujo la tasa de devaluación del peso, y redujo significativamente las tasas de interés.

La siguiente gráfica nos muestra el gasto público como porcentaje del PIB de 1982 a 1994.

Gráfica 54: Gasto Público como % del PIB 1982-1994

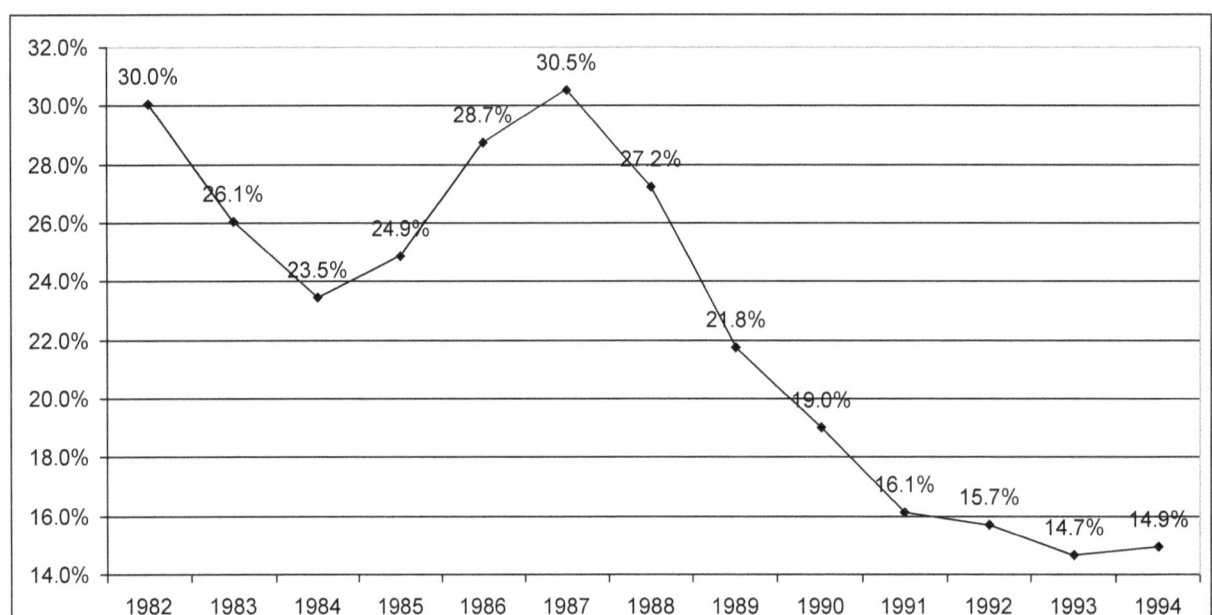

Pero fue este mismo éxito inicial la semilla de la crisis venidera. Al mejorar sustancialmente las condiciones macroeconómicas y políticas del país, inversionistas extranjeros trajeron sus capitales al país. Parte de esos capitales se invirtieron en actividad productiva, o sea la creación de nuevas empresas (inversión extranjera directa), pero otra gran parte se invirtió en la compra de acciones y bonos que cotizaban en la Bolsa Mexicana de Valores. A este tipo de capitales se les conoce coloquialmente como "golondrinos", porque, a diferencia de la inversión extranjera directa la cual está invertida en activos reales, los capitales golondrinos, al estar invertidos en acciones y bonos, fácilmente pueden abandonar al país de un día para otro.

Los inversionistas, al vender sus dólares por pesos para invertir en la BMV, incrementaban la oferta de dólares, y reducían la oferta del peso. Esto ayudaba al Banco de México el reducir la tasa a la que se estaba deslizando el peso contra el dólar. La siguiente gráfica nos muestra el crecimiento del Índice de Precios y Cotizaciones de la BMV.

Gráfica 55: Índice de Precios y Cotizaciones de la BMV 1988-1994[179]

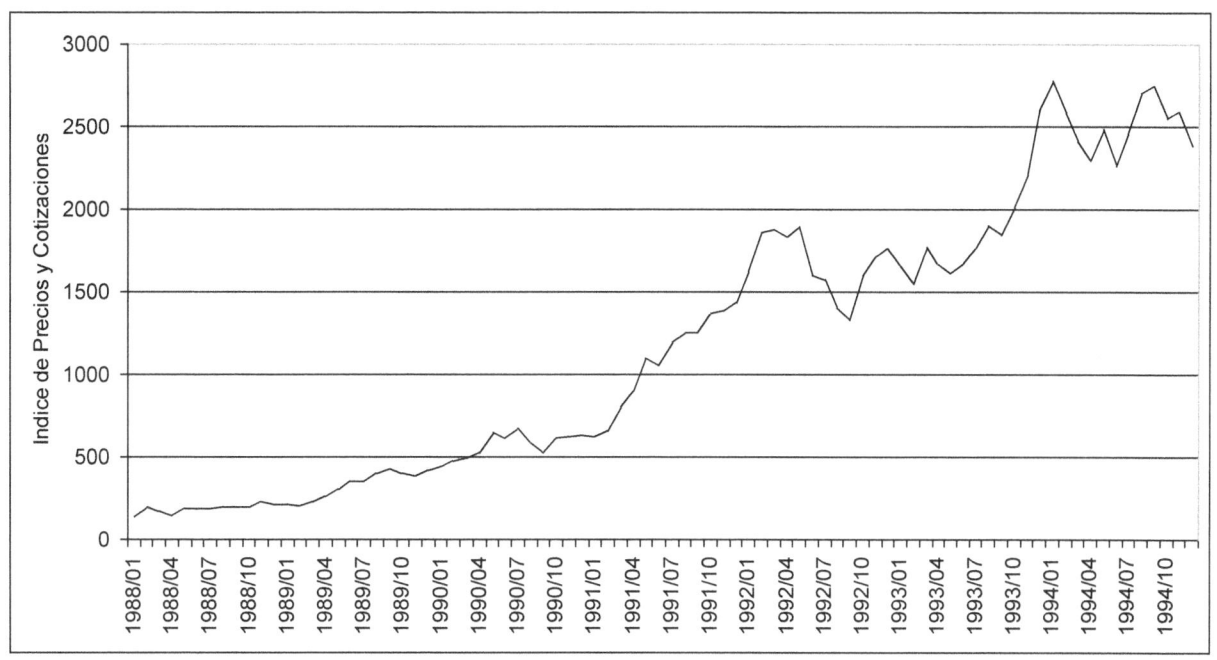

La siguiente gráfica nos muestra el tipo de cambio en el mismo periodo.

Gráfica 56: Tipo de Cambio peso-dólar 1998-1994

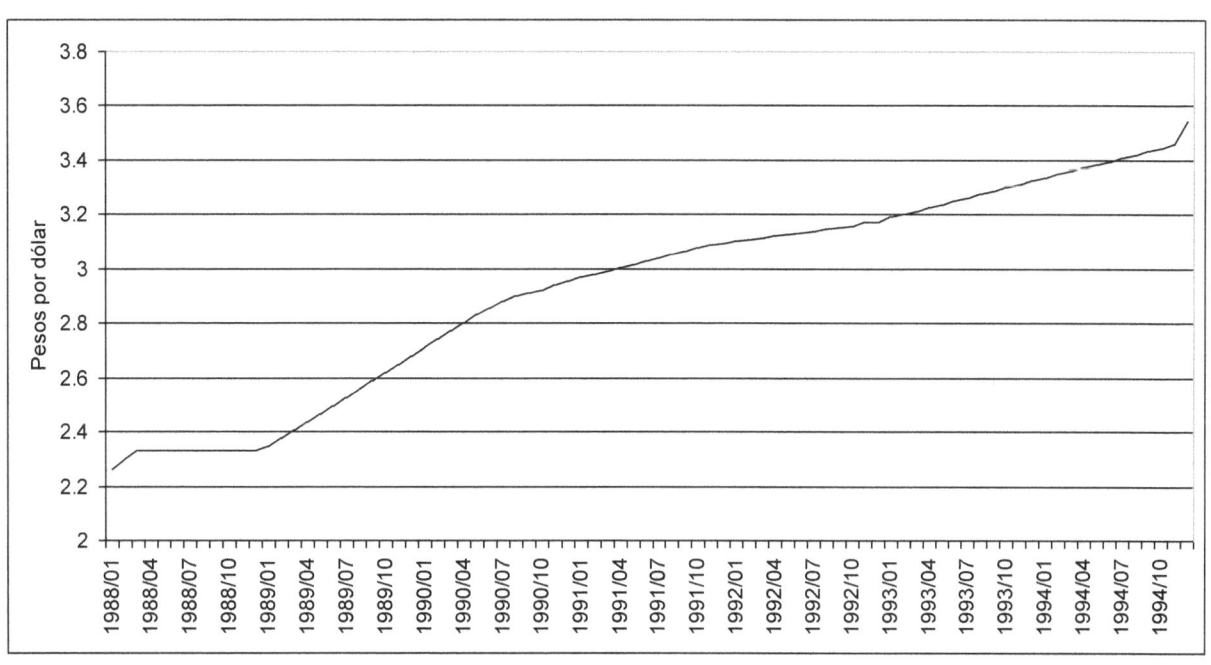

Podemos ver cómo a finales de 1990 la pendiente de devaluación se reduce significativamente.

Sin embargo, es tan mala la devaluación de la moneda como su sobrevaluación. "Sobrevaluación" no es lo mismo que "revaluación". Una revaluación es cuando el peso gana valor absoluto con respecto al dólar. Si el dólar está un día a $10.5 pesos, y al día siguiente vale $10.4 pesos, se dice que el peso se "revaluó" en 10 centavos. Por otro lado, el peso está sobrevaluado cuando vale más de lo que debería valer teóricamente. Al sobrevaluarse el peso, los productos norteamericanos se hicieron más baratos para el consumidor mexicano, ya que el dólar se hizo más barato. Esto incrementó las importaciones. Por otro lado, el peso se hizo más caro para los consumidores norteamericanos, por lo que se redujeron las exportaciones. La siguiente gráfica muestra la evolución de las importaciones y exportaciones durante el salinismo.

Gráfica 57: Importaciones y Exportaciones 1988-1994

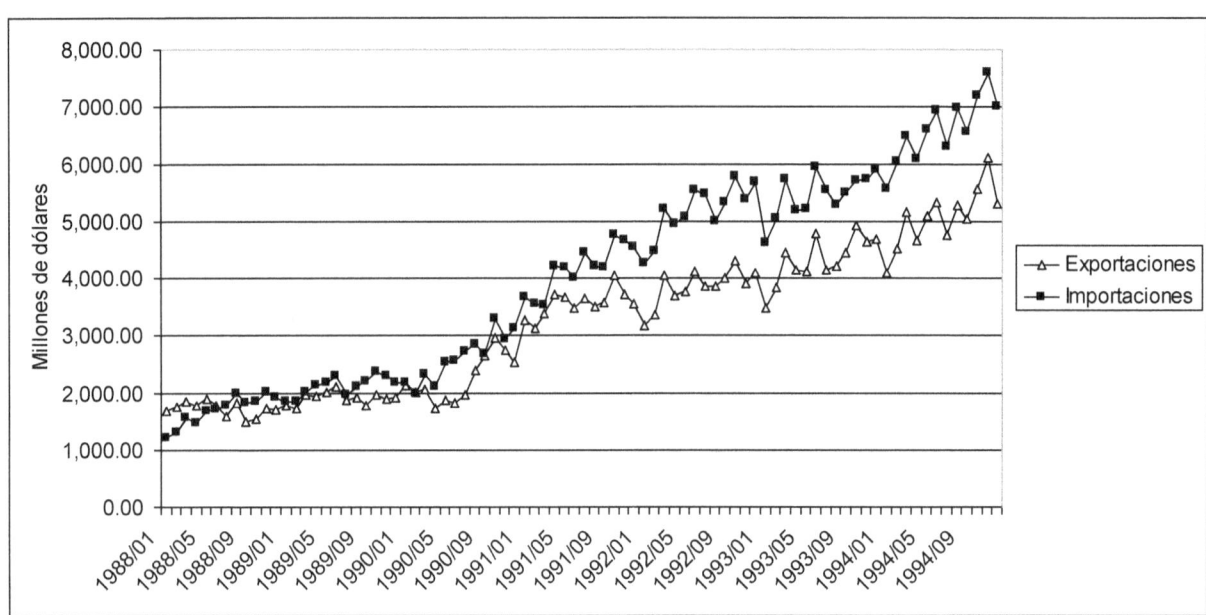

En un país con un crecimiento balanceado es saludable tener un pequeño déficit comercial; esto nos indica que la demanda de bienes está un poquito más adelante que la oferta doméstica, lo cual implica que hay un estímulo para crecer internamente. Por otro lado, un déficit comercial demasiado grande nos indica que los consumidores no están comprando la oferta interna, lo cual a largo plazo causa problemas económicos para las industrias nacionales, causando quiebras y por lo tanto desempleo. El mantener un tipo de cambio artificialmente sobrevaluado es darle una ventaja competitiva desleal a los fabricantes extranjeros, ya que no importa qué tan competitivo pueda ser un fabricante nacional, simplemente no puede competir contra un dólar tan barato. El peso sobrevaluado no solo afectaba a los fabricantes que vendían a nivel nacional, sino obviamente también a los exportadores. A estas alturas aún no entraba en efecto el Tratado de Libre Comercio, pero no olvidemos que México ingresó al GATT desde 1986, lo cual permitió tal incremento en las importaciones.

Como vimos con anterioridad, al darse el levantamiento Zapatista, el asesinato de Colosio, y el asesinato de Ruiz Massieu, los inversionistas comenzaron a perder confianza en la estabilidad del país, y procedieron a retirar sus inversiones en acciones, bonos, y depósitos bancarios denominados en pesos. El tipo de cambio no estaba fijo con respecto al dólar, sino que se mantenía lo que se llaman "bandas de flotación", o sea que el Banco de México permitía que el peso fluctuara dentro de esas bandas; siempre y cuando el valor estuviera entre ellas, el Banco de México no intervenía. Al comenzar la presión devaluatoria sobre el peso, el Banco de México no amplió la banda de flotación. Ese fue el primer error. Después se cometió el famoso "error de diciembre", en la que Jaime Serra Puche, secretario de Hacienda del presidente Ernesto Zedillo, imprudentemente informó a un grupo de empresarios de que la devaluación era inminente, lo que causó que los empresarios convirtieran sus pesos a dólares; la voz corrió, y se desató la estampida que acabó no causando, pero sí activando la devaluación de 1995.

El siguiente diagrama muestra la serie de causas y efectos que llevaron a la devaluación.

Gráfica 58: Crisis del Peso

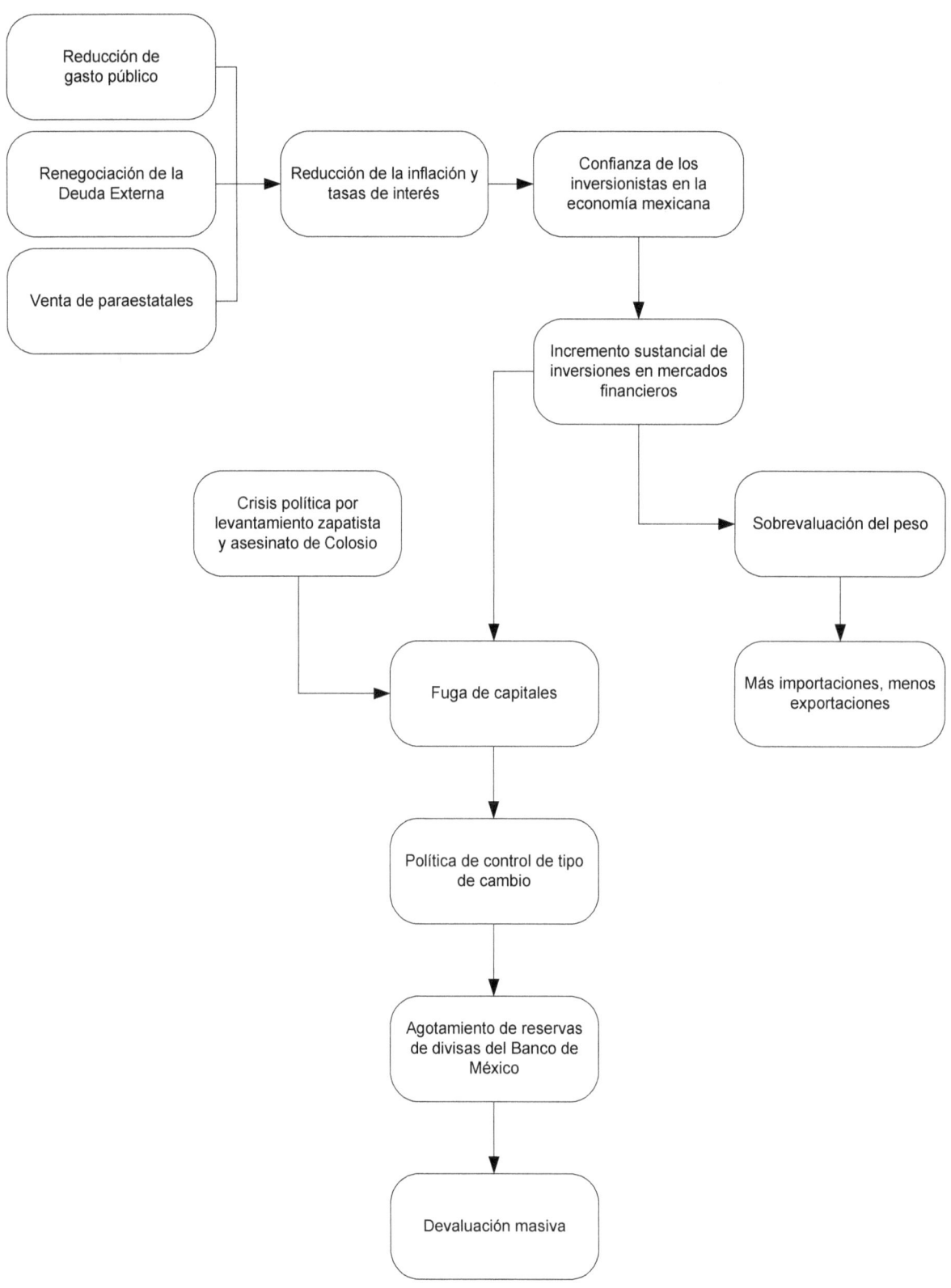

Hipótesis 34: Uno de los precursores de la Crisis del Peso fue el hecho de que las mejoras económicas salinistas, en lugar de   atraer   inversión extranjera directa, atrajeron inversiones en mercados financieros ("capital golondrino").

Hipótesis 35: El mayor error del gobierno de Salinas fue el mantener controlado el tipo de cambio en lugar de ponerlo en libre flotación, o por lo menos haber ampliado las bandas de flotación.

En efecto, estas dos hipótesis son el meollo del problema durante el sexenio de Salinas. ¿Por qué en lugar de atraer inversión extranjera directa, o sea inversión productiva en nuevas empresas, se atrajo en su lugar primordialmente capital golondrino? Y más fundamentalmente, ¿por qué los sucesivos gobiernos mexicanos insistieron en controlar el tipo de cambio vs. el dólar? Estas dos preguntas son fundamentales, por lo que las dejaremos para última sección del libro donde hacemos el análisis sintético de la economía mexicana.

EL SEXENIO DE ERNESTO ZEDILLO (1995-2000)

El 19 de diciembre de 1994 se decidió aumentar la banda superior del peso en un 15%; esto tuvo efectos contraproducentes; en lugar de frenar la fuga de capitales, la aumentó. El gobierno se dio cuenta que la situación era insostenible, así que el día 22 de diciembre fue establecido un régimen de cambio flotante con el objetivo de permitir que los mercados se equilibraran; como era de esperarse, esta acción solo incrementó la incertidumbre del mercado, y el peso se devaluó hasta un 120% en tres meses[180].

La siguiente gráfica muestra la evolución del tipo de cambio.

El gobierno de Estados Unidos otorgó a México un paquete de rescate de $51,759 millones de dólares, con el objetivo de que México sustituyera su deuda interna de corto plazo por deuda externa de largo plazo. Al principio esta medida fue opuesta por muchos congresistas norteamericanos, causando más incertidumbre en el mercado y por lo tanto más fuga de capitales y devaluación. El 31 de enero de 1995 el presidente de Estados Unidos Bill Clinton anunció que utilizaría sus facultades presidenciales que le permitían actuar sin aprobación del congreso en ciertas situaciones para proveer a México con créditos de hasta $20,000 millones de dólares. Al mismo tiempo, el Fondo Monetario Internacional anunció que incrementaría su acuerdo con México a $17,800 millones de dólares. A cambio de esta ayuda, el gobierno de México aceptó depositar en una cuenta en Estados Unidos hasta $7,000 millones de dólares en ingresos futuros por la venta de petróleo, de donde Estados Unidos podría cobrarse en caso de falta de pago por parte de México. Igualmente, el gobierno mexicano se comprometió a no intervenir en el mercado cambiario, sino a estabilizar el peso por medio de políticas fiscales y monetarias[182]. Este acuerdo terminó con la política de control de tipo de cambio que había sido uno de los fundamentos de la política económica mexicana.

El 3 de enero de 1995, Zedillo anunció el "Acuerdo para superar la emergencia económica", AUSEE. En este documento se resume en forma clara y concisa las causas de la devaluación, y se plantean acciones a seguir para controlar la crisis desatada. Se plantea la reducción del déficit en la cuenta corriente; una modernización administrativa dentro del gobierno federal para hacerlo más eficaz y eficiente; un ajuste a los precios y tarifas de los bienes y servicios suministrados por el sector público con el objetivo de controlar la inflación, pero sin crear distorsiones de mercado; fomento a la inversión privada; continuación del proceso de privatización de paraestatales; y el mejoramiento de la regulación a las actividades financieras para atraer a más intermediarios financieros al mercado.

El AUSEE no presentó resultados con la prontitud que se esperaba, por lo que el 9 de marzo de 1995 se dio a conocer el "Programa de Acción para Reforzar el Acuerdo de Unidad para la Emergencia Económica (PARAUSEE). Este programa tenía dos elementos principales: primero, el incremento de la restricción fiscal para neutralizar los efectos de las altas tasas de interés; segundo, el compromiso del gobierno de absorber parte de los costos de los apoyos brindados a la banca y a los cuentahabientes. De igual manera, se ratificó que el instrumento principal de control sería la política monetaria dentro del contexto de un tipo de cambio de libre flotación. Bajo este programa, los objetivos de corto plazo de la política monetaria eran[183]:

1. Reducir la presión inflacionaria a través de la reducción del impacto de la devaluación sobre los precios domésticos
2. Promover tasas de interés más bajas a través de una mejora en la expectativa inflacionaria
3. Restaurar los créditos al sector privado y público
4. Restaurar los flujos de capital del exterior hacia México
5. Reconstruir las reservas internacionales del Banco de México

Estas políticas poco a poco fueron tomando efecto, y para 1996 la crisis estaba controlada. Las siguientes gráficas muestran la evolución de las principales variables macroeconómicas durante el sexenio de Zedillo.

Gráfica 60: PIB vs. Inflación 1995-2000[184]

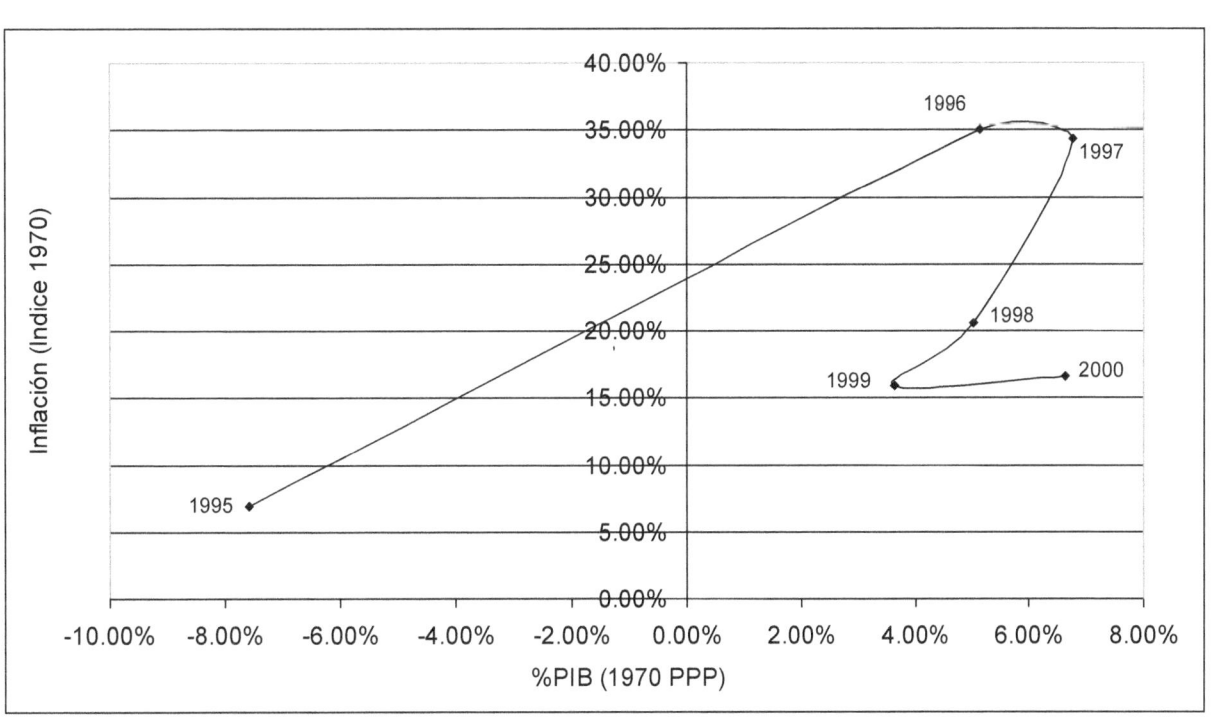

El repentino cambio de 1995 a 1996 nos muestra que esta crisis fue profunda y aguda, pero de rápida recuperación; después de una contracción severa del PIB, éste se recupera en 1996 (probablemente por simple inercia), pero al mismo tiempo se sienten los efectos inflacionarios de la devaluación. La línea hacia abajo y hacia la izquierda trazada de 1997 a 1999 nos muestra cómo la inflación se controló a través de restricciones fiscales y monetarias, lo cual redujo el PIB. Finalmente para el año 2000 la situación se encontraba prácticamente bajo control.

Gráfica 61: Tasas de Interés Interbancaria Promedio (TIIP) 1994-2000[185]

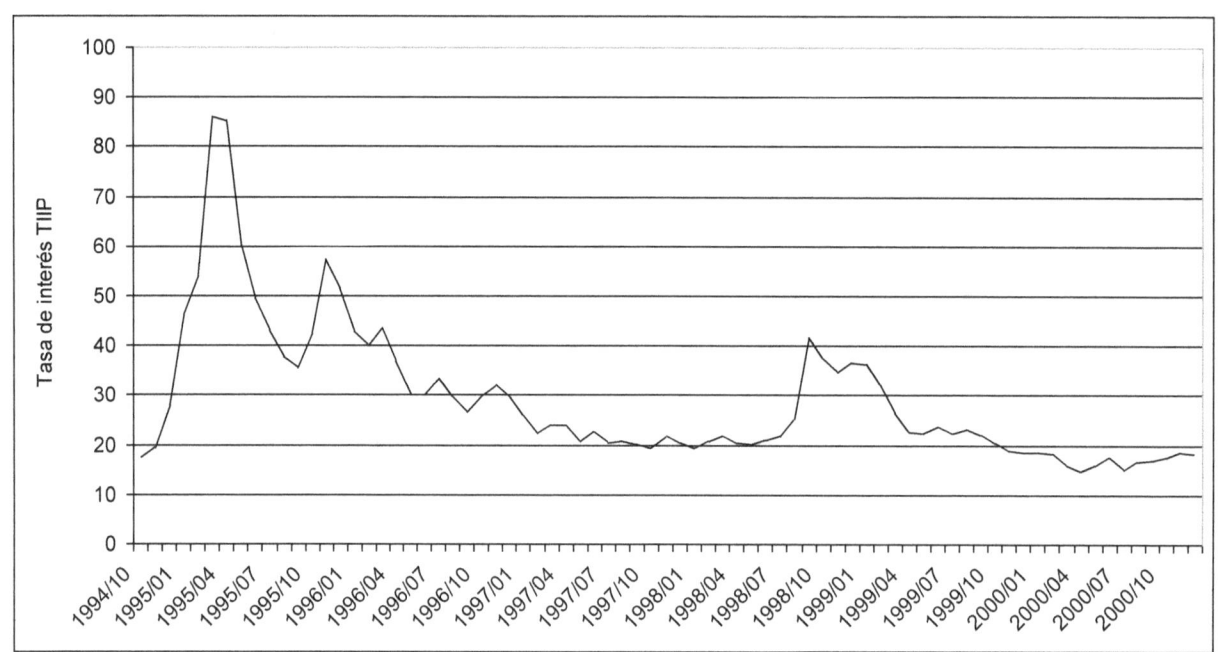

Gráfica 62: Balanza Comercial 1994-2000

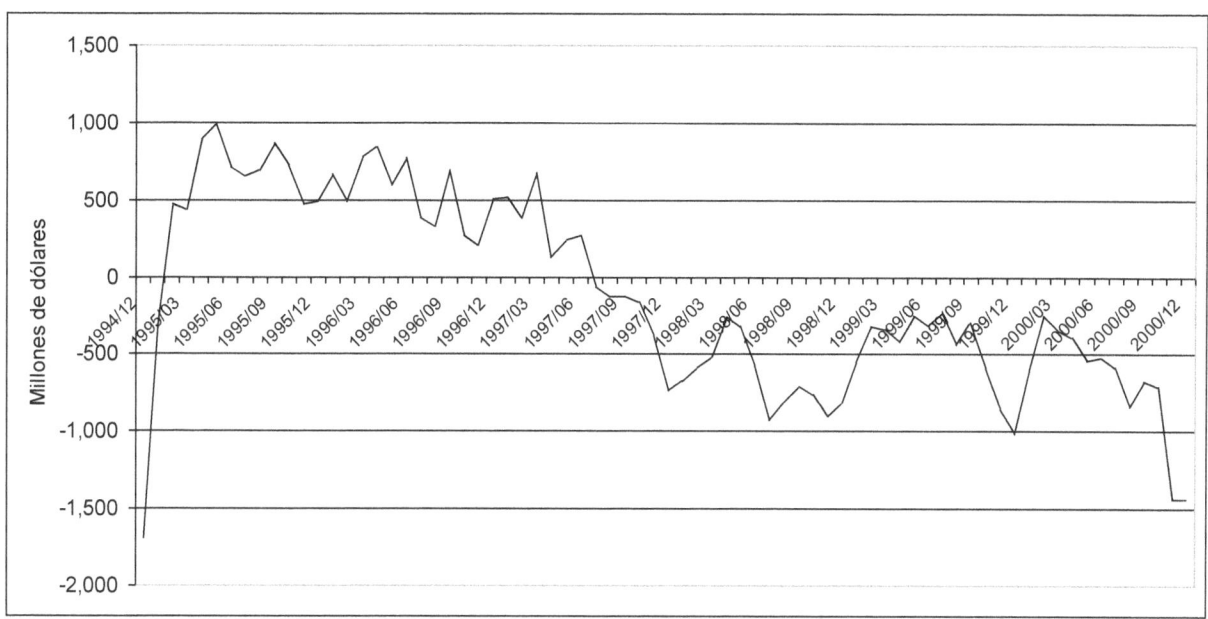

Aquí podemos ver cómo la balanza comercial presentó un saldo "favorable" entre 1995 y 1997. Mucha gente cree que saldos de este tamaño son favorables para el país; esto sería así si se diera por un incremento significativo de las exportaciones; pero no fue así. El saldo se dio por la reducción en importaciones, a su vez causada por la severa contracción económica que sufrió el país.

Uno de los temas más controversiales del sexenio de Zedillo es el rescate bancario. Al dispararse las tasas de interés por la crisis, se incrementó tremendamente la cartera vencida de los bancos, a tal punto que los mismos entraron en riesgo de falta de liquidez. La siguiente gráfica muestra la evolución de las tasas de interés vs. la cartera vencida de diciembre de 1994 a diciembre de 1995.

Gráfica 63 Tasas de interés vs. cartera vencida 1994-1995[186]

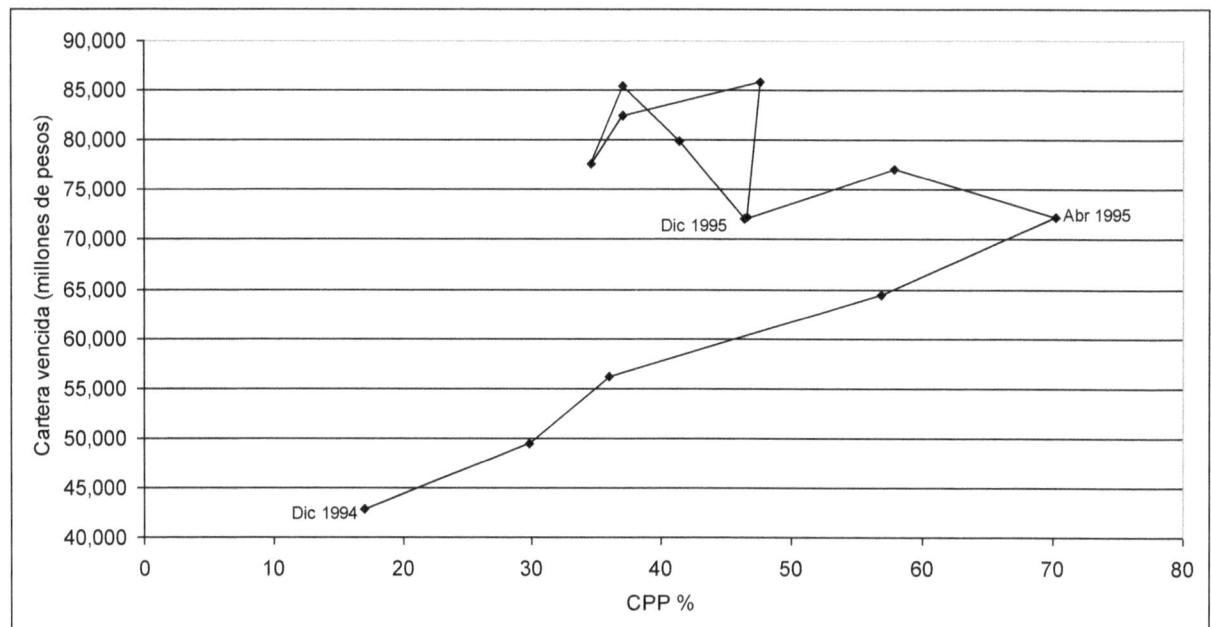

El costo porcentual promedio (CPP) pasó de 16.96% en diciembre de 1994 a 70.26% en abril de 1994, lo que hizo que la cartera vencida pasara en el mismo periodo de $42 mil millones de pesos a $77 mil millones de pesos.

Frente a esta crisis, el gobierno de Zedillo tenía las siguientes opciones: dejar que los bancos con problemas quebraran; nacionalizar los bancos de nuevo; provocar hiperinflación para reducir el valor de la deuda en términos reales; o rescatar a los bancos. El gobierno se decidió por la última opción, utilizando el Fondo Bancario de Protección al Ahorro (FOBAPROA). Este fondo fue creado en 1990 como un seguro que era financiado por los propios bancos, con el objetivo de cubrir faltantes por cartera vencida. A través de este fondo se recapitalizaron los bancos a través de la compra de sus carteras vencidas. El FOBAPROA tomó las pérdidas de nueve instituciones financieras intervenidas, con un gasto total de $69,833 millones de pesos, y aportó un capital de $11,348 millones de pesos para que dichas instituciones pudieran seguir operando. Esta maniobra de rescate bancario atrajo severas críticas, por un lado por el incremento en la deuda pública que representó (para 2001 los pasivos del FOBAPROA representaban 13.1% del PIB), así como por las irregularidades y operaciones sospechosas que se presentaron. Una auditoria hecha en 1999 reveló que $6 mil millones de pesos eran claramente ilegales, $42 mil millones tenían un origen poco claro, y $24 mil millones habían sido incorporados fuera de los criterios originalmente establecidos[187].

La crisis del peso de 1995 fue la peor en la historia económica de México. Sin embargo, gracias a las medidas de política económica tomadas, la economía se logró estabilizar, y a pesar de que los efectos sobre la pérdida del poder adquisitivo de la población tardarían en recuperarse, el presidente Zedillo pudo entregarle el poder a Vicente Fox con una macroeconomía estable.

ANÁLISIS DEL SEXENIO DE ZEDILLO

En la sección del sexenio de Salinas analizamos por qué se dio la crisis del peso; en esta sección analizaremos si lo que hizo Zedillo para controlar la crisis fue lo correcto. Como vimos, Zedillo implementó una serie de medidas dentro del AUSEE para controlar la crisis: reducción de la cuenta corriente, modernización del gobierno, control de la inflación, fomento a la inversión privada, privatización de las paraestatales, etc. Ninguna de estas medidas atrajo críticas serias, porque eran medias obvias, y funcionaron. Pero lo que ciertamente atrajo muchas críticas fue el rescate bancario hecho a través del FOBAPROA. Zedillo tenía cuatro opciones:

1. Dejar que los bancos con problemas quebraran
2. Nacionalizar los bancos de nuevo
3. Provocar hiperinflación para reducir el valor de la deuda en términos reales
4. Rescatar a los bancos

¿Fue acertada la decisión? Pensemos en los resultados posibles de las otras tres. Si se hubiera provocado la hiperinflación, efectivamente, el valor real de la deuda se hubiera reducido, por lo que los bancos sobrevivirían; pero los efectos en la economía hubieran sido desastrosos, ya que la hiperinflación hubiera generado una pérdida del poder adquisitivo de la gente, y hubiera creado una recesión ya que las empresas dejarían de invertir en tal nivel de incertidumbre. Esto simplemente no era una opción realista.

La nacionalización de los bancos hubiera sido un retroceso; recordemos que llevaba poco tiempo que Salinas los había privatizado. El nacionalizarlos de nuevo tendría un costo político muy alto por un lado, y por el otro, de todas formas se requeriría inyectarles dinero para evitar que quebraran, así que para fines prácticos sería lo mismo.

La opción de dejar que los bancos con problemas quebraran tampoco era viable. Esto nos lleva a un concepto fundamental de la economía que poca gente tiene en mente. La gran mayoría del dinero de un país no se encuentra representado en monedas y billetes físicos, sino en depósitos bancarios. Y esos depósitos bancarios son fraccionales; esto quiere decir que si un banco tiene $1,000 millones de pesos en sus cuentas, solo tiene una pequeña fracción de esta cantidad en billetes; el resto no son más que asientos contables en las bases de datos de las computadoras del banco. Esto implica que prácticamente la mayor parte del dinero de un país existe como datos binarios en computadoras, no en monedas y billetes. Y estas computadoras pertenecen a los bancos, no al gobierno. O sea que si los bancos desaparecen, literalmente desaparece la capacidad del país de realizar transacciones, ya que la gran mayoría de las transacciones comerciales se realiza a través de cargos y abonos entre estas cuentas electrónicas, ya sea a través de cheques, o cada vez más frecuentemente, transferencias bancarias electrónicas. Si los bancos del país cerraran sus puertas, la economía colapsaría instantáneamente. Por lo tanto la infraestructura bancaria es tan estratégica para el país, sino es que más, que la red eléctrica, o telefónica, o de agua, y no le queda otra opción al gobierno más que protegerla a cualquier costo. Cabe poca duda de que el rescate bancario era necesario. Ahora bien, esto no quiere decir que no haya habido corrupción en el proceso; la auditoria de 1999 indica que sí. Pero este hecho ciertamente no implica que el rescate bancario entero haya sido un error; sin él, la crisis de 1995 hubiera terminado en desastre.

TERCERA PARTE
ANÁLISIS DE LA HISTORIA ECONÓMICA DE MÉXICO

Al estudiar científicamente un tema y formular una serie de teorías, lo que estamos haciendo es crear un mapa de la realidad. Las teorías científicas, al igual que los mapas, tienen diferentes niveles de detalle. En nuestro caso, el mapa teórico que hemos armado de la economía mexicana es de alto nivel, ya que lo que nos interesa entender es las grandes tendencias económicas del país a través de todo un siglo. Démosle un vistazo general a nuestro mapa, y luego enfoquémonos en algunas áreas específicas.

Vimos que el comienzo de la república mexicana en el siglo XIX fue difícil. El país nació dentro del gran vacío de poder que dejó la salida de la corona española. Grupo tras grupo se disputó violentamente el control del país, y hubo varias intervenciones extranjeras. Este ambiente de violencia no fue propicio para la acumulación del capital, la inversión, y el crecimiento del comercio, por lo que la economía de México permaneció extremadamente subdesarrollada durante este siglo. Vimos que un gobierno requiere para operar una base gravable de empresas y ciudadanos; ya que esta base era tan pequeña en México, desde el comienzo del país al gobierno no le quedó otra opción más que depender de préstamos internacionales para sus inversiones y gastos operativos.

Después vino la era de Porfirio Díaz, donde finalmente hubo un periodo de paz, donde el país tuvo cierto crecimiento económico y desarrollo de infraestructura. Al comenzar la Revolución el orden social colapsó, afectando grandemente la economía nacional. Los sucesivos gobiernos revolucionarios dependían de los préstamos internacionales para sobrevivir. Después de una serie de golpes de estado, finalmente se crea el PNR durante el Maximato de Calles. Este fue un paso significante en la evolución política del país, ya que se estableció un mecanismo para permitir la sucesión no violenta del poder mientras que se mantenía la hegemonía del partido.

Así como la Gran Depresión afectó al país, la recuperación durante y después de la Segunda Guerra Mundial lo benefició. Durante los 50s y 60s, época del Desarrollo Estabilizador, el país creció en forma estable, aunque con tensiones internas. Uno de los problemas fundamentales de la economía del país era su falta de capacidad de acumular capital para desarrollar industrias nuevas. Por eso el gobierno implementó la política del Desarrollo Estabilizador, la cual les ofrecía a los inversionistas un mercado cautivo y protegido por el proteccionismo, lo cual lo hacía suficientemente atractivo. Otro efecto de la falta de acumulación de capital, aunado a la falta de educación, era la inhabilidad del país de generar tecnología propia. Esto implicaba que los fabricantes mexicanos tenían que importar continuamente bienes de capital, o sea maquinaria y equipo tecnológicamente sofisticado, el cual utilizaban para producir bienes de consumo. Para permitir que los fabricantes pudieran importar dicho equipo a precios adecuados, el gobierno mantenía fijo el valor del peso vs. el dólar. Eso ejercía gran presión sobre el peso. Por otro lado, los consumidores mexicanos estaban ávidos de comprar bienes norteamericanos, los cuales eran en general superiores a los mexicanos; para hacer esas compras los mexicanos tenían que cambiar sus pesos por dólares, creando aún más presión sobre el peso. El gobierno controlaba lo mejor que podía esa presión a través que aranceles, los cuales también servían en su política proteccionista para los inversionistas. Esta constante importación de bienes de capital por un lado, y bienes de consumo por otro, continuamente traía devaluaciones que eran desastrosas para la economía, ya que no ocurrían en un desliz continuo de una moneda en libre flotación, sino en grandes caídas repentinas cuando el Banco de México se quedaba sin divisas para defender el valor del peso.

Al llegar los 70s, sufrimos los efectos de la estagflación, o sea inflación con estancamiento, situación que no se había presentado antes y la cual confundió totalmente al gobierno de Echeverría, que cometió varios errores económicos en una situación macroeconómica mundial extremadamente difícil. Después vino un corto auge gracias al incremento de los precios petroleros, época en que México se endeudó pensando que podría pagar con los ingresos futuros de la venta del petróleo. Mirando atrás, es fácil juzgar al gobierno de irresponsable, pero se dice que aún los expertos internacionales de la época predijeron erróneamente que el precio del petróleo se mantendría alto, y las tasas de interés permanecerían bajas. Al no poder pagar la deuda, México entró en la Crisis de la Deuda en 1982, la peor crisis económica en la historia del país hasta ese momento. México se recuperó, y durante el sexenio de Salinas se implementaron todo tipo de reformas económicas neoliberales que reestablecieron la economía del país hasta cierto punto. En 1994 comienza el Tratado de Libre Comercio, lo cual incrementa tremendamente el déficit comercial del país, ya que se comienzan a importar todo tipo de bienes de Estados Unidos. Esto al principio no es un problema, porque el déficit se balancea con toda la inversión entrando al país. Pero luego sobrevienen tres acontecimientos políticos casi simultáneos que merman la confianza de los inversionistas: el levantamiento Zapatista, el asesinato de Colosio, y el asesinato de Ruiz Massieu. El capital golondrino comienza a dejar el país, y el Banco de México tiene que utilizar sus reservas para mantener fijo el valor del peso. Finalmente las reservas de dólares se terminan, y el peso se deja en libre flotación, causando una devaluación masiva y la Crisis del Peso de 1995, la peor crisis económica del país en la historia.

El gobierno de Zedillo logra sacar al país de la crisis, y entrega a Fox una economía golpeada, pero macroeconómicamente estable. Durante el sexenio de Fox no ocurre nada económicamente extraordinario, nada realmente bueno ni nada particularmente malo; la economía crece apenas, pero por lo menos se mantiene económicamente estable. Se le puede considerar simplemente como un periodo de transición.

Aquí está, en un par de páginas y a un muy alto nivel, el resumen de la historia económica moderna de México. La pregunta fundamental es: ¿estamos mejor o peor? Eso depende de qué periodo tomemos. Uno puede tomar un periodo arbitrario y demostrar que estamos "mejor" o "peor". Si tomamos el periodo de 1900 a 2000, la respuesta debe de ser obvia: ciertamente estamos mejor. Veamos la siguiente gráfica.

Gráfica 64: PIB vs. Población 1900-2000[188]

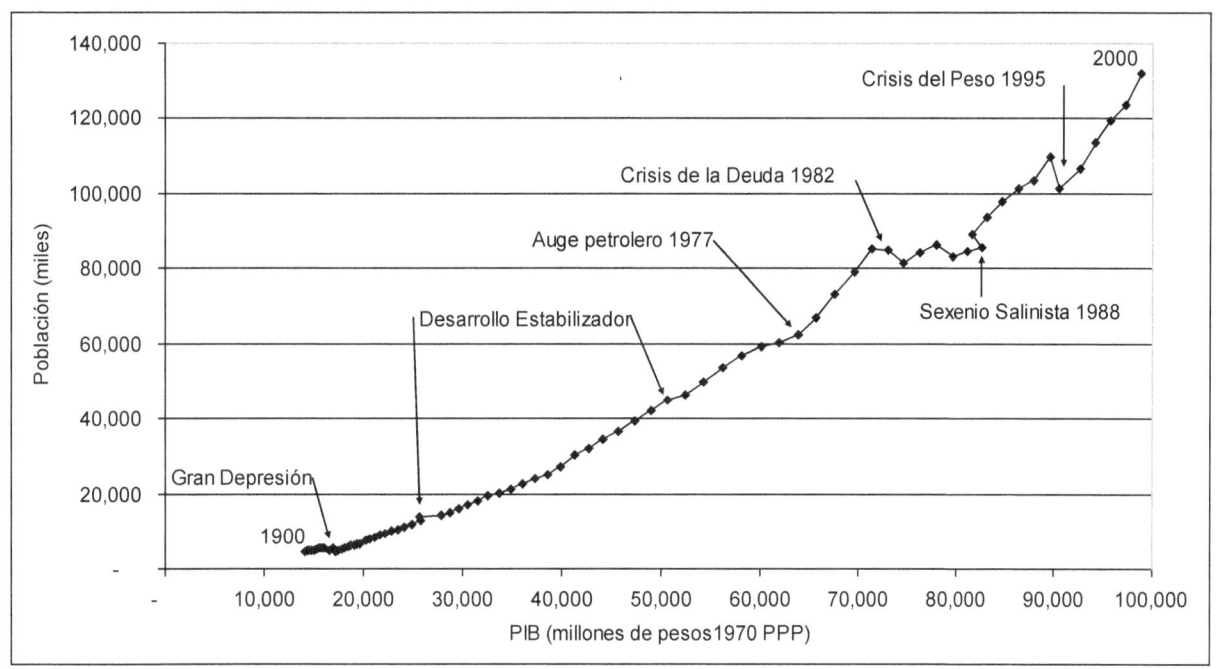

En esta gráfica podemos ver la evolución del producto interno bruto vs. la población desde 1900 a 2000. Cada punto es un año. El PIB está ajustado a pesos de 1970 y ajustado al poder adquisitivo (purchasing power parity), por lo que es un reflejo fiel del valor real de la producción del país. La pendiente de la gráfica representa el PIB/Cápita, que es lo que realmente importa. Entre más pronunciada sea la pendiente, mayor es el PIB/Cápita.

Obsérvese como la Gran Depresión se ve diminuta a esta escala. Después de la Gran Depresión el país creció en forma constante, y al comenzar el Desarrollo Estabilizador podemos observar cómo la distancia entre los puntos se incrementa, al igual que la pendiente. Esto quiere decir que el crecimiento del PIB se aceleró, el PIB/Cápita mejoró. El Desarrollo Estabilizador termina, y comienzan los 70s, con el Desarrollo Compartido de Echeverría. Interesantemente podemos ver una mejora significativa de la economía del país en 1977, con el auge petrolero.

Sobreviene la Crisis de la Deuda de 1982, y podemos ver cómo ocurre la primera contracción económica del país desde la Gran Depresión. La crisis dura todo el sexenio de Miguel de la Madrid. En 1988 comienza el sexenio de Salinas, y sus reformas neoliberales estabilizan y hacen crecer al país de nuevo. Sin embargo las mismas políticas neoliberales mal implementadas nos llevan a la Crisis del Peso de 1995, la cual es mucho más aguda pero de menos duración que la de 1982. Finalmente cerramos el 2000 con el PIB/Cápita más alto hasta la fecha.

Esta es sin duda una gráfica reveladora. De un solo vistazo nos permite entender la evolución de todo un siglo de la economía mexicana. Y con solo verla podemos afirmar, sí, estamos mejor que en 1900, ¿quién podría dudar eso? Pero una pregunta mucho más reveladora es: ¿estamos mejor ahora que durante el Desarrollo Estabilizador? La respuesta no es sencilla. En términos de PIB/Cápita ciertamente estamos mejor, pero recordemos que esta métrica no nos indica cómo se encuentra la distribución de la riqueza en el país; la métrica que se usa para eso el índice GINI. Desgraciadamente no contamos con el historial de este índice, el cual es relativamente nuevo. Pero sabemos que durante el Desarrollo Estabilizador el PRI mantenía una actitud paternalista, y había una gran cantidad de paraestatales que absorbían a muchos trabajadores. Esto creaba un colchón social. Tal vez el PIB/Cápita era menor, y ciertamente la variedad de productos y servicios era limitada y de menor calidad a causa del proteccionismo, pero había más posibilidad de encontrar trabajo sin tener que ser tan competitivo. Esos eran otros tiempos; ahora bajo las reglas del libre mercado, hay que competir más por los trabajos, y estar más preparados. Esto permite que la gente con acceso a estudios se pueda superar, pero deja a millones de personas desprotegidas en el mercado laboral.

En los últimos 25 años hemos visto en México las dos peores crisis en nuestra historia, una detrás de la otra. Un buen porcentaje de los actuales ciudadanos del país vivieron la relativa comodidad del Desarrollo Estabilizador, y muchos otros de nosotros crecimos durante las dos décadas de crisis. Esta cercanía personal con estos dos cataclismos económicos distorsiona nuestro juicio sobre el pasado histórico de nuestro país, haciéndonos creer que todo ha estado y sigue estando muy mal. Por otro lado, otras personas creen que todo está muy bien, ya que escogen ver sólo lo bueno y les es invisible lo malo. ¿Quién tiene razón? Como de costumbre, la realidad cae en algún punto intermedio. La verdad es que el país avanzó tremendamente durante el siglo XX. Se industrializó, y se establecieron muchas instituciones fundamentales para el bienestar de la población. También se cometieron muchos errores, y se tuvieron crisis que rebasaron por mucho la habilidad de nuestros dirigentes. Evitaremos usar la frase "se ha logrado mucho, pero falta mucho por hacer", ya que todo el mundo la utiliza y en realidad no dice nada. De hecho, la república mexicana es aún relativamente joven; estamos lejos de la madurez como país, por lo que no sería justo juzgar si somos un éxito o un fracaso. Es como tratar de apreciar si la vida de una persona a sido exitosa o no cuando apenas tiene veinte años; ha esa edad se han cometido errores y aciertos, ciertamente, pero uno no puede juzgar el éxito de una persona hasta que no es madura. Lo mismo se aplica a los países. Estamos en una transición económica y política histórica, y no podremos saber qué tan exitosos somos como país hasta bien entrado el siglo XXI. En el futuro cometeremos nuevos errores, pero sin duda hemos aprendido de los errores del pasado, y nuestra política económica se ha hecho más sofisticada y madura, lo cual nos ayudará tremendamente con los retos que vienen.

*   *   *   *   *

BIBLIOGRAFÍA

- Aspe Armella, Pedro, "El camino mexicano de la transformación económica", México, Fondo de Cultura Económica, 1993

- Carmona, Fernando; Montañon, Guillermo; Carrión, Jorge; Aguilar, Alonso; "El milagro mexicano", México, Editorial Nuestro tiempo, 1970

- Delgado de Cantú, Gloria M., "Historia de México, el proceso de gestación de un pueblo, volumen I", México, Pearson Educación de México, 2002

- Delgado de Cantú, Gloria M., "Historia de México, el proceso de gestación de un pueblo, volumen II", México , Pearson Educación de México, 2002

- Garner Paul, "Porfirio Díaz, del héroe al dictador, una biografía política", México, Editorial Planeta Mexicana, 2003

- Guillén Romo, Héctor, "México frente a la mundialización neoliberal", México, Ediciones Era, 2005

- Jáuregui, Luís, "Los Transportes, Siglos XVI al XX", México, Editorial Océano, 2004

- López González, Teresa, "Fragilidad financiera y crecimiento económico en México", México, Plaza y Valdés Editores, 2001

- Lustig, Nora, "México Hacia la Reconstrucción de una Economía", México, El Colegio de México y Fondo de Cultura Económica, 1994

- Meyer, Jean, "La Revolución Mexicana", México, Tusquets Editores, 2004

- Morett Sánchez, Jesús Carlos, "Reforma Agraria: del latifundio al neoliberalismo", México, Plaza y Valdés Editores, 2003

- Ortiz Mena, Antonio, "El desarrollo estabilizador: reflexiones sobre una época", Méxic,o Fideicomiso Historia de las Américas, 1998

- Ortiz Wadgymar, Arturo, "Política económica de México 1982-2000, el fracaso neoliberal", México, Editorial Nuestro Tiempo, 2001

- Passel, Jeffrey S., "Unauthorized migrants: numbers and characteristics", United States, Pew Hispanic Center, 2005

- Tello, Carlos, "La política económica en México 1970-1976", México, Siglo Veintiuno Editores, 1979

- Vázquez Pando, Fernando Alejandro, "La formación histórica del sistema monetario mexicano y su derecho", México, Universidad Nacional Autónoma de México, 1998

- Rubio, Mar, "Oil and Economy in Mexico, 1900-1930s", Spain, Universitat Pompeu Fabra

CUESTIONARIO
PREGUNTAS DIRECTAS

1.- ¿Cuáles son los tres mercados fundamentales de una economía?
R: El mercado de bienes y servicios, el mercado laboral, y el mercado financiero

2.- ¿Cuál es el indicador económico más representativo del crecimiento económico de un país?
R: El producto interno bruto per cápita

3.- ¿Cuál es la institución que canaliza el ahorro y lo convierte en préstamos para la creación de nuevas empresas?
R: Los bancos

4.- ¿Cuál es la métrica utilizada para medir la distribución de riqueza en un país?
R: El índice GINI

5.- ¿Cuáles son los dos tipos de políticas económicas principales?
R: Políticas fiscales y políticas monetarias

6.- ¿Cuáles fueron los principales obstáculos que prevenían que las concesiones ferroviarias otorgadas durante el porfiriato se llevaran a la práctica?
R: Las condiciones geográficas del país, la falta de leyes y reglamentaciones adecuadas, la diversidad de áreas fiscales y alcabalas, y finalmente la falta de un sistema financiero que canalizara la inversión

7.- ¿Por qué son económicamente importante los ferrocarriles?
R: Porque reducen el costo de transacción de la economía

8.- ¿Cuáles fueron las políticas que implementó el gobierno para la construcción de ferrocarril?
R: La administración directa por parte del gobierno, la firma de contratos con gobiernos estatales, y la continuación del sistema de concesiones a empresas particulares

9.- ¿Por qué no participó directamente el gobierno en la construcción de ferrocarriles a gran escala?
R: Porque las ideas liberales les indicaban que sería perjudicial para la economía

10.- ¿Al comenzar la Revolución qué país extranjero tenía el mayor porcentaje de inversión en México?
R: Estados Unidos, con el 70%

11.- ¿Quién cerró a la bolsa de valores en 1916 después de acusarla de ser "poco patriótica"?
R: Carranza

12.- ¿Cuáles fueron los principales problemas económicos del régimen de Obregón?
R: Falta de crédito interno y externo, y problemas fiscales

13.- ¿Cuál era el nombre del proyecto de reconstrucción económica de Calles?
R: "Nueva Política Económica"

14.- ¿En qué año se fundó el Banco de México?
R: En 1925

15.- ¿En qué consistió el llamado "Plan Calles"?
R: En abandonar el patrón oro y adoptar el patrón plata

16.- ¿En qué año y con qué fin se creó NAFINSA?
R: Fue creada en 1934 con el propósito de restituir liquidez al sistema bancario mediante la venta de bienes raíces

17.- ¿Qué presidente instituyó el salario mínimo?
R: Abelardo Rodríguez

18.- ¿En qué año se fundó la empresa precursora de PEMEX y bajo qué nombre?
R: En 1934, bajo el nombre de PETROMEX

19.- ¿Cuál fue el primer presidente en implementar un Plan Sexenal?
R: Lázaro Cárdenas

20.- De acuerdo al Plan Sexenal de Cárdenas, ¿a qué se debe que México adoptó una postura proteccionista?
R: A que los demás países del mundo estaban haciendo lo mismo, y México no tenía más remedio que defenderse

21.- ¿Cuál ley norteamericana fue uno de los detonantes principales detonantes de la Gran Depresión?
R: La Smoot-Hawley Tariff Act, ley con la cual Estados Unidos subió los aranceles de más de 20,000 productos en 1930

22.- ¿A qué se debe que Estados Unidos no dio suficiente apoyo al reclamo de indemnización de las compañías petroleras norteamericanas después de la expropiación ordenada por Lázaro Cárdenas?
R: El presidente norteamericano Roosevelt veía como prioridad mantener una buena relación con nuestro país ante la amenaza creciente del fascismo en Europa

23.- ¿En qué consistió el programa Bracero?

R: Era un programa de trabajo temporal implementado en 1942 para cubrir las necesidades de mano de obra en Estados Unidos, ya que muchos jóvenes norteamericanos estaban peleando en la guerra

24.- ¿Cuál era el aspecto fundamental de la política del Desarrollo Estabilizador?

R: El gobierno mexicano implementó políticas proteccionistas para garantizar mercados atractivos y de baja competencia a inversionistas nacionales y extranjeros

25.- ¿Por qué se devaluó el peso en 1948?

R: Porque al terminar la Segunda Guerra Mundial Estados Unidos redujo la demanda de productos mexicanos notoriamente

26.- ¿Cómo afectó económicamente a México la revolución cubana?

R: Varios políticos mexicanos, entusiasmados por la Revolución cubana, declararon que México era de izquierda y esta situación causó fuertes salidas de capital

27.- ¿Qué motivó a Echeverría a implementar políticas de izquierda?

R: Los acontecimientos de las protestas estudiantiles en 1968, ya que el gobierno finalmente se dio cuenta que no podría mantener el poder si no atendía los reclamos de justicia social

28.- ¿Cuál era el objetivo de la estrategia de "consolidación" implementada durante el primer año del gobierno de Echeverría?

R: El objetivo era estabilizar la economía, para luego proceder a estimular su crecimiento

29.- ¿Cuál era la causa principal detrás de la inflación durante la presidencia de Echeverría?

R: El precio alto de las importaciones

30.- ¿En qué consistía el fenómeno denominado de "freno y arranque" presente durante la presidencia de Echeverría?

R: Consistía en que primero el gobierno frenaba el crecimiento al preocuparse por los niveles de inflación, y luego impulsaba el crecimiento al preocuparse por la caída de la producción y el empleo

31.- ¿Qué plan propuso López Portillo para afrentar la crisis que heredó?

R: El Plan Global de Desarrollo

32.- ¿En qué forma era diferente la actitud de López Portillo hacia el petróleo comparado con Echeverría?

R: Echeverría, impulsado por ideas nacionalistas, era de la idea de dejar el petróleo bajo tierra, para ser utilizado solo en caso de verdadera necesidad. Por otro lado, López

Portillo impulsó la exploración y explotación de los yacimientos recientemente encontrados

33.- ¿Por qué se dice que el país era vulnerable al depender tanto de la exportación del petróleo?
R: A pesar de que las exportaciones del hidrocarburo solo representaban el 6% del PIB, éstas llegaron a representar hasta el 75% de las exportaciones, lo cual hacía muy vulnerable a la balanza de pagos

34.- ¿Cuáles fueron las dos causas principales detrás de la Crisis de la Deuda de 1982?
R: La caída de los precios de petróleo el cual afectó los ingresos del gobierno, y el incremento de las tasas de interés lo cual incrementó los pagos de la deuda externa

35.- ¿Qué programa implementó Miguel de la Madrid para lidiar con la Crisis de la Deuda de 1982?
R: Se implementó el Programa Inmediato de Reordenación Económica

36.- ¿Cuál fue la política monetaria implementada por de la Madrid?
R: Se buscó mantener un tipo de cambio más realista y una existencia suficiente de divisas

37.- ¿Qué programa implementó Salinas en 1993 para estabilizar la economía?
R: El Pacto para la Estabilidad, Competitividad y el Empleo

38.- ¿Cuáles fueron las causas principales detrás de la Crisis del Peso de 1995?
R: La fuga de capitales causada por la inestabilidad política, junto con la paridad peso-dólar fija

39.- ¿En qué forma ayudó el gobierno de Estados Unidos a México?
R: A través de un paquete de rescate de $51,759 millones de dólares

40.- ¿Qué programa implementó Zedillo para lidiar con la crisis?
R: El Acuerdo para Superar la Emergencia Económica

CUESTIONARIO
OPCIÓN MÚLTIPLE

1.- ¿Cuáles son los tres mercados fundamentales de una economía?
a) El mercado de bienes y servicios, el mercado laboral, y el mercado financiero
b) El mercado de bienes y servicios, el mercado gubernamental, y el mercado financiero
c) El mercado de bienes y servicios, el mercado gubernamental, y el mercado internacional
d) El mercado americano, el mercado europeo, y el mercado asiático

2.- ¿Cuál es el indicador económico más representativo del crecimiento económico de un país?
a) El nivel de empleo
b) La inflación
c) El producto interno bruto per cápita
d) Las tasas de interés

3.- ¿Cuál es la institución que canaliza el ahorro y lo convierte en préstamos para la creación de nuevas empresas?
a) El gobierno
b) El Poder Ejecutivo
c) Los bancos
d) Las organizaciones no gubernamentales

4.- ¿Cuál es la métrica utilizada para medir la distribución de riqueza en un país?
a) El índice GINI
b) El nivel de desempleo
c) El producto interno bruto per cápita de cada estado
d) El tipo de cambio

5.- ¿Cuáles son los dos tipos de políticas económicas principales?
a) Políticas privadas y políticas gubernamentales
b) Políticas domésticas y políticas de comercio exterior
c) Políticas capitalistas y políticas socialistas
d) Políticas fiscales y políticas monetarias

6.- ¿Cuáles fueron los principales obstáculos que prevenían que las concesiones ferroviarias otorgadas durante el porfiriato se llevaran a la práctica?
a) Los altos costos del combustible
b) Los trámites excesivos
c) Las políticas proteccionistas
d) Las condiciones geográficas del país, la falta de leyes y reglamentaciones adecuadas, la diversidad de áreas fiscales y alcabalas, y finalmente la falta de un sistema financiero que canalizara la inversión

7.- ¿Por qué son económicamente importante los ferrocarriles?
a) Porque reducen el costo de transacción de la economía
b) Porque se invierte mucho dinero en ellos
c) Porque generan empleos
d) Porque el gobierno les cobra impuestos

8.- ¿Cuáles fueron las políticas que implementó el gobierno para la construcción de ferrocarril?
a) La privatización y la firma de contratos de exportación
b) La administración directa por parte del gobierno, la firma de contratos con gobiernos estatales, y la continuación del sistema de concesiones a empresas particulares
c) El subsidio a inversionistas y el incremento de los sueldos a los trabajadores
d) La construcción de vías de bajo costo

9.- ¿Por qué no participó directamente el gobierno en la construcción de ferrocarriles a gran escala?
a) Por falta de financiamiento
b) Porque los sindicatos se opusieron al plan del gobierno
c) Porque las ideas liberales les indicaban que sería perjudicial para la economía
d) Porque estaba prohibido por la Constitución

10.- ¿Al comenzar la Revolución qué país extranjero tenía el mayor porcentaje de inversión en México?
a) Estados Unidos, con el 70%
b) Gran Bretaña, con el 70%
c) Francia, con el 80%
d) Alemania, con el 50%

11.- ¿Quién cerró a la bolsa de valores en 1916 después de acusarla de ser "poco patriótica"?
a) Huerta
b) Madero
c) Díaz
d) Carranza

12.- ¿Cuáles fueron los principales problemas económicos del régimen de Obregón?
a) Presión devaluatoria del peso
b) Inflación
c) Falta de crédito interno y externo, y problemas fiscales
d) Reclamo de incrementos del salario mínimo

13.- ¿Cuál era el nombre del proyecto de reconstrucción económica de Calles?

a) "Plan de Reconstrucción Nacional"
b) "Nueva Política Económica"
c) "Política Económica de Reestructuración"
d) "Plan de Generación de Empleo"

14.- ¿En qué año se fundó el Banco de México?
a) En 1925
b) En 1929
c) En 1920
d) en 1915

15.- ¿En qué consistió el llamado "Plan Calles"?
a) En reducir la inflación a un dígito
b) En reducir el desempleo a través del gasto público
c) En devaluar lentamente el peso frente al dólar
d) En abandonar el patrón oro y adoptar el patrón plata

16.- ¿En qué año y con qué fin se creó NAFINSA?
a) Fue creada en 1925 con el fin de canalizar las inversiones del gobierno
b) Fue creada en 1934 con el propósito de restituir liquidez al sistema bancario mediante la venta de bienes raíces
c) Fue creada en 1942 para invertir en empresas que abastecían a Estados Unidos durante la Segunda Guerra Mundial
d) Fue creada en 1929 con el propósito de canalizar las inversiones del Banco de México y ayudar al país a salir de la Gran Depresión

17.- ¿Qué presidente instituyó el salario mínimo?
a) Abelardo Rodríguez
b) Miguel Alemán
c) Venustiano Carranza
d) Echeverría

18.- ¿En qué año se fundó la empresa precursora de PEMEX y bajo qué nombre?
a) En 1936, bajo el nombre de PEMEX
b) En 1937, bajo el nombre de PETRÓLEOS NACIONALES
c) En 1934, bajo el nombre de PETROMEX
d) En 1938, bajo el nombre de PETMEX

19.- ¿Cuál fue el primer presidente en implementar un Plan Sexenal?
a) López Portillo
b) Ávila Camacho
c) Díaz Ordaz
d) Lázaro Cárdenas

20.- De acuerdo al Plan Sexenal de Cárdenas, ¿a qué se debe que México adoptó una postura proteccionista?

a) A que los demás países del mundo estaban haciendo lo mismo, y México no tenía más remedio que defenderse

b) A que era necesario proteger a los productores nacionales del dumping de países asiáticos

c) A que era necesario proteger a los productores nacionales para evitar el desempleo

d) A que los sindicatos ejercieron presión para que se adoptara tal postura

21.- ¿Cuál ley norteamericana fue uno de los detonantes principales detonantes de la Gran Depresión?

a) La Johnson Exports Act, ley con la cual Estados Unidos incrementó el nivel de exportaciones a Europa, iniciando una guerra comercial en 1932

b) La Smoot-Hawley Tariff Act, ley con la cual Estados Unidos subió los aranceles de más de 20,000 productos en 1930

c) La McCarthy-Parr Imports Act, ley con la cual Estados Unidos incrementó la importación de bienes asiáticos, causando problemas en los tipos de cambio en 1931

d) La Harrison Inflation Reduction Act, ley con la cual Estados Unidos incrementó las tasas de interés para contener la inflación

22.- ¿A qué se debe que Estados Unidos no dio suficiente apoyo al reclamo de indemnización de las compañías petroleras norteamericanas después de la expropiación ordenada por Lázaro Cárdenas?

a) El presidente norteamericano Roosevelt veía como prioridad mantener una buena relación con nuestro país ante la amenaza creciente del fascismo en Europa

b) El presidente norteamericano Roosevelt veía con desagrado a las empresas petroleras porque evadían impuestos

c) Al gobierno norteamericano le convenía que fueran expropiadas, ya que el precio del petróleo bajaría

d) El gobierno de México lanzó una campaña diplomática para evitar la intervención de Estados Unidos

23.- ¿En qué consistió el programa Bracero?

a) En la legalización de los trabajadores ilegales durante la década de los 40s

b) En la implementación de un programa de trabajo gubernamental en los años 30s para reducir el desempleo causado por la Gran Depresión

c) Era un programa de trabajo temporal implementado en 1942 para cubrir las necesidades de mano de obra en Estados Unidos, ya que muchos jóvenes norteamericanos estaban peleando en la guerra

d) En la contratación de trabajadores mexicanos por los países europeos para la reconstrucción después de la Segunda Guerra Mundial

24.- ¿Cuál era el aspecto fundamental de la política del Desarrollo Estabilizador?

a) El gobierno mexicano dejó al peso en libre flotación para permitir que los mercados se ajustaran automáticamente

b) El gobierno mexicano contrató a trabajadores en empresas paraestatales para asegurar la estabilidad económica

c) El gobierno mexicano implementó políticas proteccionistas para garantizar mercados atractivos y de baja competencia a inversionistas nacionales y extranjeros

d) El gobierno mexicano implementó políticas de libre comercio para garantizar la competitividad y desarrollo de la base industrial del país

25.- ¿Por qué se devaluó el peso en 1948?
a) Por la caída de los precios de la plata
b) Porque al terminar la Segunda Guerra Mundial Estados Unidos redujo la demanda de productos mexicanos notoriamente
c) Por el incremento en la demanda del oro
d) Por el incremento de las tasas de interés al terminar la Segunda Guerra Mundial

26.- ¿Cómo afectó económicamente a México la revolución cubana?
a) Hubo un repunte en las exportaciones hacia Cuba
b) Hubo una caída de las exportaciones hacia Cuba por el embargo económico implementado por Estados Unidos
c) No lo afectó en nada
d) Varios políticos mexicanos, entusiasmados por la Revolución cubana, declararon que México era de izquierda y esta situación causó fuertes salidas de capital

27.- ¿Qué motivó a Echeverría a implementar políticas de izquierda?
a) Los acontecimientos de las protestas estudiantiles en 1968, ya que el gobierno finalmente se dio cuenta que no podría mantener el poder si no atendía los reclamos de justicia social
b) La influencia de Cuba y la Unión Soviética
c) La presión de los sindicatos, que amenazaron con hacer un paro general si no se implementaban políticas de izquierda
d) El distanciamiento con Estados Unidos

28.- ¿Cuál era el objetivo de la estrategia de "consolidación" implementada durante el primer año del gobierno de Echeverría?
a) El objetivo era estabilizar la economía, para luego proceder a estimular su crecimiento
b) El objetivo era hacer crecer la economía lo más posible, auque se incrementara la inflación
c) El objetivo era contraer la economía para así reducir la inflación
d) El objetivo era consolidar los acuerdos comerciales con otros países, para así incrementar las exportaciones

29.- ¿Cuál era la causa principal detrás de la inflación durante la presidencia de Echeverría?
a) El gasto gubernamental
b) Las bajas tasas de interés
c) El precio alto de las importaciones
d) El bajo precio del petróleo

30.- ¿En qué consistía el fenómeno denominado de "freno y arranque" presente durante la presidencia de Echeverría?
a) Consistía en alternar entre altos y bajos niveles de exportación

b) Consistía en que primero el gobierno frenaba el crecimiento al preocuparse por los niveles de inflación, y luego impulsaba el crecimiento al preocuparse por la caída de la producción y el empleo

c) Consistía en "frenar" aquellas actividades económicas poco productivas, y "arrancar" aquellas que fueran altamente productivas

d) Se le denominaba de "freno y arranque" a las relaciones ente los sindicatos y las cámaras empresariales, porque a veces se avanzaba muy rápido en los acuerdos, para luego detenerse por varios meses

31.- ¿Qué plan propuso López Portillo para afrentar la crisis que heredó?
a) El Plan Global de Desarrollo
b) El Plan de Recuperación Nacional
c) El Plan de Estabilización Sexenal
d) El Plan Global de Estabilización

32.- ¿En qué forma era diferente la actitud de López Portillo hacia el petróleo comparado con Echeverría?
a) Echeverría, impulsado por una visión de comercio exterior, favorecía la explotación del petróleo, mientras que López Portillo era de la idea de guardarlo como reserva estratégica

b) López Portillo favorecía vender el petróleo barato, para así vender más volumen, mientras que Echeverría era de la idea de venderlo más caro, aunque se vendiera menos

c) López Portillo favorecía la venta de petróleo exclusivamente a Estados Unidos por razones políticas, mientras que Echeverría era de la idea de venderlo a quien pagara mejores precios

d) Echeverría, impulsado por ideas nacionalistas, era de la idea de dejar el petróleo bajo tierra, para ser utilizado solo en caso de verdadera necesidad. Por otro lado, López Portillo impulsó la exploración y explotación de los yacimientos recientemente encontrados

33.- ¿Por qué se dice que el país era vulnerable al depender tanto de la exportación del petróleo?
a) Porque hacía a México más vulnerable a presiones diplomáticas de Estados Unidos

b) A pesar de que las exportaciones del hidrocarburo solo representaban el 6% del PIB, éstas llegaron a representar hasta el 75% de las exportaciones, lo cual hacía muy vulnerable a la balanza de pagos

c) Porque al exportar el petróleo, éste no estaba disponible para el consumo local, lo cual lo encarecía mucho, causando inflación

d) Porque la importación de maquinaria y tecnología petrolera causaba presión sobre el tipo de cambio peso-dólar

34.- ¿Cuáles fueron las dos causas principales detrás de la Crisis de la Deuda de 1982?

a) La caída de los precios de petróleo el cual afectó los ingresos del gobierno, y el incremento de las tasas de interés lo cual incrementó los pagos de la deuda externa

b) El diferencial de inflación entre Estados Unidos y México, y el incremento en el precio del petróleo, lo cual causó inflación

c) El incremento de las exportaciones y decremento de las importaciones, lo cual redujo el ingreso de impuestos por aranceles del gobierno

d) La entrada de México al GATT, la cual causó un incremento de las importaciones, que a su vez desencadenó una devaluación

35.- ¿Qué programa implementó Miguel de la Madrid para lidiar con la Crisis de la Deuda de 1982?

a) Se implementó el Programa de Renovación Socioeconómica

b) Se implementó el Proyecto de Estabilización Cambiaria

c) Se implementó el Plan Nacional de Control de la Deuda

d) Se implementó el Programa Inmediato de Reordenación Económica

36.- ¿Cuál fue la política monetaria implementada por de la Madrid?

a) Se buscó mantener sobrevaluado el peso, para abaratar las importaciones y así poder importar tecnología y maquinaria, con el objetivo de incrementar la productividad, lo cual a su vez controlaría la inflación

b) Se buscó mantener un tipo de cambio más realista y una existencia suficiente de divisas

c) Se buscó mantener subvaluado el peso, para incrementar las exportaciones

d) Se dejó el peso a libre flotación con respecto al dólar

37.- ¿Qué programa implementó Salinas en 1993 para estabilizar la economía?

a) El Pacto para la Estabilidad, Competitividad y el Empleo

b) El Pacto de Solidaridad ante la Crisis Económica

c) El Pacto Económico de Recuperación Nacional

d) El Pacto Nacional de Crecimiento y Progreso

38.- ¿Cuáles fueron las causas principales detrás de la Crisis del Peso de 1995?

a) La caída de los precios del petróleo

b) La fuga de capitales causada por la inestabilidad política, junto con la paridad peso-dólar fija

c) El incremento de los precios del petróleo, lo cual causó inflación y pérdida de competitividad

d) El diferencial de inflación entre México y Estados Unidos, el cual causó la devaluación

39.- ¿En qué forma ayudó el gobierno de Estados Unidos a México?
a) A través de un paquete de rescate de $51,759 millones de dólares
b) A través del perdón del 5.5% de la deuda
c) A través de un incremento de 60 meses al vencimiento del pago de la deuda
d) A través de la conversión de bonos gubernamentales a bonos privados

40.- ¿Qué programa implementó Zedillo para lidiar con la crisis?
a) El Acuerdo para Suspender el Pago de la Deuda
b) El Acuerdo para Incrementar la Productividad Nacional
c) El Acuerdo para Superar la Emergencia Económica
d) El Acuerdo Nacional de Estabilización Cambiaria

NOTAS

[1] CIA World Fact Book

[2] www.geographyiq.com

[3] www.geographyiq.com

[4] INEGI

[5] INEGI

[6] INEGI

[7] INEGI

[8] INEGI

[9] Garner, Paul, "Porfirio Díaz, del héroe al dictador, una biografía política", p. 163

[10] Garner, Paul, p. 163

[11] Garner, Paul, p. 164

[12] Delgado de Cantú, Gloria M. "Historia de México, el proceso de gestación de un pueblo, volumen I", página 493

[13] Morett Sánchez, Jesús Carlos, "Reforma Agraria: del latifundio al neoliberalismo", p. 38

[14] Morett Sánchez, Jesús Carlos, p. 41

[15] Morett Sánchez, Jesús Carlos, p. 42

[16] Morett Sánchez, Jesús Carlos, p. 44

[17] Morett Sánchez, Jesús Carlos, p. 45

[18] Delgado Cantú, Gloria M., Vol. I, p. 502

[19] Meyer, Jean, "La Revolución Mexicana", p.27.

[20] Delgado Cantú, Gloria M. p. 505

[21] Jáuregui, Luís "Los Transportes, Siglos XVI al XX", p.73

[22] Jáuregui, Luís "Los Transportes, Siglos XVI al XX", p.73

[23] Jáuregui, Luís "Los Transportes, Siglos XVI al XX", p.74

[24] Jáuregui, Luís "Los Transportes, Siglos XVI al XX", p.75

[25] Jáuregui, Luís "Los Transportes, Siglos XVI al XX", p.81

[26] Jáuregui, Luís "Los Transportes, Siglos XVI al XX", p.89

[27] Jáuregui, Luís "Los Transportes, Siglos XVI al XX", p.100

[28] Delgado Cantú, Gloria M., Vol. I, p. 506

[29] Garner, Paul, p. 171

[30] Delgado Cantú, Gloria M., Vol. I, p. 507

[31] Garner, Paul, p. 173

[32] Garner, Paul, p. 173

[33] http://www.absoluteastronomy.com/encyclopedia/p/pa/panic_of_1907.htm

[34] Garner, Paul, p. 174

[35] Delgado Cantú, Gloria M., Vol. II, p. 3

[36] The Oxford Latin American Economic History Database (OxLAD) (http://oxlad.qeh.ox.ac.uk/)

[37] The Oxford Latin American Economic History Database (OxLAD) (http://oxlad.qeh.ox.ac.uk/)

[38] Meyer, Jean, "La Revolución Mexicana", p.250

[39] Delgado Cantú, Gloria M., Vol. II, p. 88

[40] Delgado Cantú, Gloria M., Vol. II, p. 39

[41] The Oxford Latin American Economic History Database (OxLAD)
(http://oxlad.qeh.ox.ac.uk/)

[42] Delgado Cantú, Gloria M., Vol. II, p. 69

[43] Delgado Cantú, Gloria M., Vol. II, p. 109

[44] Delgado Cantú, Gloria M., Vol. II, p.21, 132

[45] Delgado Cantú, Gloria M., Vol. II, p.21, 133

[46] Delgado Cantú, Gloria M., Vol. II, p. 122

[47] Meyer, Jean, "La Revolución Mexicana", p.201

[48] Delgado Cantú, Gloria M., Vol. II, p.21, 22

[49] Delgado Cantú, Gloria M., Vol. II, p. 39

[50] Morett Sánchez, Jesús Carlos, p. 54

[51] Morett Sánchez, Jesús Carlos, p. 55

[52] Morett Sánchez, Jesús Carlos, p. 54

[53] Morett Sánchez, Jesús Carlos, p. 117

[54] Morett Sánchez, Jesús Carlos, p. 64

[55] Delgado Cantú, Gloria M., Vol. II, p. 135

[56] Meyer, Jean, "La Revolución Mexicana", p.252

[57] Meyer, Jean, "La Revolución Mexicana", p.253

[58] Rubio, Mar, "Oil and Economy in Mexico, 1900-1930s", Universitat Pompeu Fabra, Spain, p.7

[59] Rubio, Mar, p.9

[60] Rubio, Mar, p.9

[61] Delgado Cantú, Gloria M., Vol. II, p. 145

[62] Delgado Cantú, Gloria M., Vol. II, p. 159

[63] Delgado Cantú, Gloria M., Vol. II, p. 161

[64] Delgado Cantú, Gloria M., Vol. II, p. 162

[65] Delgado Cantú, Gloria M., Vol. II, p. 169

[66] The Oxford Latin American Economic History Database (OxLAD)
(http://oxlad.qeh.ox.ac.uk/)

[67] The Oxford Latin American Economic History Database (OxLAD)
(http://oxlad.qeh.ox.ac.uk/)

[68] Delgado Cantú, Gloria M., Vol. II, p. 174

[69] Ortiz Mena, Antonio, "El desarrollo estabilizador: reflexiones sobre una época", p.17

[70] Ortiz Mena, Antonio, p.18

[71] Delgado Cantú, Gloria M., Vol. II, p. 182

[72] Delgado Cantú, Gloria M., Vol. II, p. 185

[73] Delgado Cantú, Gloria M., Vol. II, p. 187

[74] Banco de México, Reporte Anual de 1931, 1932, y 1933

[75] Vázquez Pando, Fernando Alejandro, "La formación histórica del sistema monetario mexicano y su derecho", p.719

[76] Vázquez Pando, Fernando Alejandro, p.721

[77] Vázquez Pando, Fernando Alejandro, p.732

[78] Banco de México, Reporte Anual de 1931, 1932, y 1933

[79] Banco de México, Reporte Anual de 1931, 1932, y 1933

[80] Vázquez Pando, Fernando Alejandro, p.725

[81] Vázquez Pando, Fernando Alejandro, p.734

[82] Delgado Cantú, Gloria M., Vol. II, p. 196, 197

[83] Morett Sánchez, Jesús Carlos, p. 74-82.

[84] Delgado Cantú, Gloria M., Vol. II, p. 196, 225

[85] Delgado Cantú, Gloria M., Vol. II, p. 196, 204

[86] http://www.state.gov/r/pa/ho/time/id/17606.htm

[87] Delgado Cantú, Gloria M., Vol. II, p. 196, 219

[88] Delgado Cantú, Gloria M., Vol. II, p. 196, 226

[89] The Oxford Latin American Economic History Database (OxLAD) (http://oxlad.qeh.ox.ac.uk/)

[90] The Oxford Latin American Economic History Database (OxLAD) (http://oxlad.qeh.ox.ac.uk/)

[91] The Oxford Latin American Economic History Database (OxLAD) (http://oxlad.qeh.ox.ac.uk/)

[92] The Oxford Latin American Economic History Database (OxLAD) (http://oxlad.qeh.ox.ac.uk/)

[93] The Oxford Latin American Economic History Database (OxLAD) (http://oxlad.qeh.ox.ac.uk/)

[94] The Oxford Latin American Economic History Database (OxLAD) (http://oxlad.qeh.ox.ac.uk/)

[95] Delgado Cantú, Gloria M., Vol. II, p. 196, 240

[96] Delgado Cantú, Gloria M., Vol. II, p. 196, 243

[97] Delgado Cantú, Gloria M., Vol. II, p. 196, 224

[98] Delgado Cantú, Gloria M., Vol. II, p. 196, 251

[99] Delgado Cantú, Gloria M., Vol. II, p. 196, 253, 254

[100] Delgado Cantú, Gloria M., Vol. II, p. 196, 254

[101] Delgado Cantú, Gloria M., Vol. II, p. 196, 255

[102] Delgado Cantú, Gloria M., Vol. II, p. 196, 273

[103] Passel, Jeffrey S. "Unauthorized migrants: numbers and characteristics", p.37

[104] Delgado Cantú, Gloria M., Vol. II, p. 196, 260

[105] Delgado Cantú, Gloria M., Vol. II, p. 196, 271, 272

[106] Delgado Cantú, Gloria M., Vol. II, p. 196, 271, 276

[107] Ortiz Mena, Antonio, p.36

[108] The Oxford Latin American Economic History Database (OxLAD) (http://oxlad.qeh.ox.ac.uk/)

[109] Delgado Cantú, Gloria M., Vol. II, p. 297-300

[110] Ortiz Mena, Antonio, p.76, 77, 80

[111] Ortiz Mena, Antonio, p.82

[112] Ortiz Mena, Antonio, p.83

[113] Ortiz Mena, Antonio, p.89-95

[114] The Oxford Latin American Economic History Database (OxLAD) (http://oxlad.qeh.ox.ac.uk/)

[115] Ortiz Mena, Antonio, p.98-99

[116] Ortiz Mena, Antonio, p.99-100

[117] Delgado Cantú, Gloria M., Vol. II, p. 330

[118] Delgado Cantú, Gloria M., Vol. II, p. 331-332

[119] The Oxford Latin American Economic History Database (OxLAD)
(http://oxlad.qeh.ox.ac.uk/)
[120]http://www.banxico.org.mx/aAcercaBanxico/SemblanzaHistorica/SemblanzaHistorica.
html
[121] Aspe Armella, Pedro, "El Camino mexicano de la transformación económica", p.69
[122] Aspe Armella, Pedro, p.69
[123] Tello, Carlos, ""La política económica en México 1970-1976", p.12
[124] Tello, Carlos, p.12, 13
[125] Delgado Cantú, Gloria M., Vol. II, p. 332
[126] Delgado Cantú, Gloria M., Vol. II, p. 331
[127] Carmona, Fernando, "El Milagro Mexicano", p.42
[128] Delgado Cantú, Gloria M., Vol. II, p. 343
[129] Tello, Carlos, p.42
[130] Delgado Cantú, Gloria M., Vol. II, p. 378
[131] Tello, Carlos, p.45
[132] Tello, Carlos, p.47, 48
[133] Delgado Cantú, Gloria M., Vol. II, p. 380
[134] Delgado Cantú, Gloria M., Vol. II, p. 381
[135] Tello, Carlos, p.64-66
[136] Tello, Carlos, p.66
[137] Tello, Carlos, p.67
[138] Tello, Carlos, p.68
[139] Delgado Cantú, Gloria M., Vol. II, p. 384
[140] Tello, Carlos, p.132
[141] Tello, Carlos, p.132
[142] Delgado Cantú, Gloria M., Vol. II, p. 386
[143] Tello, Carlos, p.147-149
[144] Tello, Carlos, p.153-154
[145] Delgado Cantú, Gloria M., Vol. II, p. 389
[146] http://en.wikipedia.org/wiki/1973_energy_crisis
[147] Delgado Cantú, Gloria M., Vol. II, p. 426
[148] Delgado Cantú, Gloria M., Vol. II, p. 412
[149] Delgado Cantú, Gloria M., Vol. II, p. 427
[150] Delgado Cantú, Gloria M., Vol. II, p. 427
[151] Delgado Cantú, Gloria M., Vol. II, p. 429
[152] Delgado Cantú, Gloria M., Vol. II, p. 430
[153] Delgado Cantú, Gloria M., Vol. II, p. 435, 436
[154] Ortiz Wadgymar, Arturo "Política económica de México 1982-2000, el fracaso
neoliberal", p.47
[155] Ortiz Wadgymar, Arturo, p.54
[156] Delgado Cantú, Gloria M., Vol. II, p. 463
[157] Delgado Cantú, Gloria M., Vol. II, p. 464
[158] Delgado Cantú, Gloria M., Vol. II, p. 466
[159] López González, Teresa, "Fragilidad financiera y crecimiento económico en México",
p.78, 88
[160] López González, Teresa, p.91

[161] Delgado Cantú, Gloria M., Vol. II, p. 468

[162] The Oxford Latin American Economic History Database (OxLAD) (http://oxlad.qeh.ox.ac.uk/)

[163] The Oxford Latin American Economic History Database (OxLAD) (http://oxlad.qeh.ox.ac.uk/)

[164] http://www.eia.doe.gov/cabs/chron.html

[165] The Oxford Latin American Economic History Database (OxLAD) (http://oxlad.qeh.ox.ac.uk/)

[166] INEGI

[167] López González, Teresa, p.72

[168] López González, Teresa, p.71-92

[169] Delgado Cantú, Gloria M., Vol. II, p. 511

[170] Lustig Nora, "México Hacia la Reconstrucción de una Economía", p.64.

[171] Delgado Cantú, Gloria M., Vol. II, p. 518

[172] The Oxford Latin American Economic History Database (OxLAD) (http://oxlad.qeh.ox.ac.uk/)

[173] INEGI

[174] The Oxford Latin American Economic History Database (OxLAD) (http://oxlad.qeh.ox.ac.uk/)

[175] Delgado Cantú, Gloria M., Vol. II, p. 513-514

[176] INEGI

[177] INEGI

[178] The Oxford Latin American Economic History Database (OxLAD) (http://oxlad.qeh.ox.ac.uk/)

[179] INEGI

[180] Delgado Cantú, Gloria M., Vol. II, p. 584-585

[181] The Oxford Latin American Economic History Database (OxLAD) (http://oxlad.qeh.ox.ac.uk/)

[182] Delgado Cantú, Gloria M., Vol. II, p. 585-586

[183] http://www.banxico.org.mx/gpublicaciones/mexicaneconomy/mexecon96/m96ii2.html

[184] The Oxford Latin American Economic History Database (OxLAD) (http://oxlad.qeh.ox.ac.uk/)

[185] INEGI

[186] INEGI

[187] Delgado Cantú, Gloria M., Vol. II, p. 588-591

[188] The Oxford Latin American Economic History Database (OxLAD)